KB266730

한중수 회고록

지은이 **최 인 영**

신 지 평

한중수 회고록

초판 펴낸날 ● 2015년 2월 27일
지은이 ● 최인영
펴낸이 ● 김종현
펴낸곳 ● 도서출판 신지평
인쇄 ● 대원문화사
제본 ● 천일제책사
전화 ● 031- 902-5419
팩스 ● 031- 902-5418
e-mail ● kj9694@hanmail.net
주소 ● 고양시 일산동구 무궁화로40 428호
등록 ● 1991년 12월 23일(제10-653호)

ISBN-13 978-89-85535-30-4   13150

ⓒ 최인영 2015

정가 1,5000원

序

　이 이야기는 한중수 선생님의 살아생전 남겨놓으신 이야기를 중심으로 일기와 詩集(시집 1959년 − 1965년)을 토대로 엮었습니다.

　읽어 가는데 느끼는 재미보다는 좀 더 진실에 가까운 삶의 여정에 비중을 두었습니다.

　어릴 적부터 겪게 되는 경제적 어려움에서 주체할 수 없이 일어나는 열등의식은 그 후 역서(易書)의 저술에 남은 일생을 바치게 되는 에너지원이 되었던 것임을 알 수있습니다.

　초췌한 자신의 모습이 그대로 인생이 될까봐 마음 졸이며 끊임없는 자기탐구로 시작되는 자신과의 싸움은 눈물겹도록 처절하기까지 합니다.

　사주에 병이 있고 약이 있어야 귀한 사주가 된다는 이론처럼 선생님의 삶에는 병이 있고 약이 있었습니다. 배운 기술이 없고 직업이 없어 굶기를 밥 먹듯이 하지만 자신의 소신과 모습이 본의와 달리 추하게 일그러질까 두려워하고 있는 글의 내용들은 읽는 독자들의 마음을 더욱 가슴 아프게 할 것입니다.

　사흘 굶고 담 안 넘는 사람 있을까? 또는 빵 하나 훔치는 것이 뭐 그리

잘못된 일은 아니겠지만 누구에게나 일생의 실수로 떨어질 수 있는 아차 하는 순간이 되기도 합니다. 의식주에 매달려 있는 인간의 생리적인 본능이야 말로 최고로 존중되어야 한다는 일념은 우리 인간에게 주어진 위대한 보편적 가치였습니다. 일단 먹어야 생각할 수 있는 여유가 생긴다는 것 이것이 첫 번째 순서임을 뼈저리게 알 수 있었습니다.

그때는 누구나 어려운 시대였습니다. 그러나 굶주림으로 죄여드는 가혹한 생활고를 겪으면서 끊임없이 갈구하며 의미 있는 삶을 살고 싶어했던 선생님의 투지는 가히 영웅적이었습니다.

"선생님 이제는 좀 푹 쉬십시오. 책이나 읽으시면서요." 라는 저의 말에 "최 선생, 운동장을 뛸 힘이 있어야 글이 눈에 들어오는 것이오." 라는 말씀은 사실 저의 심장을 예리하게 찌르는 말씀이셨습니다. 그래서 공부는 젊어서 해야 기억이 오래가고 한 살이라도 젊었을 때 하는 것이라 하시며 "정신은 말짱한데 몸이 말을 안 듣습니다. 움직일 수 없는 상태에서 죽는 날만 기다리고 있으니 얼마나 슬픈 일이오, 몸이 식어 가면 차라리 정신마저도 혼수상태로 잃어버렸으면 좋겠소. 지나간 일이 후회가 되는 일이 한두 가지가 아니오, 나의 마지막 책이 되는 사주학 연의가 나오니 서문을 부르는 대로 좀 받아 적어 주시오."

라며 하시는 말씀 속에는 체념과 달관의 빛이 역력하였습니다.

"이제야 조금 알 듯 말 듯 한데 건강이 나빠 그나마 포기할 수밖에 없어요. 만약 내가 이 자리에서 병을 이기고 일어나게 된다면 나는 간증을 하러 다닐 것이오.

역학이나 또는 사주 명리의 전문적 용어(辰戌冲등)들이나 일반적으로 알려져 말하는 세속적 내용(三災 등 - 내가 병원에 입원한 해가 나갈 삼재였다.)들이 하나 틀리지 않다는 것을 직접 간증하러 다닐 요량이었지만 己酉대운에 맞이하는 甲午年 나의 운기는 아마 매우 어려울 것 같소. 하여 나는 끝까지 겸손의 자세를 저버리고 싶지 않으오."

이 책자도 최소한 겸손을 피력하였으니 기록자가 나를 과대평가하지 않기를 바라며 이 점 독자는 이해해 주기를 바라오.

내가 아직 그 외에도 신비한 일이 약간 있으나 건강이 나빠 이 이상 피력할 수 없는 것을 오로지 안타까워만 할 뿐이외다.

만약 오류가 있다면 건강문제라 생각하고 이해해 주면 고맙겠소.

「박복한 사람은 사주가 틀리기를 바라고 유복한 사람은 사주 풀이가 맞기를 바라는 것이라오. 이것은 나무랄 수 없는 인간의 본능일 것이오. 하기야 1억분의 1확률이라도 그 일에 해당되어 살아나기를 바라는 것이 본능이기에 더 말할 필요가 없겠지요.」

병자(病者)의 몸으로 바라는 것이 무어냐고 묻는다면 부귀도 아니요 나는 오직 나 모르는 사이에 영원히 잠자기를 바랄 뿐이라는 말을 하고 싶을 뿐이오. 누가 나에게 무신론이냐 유신론이냐를 묻는다면 당연히 나는 무신론이라 말할 것이오.

다음은 평소에 선생님께서 말씀하시던 내용을 요약하였습니다.

「어린이가 건물 구덩이 속에서도 살아나오는 것은 신께서 죽은 사람보다 그 아이를 더 사랑해서 구해주신 것이 아니라 그 아이가 구덩이 속에서 살아나올 수 있는 조건을 묘하게 갖추고 있었던 것이다.

옛날 문둥병 환자의 아내가 남편보다 먼저 죽으려고 독약을 탔는데 문둥병 환자가 독약인줄 모르고 벌컥벌컥 마시고는 기적적으로 완치되었다는 이야기도 있다.」

29세 때 병원이 없는 시골에서 황달이 악화되어 흑달이 되도록 단 한 번의 약도 못 먹었지만 누워있지 않고 서울로 왕래하면서도 나아 지금까지 살고 있다.

命이 긴 것은 아마도 풍파를 겪으라는 신호일 것이다.

찬스는 두 번 다시 오지 않는다. 흘러간 물은 다시 거슬러 올라오는 법이 없이 구덩이에 고일뿐이다.

그러므로 좋은 기회를 놓치지 않고 활용하는 것만이 삶을 살아가는 최선일 것이다.

나의 좌우명은 세상만사 정도 문제요 인내요 평등이다.

정도가 없으면 넘치고 인내가 없으면 이루어낼 수 있는 일이 아무것도 없으며 평등하지 못하고 사람을 깔보면 기회란 오지 않는 법이다.

77세 壬辰年에 불행이 오리라고 예언한 바 있다.

학생들 앞에서 한 그 예언은 적중되었다.

죽지는 않았지만 죽음이나 다를 바 없는 고통을 받고 있다.

그래서 이 고생은 辰戌冲 작용에서 비롯되었다.

地支의 冲 중 어느 것보다 辰土가 冲을 받으면 묘문(墓門)이 열리는 것이다. 壬戌 日干에는…

작년에 내가 들어가야 하는데 조상의 묘를 이장하여 죽을 수를 때웠는지도 모른다는 생각이 든다.

한 달 전 보았던 그 눈빛이 아니었습니다.

힘이 빠져 나가는 소리가 보이는 듯 했습니다.

고무풍선에 난 작은 바늘구멍으로 빠져나가는 바람소리로……

퀭하게 패인 눈언저리에는 슬픔도 기쁨도 분노까지도 이제는 모두 놓아 버린 채…

미련도 삭혀 가는 초연한 평온상태를 불러오고 있었습니다.

억울하다고, 살아온 인생이 억울하다고 한스러워 하던 그런 모습은 오래전 사라진 표정이었습니다.

멀지 않은 옛날로 우리는 말하고 있지만 우리 민족의 아픔이 아우성치고 몸부림치던 그 시절에 함께 했던 젊음이 좋았다고 하셨습니다.

지금 생각하니 아쉬움이 너무 많다.

나는 유신론자였지만 하나님을 믿으라고 하는 내 여동생에게 한 발짝 들여놓기가 어렵다고 했던 적도 있다. 지금은 무신론이다. 철자법이 틀렸다. 하나님이라 해놓고 하늘에 계신 우리 아버지이니 그러면 하느님이지 하나님이 아니다.

우리의 구세주란 하나님도 하느님도 아닌

甲寅卯乙 蒼天生氣　丙巳 丹天舒氣　丁午 赤天長氣　辰戌丑未
갑인묘을 창천생기　병사 단천서기　정오 적천장기　진술축미

黃天化氣　庚申辛酉 素天收氣
황천화기　경신신유 소천수기

壬癸亥子 玄天藏氣가 구세주인 것을 ……
임계해자 현천장기

※천기대요(天機大要)에서…

(甲寅卯乙 木은 푸른 봄 하늘을 열어 만물을 생하는 기운이요, 丙과 巳의 火는 맑은 태양의 정성이 하늘을 펴 나가는 기운이오, 丁과 午의 火는 강렬하게 달아올라 이어지는 하늘의 기운이오, 辰戌丑未 土는 누렇게 익어가는 하늘을 열어 이루게 하는 기운이오,

庚辛申酉 金은 투명하게 맑은 하늘을 열어 거두어들이는 기운이요, 壬癸亥子 水는 그윽하게 검은 하늘을 열어 모든 것을 저장하는 기운을 말한다.(천기대요에 나오는 십간을 요약해 놓은 말이다.)

즉, 우리 인간은 뭐니 뭐니 해도 십천간(十天干)과 십이지지(十二地支)를 만나야 힘을 차릴 수 있고 끝내 만나지 못한다면 헤어날 수 없음을 말한다.

그래서 내가 만약 이 병상에서 일어나는 기적이 일어난다면 나는 명리를 간증하러 다닐 것이라 말한 적 있다. 내 삶에서 많은 실수 중 너무도 어리석은 실수를 꼬집어 말한다면 명리를 너무 얕보았다는 것이다. 나는 지금 이 자리에서 속죄하고 싶다. 명리를 너무 나의 모자라는 양식으로 얕잡아 보고 입에 풀칠하기 위한 의미 이상의 연구를 하지 않았다는 것을……

목 차

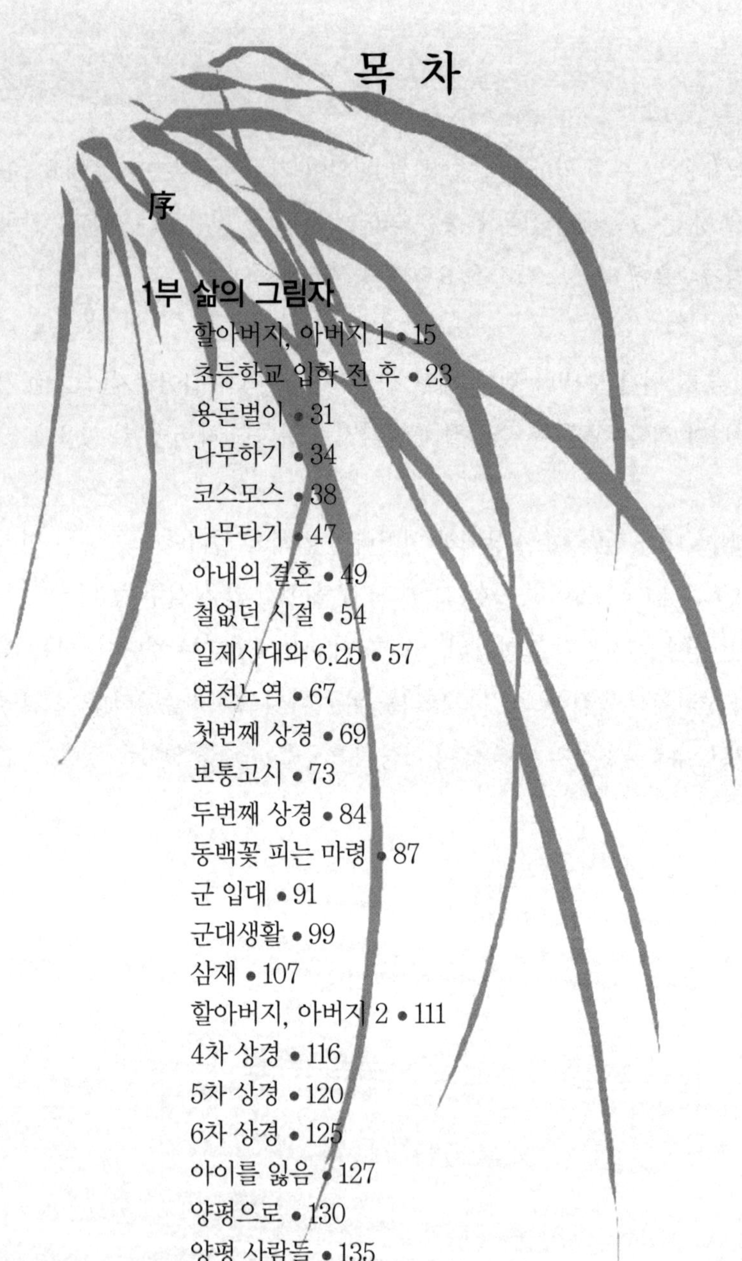

갈 등

1부 삶의 그림자

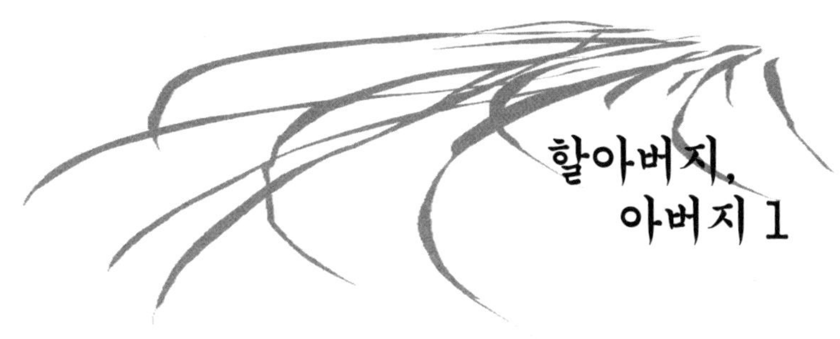

아버지는 청주 한 씨이고 우리 어머니는 금영 김 씨이다. 옛날에 여인에게는 이름이 없었다. 그래서 호적계에서 어머님 이름을 마음대로 南子로 올렸다.

할아버지, 아버지는 자그마하고 아담한 남정네의 모습이라면 우리 어머니는 훤칠한 키에 갸름한 모습, 그리고 지금의 내 모습처럼 뼈대가 강한 분이시다.

7남매의 외동딸로 귀하게 자란 우리 어머니를 외가댁에서는 선비에게 시집보낸다고 우리 아버지에게 시집을 보내셨다. 유복한 친정에서 안살림 살이 예법을 철저하게 배워서 시집 오신 우리 어머님은 온 동네잔치 집마다 감초가 되어 솜씨를 빌리지 않는 사람이 없었다.

그렇지만 그마저도 마음 편할 날 없이 동네 아낙들로부터 시기 질투를 받아 속 앓이를 많이 하시던 어머님이셨다. 잔치를 할라 치면 어떻게 할 줄 몰라 모셔다 이것저것 마련해서 보내고 받고 잘 해 놓고선 뒤에 가서는 꼭 헤집는 분이 생기곤 하셨다.

그럴 때마다 어머님께서는 속상해 하셨지만 또 다른 집에서 부르시면 예전 일은 언제 그랬느냐는 듯 잊으시고 도와주시러 다니시곤 하셨다.

아버님은 이런저런 말썽이나 마찰에는 무관심 하셨다. 하기야 아버님께서 나설 일은 아니실 것이다. 동네 누구 때문이나 혹 나 때문이나 두 분께서 다투신 적은 없으셨다.

모든 살림을 아버지께서 도맡아 하시고 계셔서 콩 하나, 과자 하나라도 사야 하는 일이 생기면 아버지께 돈을 타서 써야 했다.

북한군이 우리 마을에 들어와 여기 저기를 누비며 소리치기 전까지는 6.25 사변이 일어난 줄 꿈에도 몰랐다.

나는 충남 서천군 서면 주항리 상하촌 마을에서 태어났다. 누나 셋을 내리 낳은 뒤라 어머니께서는 아들을 보려고 애를 무던히도 태웠던 모양이다. 정한수 떠놓고 아들을 낳게 해달라고 간절히 빌어서 낳은 아들이지만 돌아가실 때까지 뜻대로 하시지 못하셔서 못내 마음만 아파하셨다. 돌이켜보면 귀여움 받으며 애지중지 크는 것도 나한테 달린 것을… 몰랐던 시절 철없이 아버지 원망하다 명리를 연구하며 깨우친 결과이다.

주항리 상하촌 초라한 마을 어귀를 돌면 바로 우리 집 대문이 보이는데 내가 어렸을 때 동네 아이들이 자연스레 모여 놀기 좋았던 장소가 우리 집 안마당과 대문 옆 큰 나무 아래였다.

보이는 시야 안에는 여느 시골마을처럼 얼기설기 가로지르는 전기 줄 사이로 참새들이 넘나들며 곡예를 하고 저들만의 지저귐으로 적막함을 깨우는 바람이 맑은 마을이다.

푸른 벼이삭 위로 따가운 햇살만이 가득한 동네에 이변이 일어난 줄은 16세 소년시절 또래들과 내가 배달리 저수지에서 놀고 있을 때였다.

"제군들은 왜 놀아, 우리 김일성학교에 가면 공짜로 공부할 수 있는데…
동무들, 공부하고 싶지 않아?" 6.25 사변이 일어 난지 10여일 정도 지났
으리라. 인민군이 승승장구하면서 우리 마을까지 모습을 나타내었다. 그
때는 라디오도 없는 시절이라 뉴스 따위 그런 게 있다는 것조차도 상상해
볼 수 없는 사회 현상이었다.

저수지 둑길을 서너 명의 장정들이 못 속에서 헤엄치며 놀고 있던 우리
를 보며 말을 걸어왔다. 인민군 군복 차림새(인민군복 색은 짙은 연두색이
었다.)에 철모를 쓰고 총을 울러 메고 그믈 같이 생긴 위장 안에 풀들을 꽂
고 한 떼가 지나가다 우리들을 보고 나오라며 손짓을 하고 말을 건넸다.
군인들의 북한 말투는 우리들의 시선을 집중시켰다.

"너희들 가난해서 학교 못 다니지, 이제는 근심하지 말라우. 공부하고
싶으면 우리 김일성 수령님께서 무상으로 중학교이건 고등학교이건 무상
으로 보내주시고 또 김일성대학까지 나올 수 있다. 그런데 너희들은 뭐
냐?"

사실 나는 그러기를 은근히 바랐는지도 모른다. 김일성이 우리를 학교
에 보내주기를… 이런 나의 생각이 헌법상 보안법 위반이 될지 모르나 그
때는 인민군들의 비위를 맞추느라 뒤를 따라 다니며 "장백산 줄기줄기 피
어린 자욱…"하면서 김일성 찬양곡을 부르며 따라다니기도 하였던 것 같
다. 또 그들의 복장(인민균)을 흉내 내느라고 노끈이나 가는 새끼로 위장
망을 만들어 풀을 꽂고 병정놀이도 하며 지냈다.

더욱 나의 관심을 불러온 것은 동정과 연민으로 툭 던지는 공부하고 싶
지 않느냐는 물음이었다.

공부, 나는 이 공부라는 소리를 들으면 왈칵 울음이 쏟아질 듯 목이 에

이며 애간장이 녹아든다. 학교에 못 다닌다는 것이 무어 내가 공부 잘 해
서 출세할 수 있는 길이 막혔다는 좌절감 때문이 아니라 친히 지내던 또래
동무와 같은 학급 아이들과 함께 어울릴 수 없는 소외감이 나를 더 괴롭히
고 서글프게 했다.

다른 집 아이들은 공부 안한다고 야단치고 혼나는데 유독 나는 공부한
다고 야단맞고 혼났다. 정말 무엇으로 이러한 모순적인 나만의 삶을 모두
의 방식으로 풀어볼 수 있겠는가.

집에 돌아와 어머니께 말씀드렸더니 깜짝 놀라시며 간곡히 만류하는 바
람에 그 북한 군인들을 선뜻 따라나서진 않았다.

손과 발이 좀 크고 부드러운 둥근 눈빛을 가지신 근골형의 어머니는 내
가 양평에 살 때 3년간 모신 적이 있다. 그때 아버님 어머님 나의 자녀 다
섯을 포함하여 아홉 식구가 살았다.

앉으나 서나 들어가나 나오나 오로지 나만을 걱정하시던 어머니, 무엇
을 하여 은혜를 갚을 수 있을 것인가. 그래도 어머니와 함께 살았던 그 시
절이 내 마음을 편안하게 해주어 내가 지금 죽어도 부모님을 뵐 낯은 있도
록 해주셔서 너무 감사하다. 뒤에 이야기 하겠지만 양평의 그 작은 마을에
서는 대학 들어가는 젊은이가 없었다. 그래서 나의 큰아들이 대학에 들어
가자 집안에 경사가 난 듯 동네 사람들이 한껏 부러워하며 칭찬으로 입에
침이 말랐다.

3대 독자인 우리 아버지가 딸 셋을 낳고 아들인 나를 얻으셨을 때는 설
상가상으로 어렵게 기울어져 가는 가세를 감당하지 못하셨을 뿐만 아니라

자신의 모양새마저 갖추기 어렵게 되셨다. 그렇다고 장애인이라서 그런 건 아니고 할아버지로부터 받은 말끔한 생김새는 누구보다 잘 생기셨지만 유복했던 어린 시절의 그림자에서 벗어나지 못하셨던 것이다.

두 팔 걷어 올리며 일하는 장정들을 물끄러미 보고 있으셨지 함께 거들 줄 모르셨으며 일하는 사람들 사이에서 비켜 나와 관망하실 줄만 아셨다.

지금 생각하면 할아버지와 아버지께서는 당신들께서 하시지 못하는 일을 맡기기 위하여 나를 일꾼으로 만들고자 하신 것 같다.

조선시대의 명인이셨던 한명회 사당을 모시고 사는 우리 마을은 청주 한 씨가 모여 사는 씨족 마을이다. 이제는 다른 성씨들도 들어와 농장을 하면서 함께 살아가고 있지만 아마 내가 마을을 떠나고도 한참 지난 후였을 것이다. 그래서인지 부모들은 다른 마을보다 자손들의 학문에 매우 관심이 많았다.

우리 아버지께서 잘하시는 거라곤 글 읽는 일밖에 없었다. 힘든 일 하지 않고 귀엽게 자라면서 공부만 하셨지만 벼슬길로 나아가지도 못하셨고 그렇다고 농사꾼도 아니어서 집안 살림이 굶는지 먹는지 도무지 관심이 없으셨다. 본인만 먹으면 끝나고 본인만 좋으면 그만이셨다. 그러니 나를 생각하고 어머니만 생각하면 답답한 아버지가 원망스럽기 그지없었던 시절이었다.

아버지의 생각은 공부하신 당신 자신을 생각하면 이것도 저것도 아닌 것이 본인께서도 못마땅하셨던지 공부하려고 무던히도 애쓰면서 노력하던 나의 모습만 보면 그냥 역정만 내시며 공부 못하게끔 방해하시는 것이었다.

공부하는 것보다 농사짓고 나무하고 일하는 것을 익히는 것이 오히려 나를 위해서 당신의 아들을 위해서 바람직하고 도움이 된다고 생각하셨던 모양이다. 하실 줄 아시는 것이라곤 글 읽는 것밖에 없으시니 빈약하고 초췌하지만 서당을 여셨다.

내가 지금 역학을 공부하고 책을 쓰고 육효를 치는 것은 그나마 한학을 조금 알아 여러모로 도움이 되었던 것도 사실이다.

못하게 방해하는 할아버지와 아버지 사이에서 미움으로 맺힌 회초리를 맞고도 떼를 써가며 기를 쓰고 할아버지 곁에서 몇 년간 공부한 덕택이라 함이 옳을 것이다.

동네 또래들과 소학을 공부하고 외우면 할아버지께서는 유독 나에게는 매정하고 차가우셨다. 따뜻한 말과 위로의 미소는 공부하는 아이들의 몫으로 잘 말씀하시다가도 나만 보면 눈 꼬리가 올라가고 입술이 새파랗게 표독스럽게 변하셨다.

당신의 손자로는 나하나 밖에 없으신데 무슨 억하심정이 있어 눈을 못 맞추시니 참으로 납득이 가지 않는 처사이시다.

당시는 일제 강점시대라 복장도 아무렇게나 못 입고 국방색 제복에 각반을 치고(무릎까지 바지가랭이를 딱 맞게 졸라매어 싸는 것) 모자를 썼다. 복장이 합격이 되어야 학교문을 들어갈 수 있었다.

수시로 비행기가 날아다니며 소란을 피웠다. 히로시마에 원자탄을 투하한 B 29 폭격기인 것 같았다. 우리들은 비행기 소리만 들으면 운동장으로 나와 납작 엎드리는 훈련을 받았다. 뿐만 아니라 학교 옆 언덕에 4,50명 정도 들어가는 굴을 파고 대피 훈련도 했다.

광복 해방 전에는 학과시간이 오전뿐이었고 오후에는 전교생이 산에 가서 아카시아(마초-말먹이풀 용) 잎을 따거나 연료용 광솔(솔가지 따면 흐르는 진액)을 채취하고 가정에서도 의무적으로 광솔 짜기와 가마니를 쳐서 납품하였다.

어기는 날이면 큰 날벼락이 떨어졌다. 뿐만 아니라 밥 해먹는 솥도 떼어가니 떼(식사)를 해먹은 뒤에는 솥을 빼앗길까 감추는 시대로 그만큼 전쟁통에 쇳덩이가 귀한 탓이었던 것 같다.

때는 여름방학이었다. 나는 광복이 무언지 전혀 알 수가 없이 살다 해방이 되자 어른들은 태평시대가 온 줄 알고 매일 소를 산에 끌고 가 소고기 맛 실컷 볼 요량으로 잡아서 잔치를 베풀었다. 그런 까닭으로 농사철이 되자 정작 소가 없어 농사지을 때는 애를 먹었다.

그런 지난날들의 마을 어른들의 이적(履跡)을 보면 내일을 위함보다는 오늘 좋은 것만 생각하고 하고 싶은 대로만 하려고 하였던 것이다.

30년 왜정시대는 끝내었지만 솔직히 말해 나는 무슨 일이 일어나고 마무리 되었는지 몰랐다. 우리 학교는 서쪽 바다 있는 쪽으로 4키로 떨어진 곳에 있었다.

1학년 입학 당시 정문에 들어서면 소위 조회라는 행사가 있었는데 약 100미터 떨어진 사위에 모신 일본 신사 참배가 끝나면 조회를 하였다.

아마 천황을 향하여 신사참배를 한 것 같았다. 광복이 되어 살판났다며 환호하였지만 어려운 민생고는 풀리지 않은 채 마찬가지였다.

8.15 해방이 된 1학년 여름방학이 끝나고 2학기 개학하여 학교를 갔더니 교과서가 바뀌어 일본글이 나오던 책에 한글이 나왔다. 나는 한글 교과

서가 너무도 쉬워 집에 가서 자습할 필요가 없었다. 뭐 재주가 뛰어난 게 아니라 무서운 조부님에게서 서산대로 머리통을 맞으며 배우던 한문에 비하면 한글은 너무 쉬웠기 때문이다. 구구팔단도 마찬가지, 구구팔단을 다 외우는 학생은 한 두 시간 먼저 보내 주었으므로 한꺼번에 외워 버렸던 것이다. 여기서부터 나의 장난 끼는 오만 끼로 번져갔다.

우리 누님도 위안부로 뽑히는 것을 면하기 위하여 17세라는 어린 나이에 출가하였다.

당시 위안부로 뽑혀 간다는 것은 어린 나도 짐작 가는 바가 있었다.

나는 긴 칼 차고 다니는 일본 순사가 무섭기만 했지 그들이 적인지 아군인지 알지 못했다. 해방이 되면서 국내에 거주하던 일본인이 본국으로 돌아갈 즈음 학대 받던 우리가 일본 사람들에게 화풀이 했던 적이 있었다. 이에 대하여 일본 다녀 온 사람들의 말을 들어보면

일본으로 밀항선 타고 건너간 우리 동포들은 일본사람들에게 국내에 있는 일본사람들보다 더 끔찍한 행패를 당했다고 한다. 일본사람들 눈에 우리 조선 사람이 보이기만 하면 칼로 다 찔러 죽였다고 하니 우리가 부린 행패는 행패도 아닌 성 싶다. 1940~50년대는 한마디로 우리 민족의 기막힌 수난시대였던 것 같다. 그런 것 저런 것도 몰랐던 어린 시절은 보이는 것들이 그냥 무섭기만 하였던 것이다.

일제시대는 창씨개명과 상투 자르기를 압력하여 나도 교무도 후미호라는(문웅) 이름을 썼다. 문웅이란 이름으로 초등학교 졸업 때까지 썼다가 그 뒤 중수로 바꾸어 부르게 되었다. 그래서 초등학교 동창들은 한중수가 누군지를 모른다. 이것이 나에게 얼마나 다행인지 모르겠다.

집안 어른들까지 도와준다고 중학교 진학하라고 했지만 아버지가 반대해서 끝내 가지를 못했다.

우리 할아버지와 아버지는 하나밖에 없는 손자를, 아들을 초등학교도 보내지 않으려 하셨다. 입학 정시를 놓치고 입학생을 보궐로 한 반 더 뽑을 때 들어가게 되었다. 어머니의 간곡한 노력으로 2년 늦은(10살 때) 해방 바로 전 해에 겨우 입학하였고 교과서를 받아오면 아버지는 무엇에 홀리신 듯 마당 한가운데 모아놓고 불태우셨다.

눈물을 흘리며 반항을 하고 항의를 해도 아버지는 듣지 않으셨다. 오히려 돌아오는 것은 매질만이 혹독하게 더하여 내려졌다.

어린 가슴에 한이 맺혀 응어리로 뭉쳐졌지만 아버지께서는 아랑곳하지 않으시고 생각이 있으신지 없으신지 나에겐 관심도 없으셨다.

할아버지께서도 불만이 있으신 듯 외면하시며 아버지를 말리실 생각을 하지 않으셨다.

할아버지는 타지에서 청주 한 씨 집성촌 우리 마을에 양자로 오셨다.

글재주가 뛰어난 조부님은 어렸을 적 일 년 늦게 들어가 먼저 배우던 학동들을 뛰어 넘었다고 한다. 뿐 아니라 글씨 그림도 잘하셨고 공예품도 잘 만드셨다. 예를 들면 안경집·담뱃대·부채 등에 그림을 그려 아름답게 보이도록 하는 솜씨가 뛰어나셨다. 조부님께서는 나를 세상에 없이 엄하게 다스리며 키우시려고 무던히도 노력하셨다.

원래 머슴 둘을 두고 사는 집이었으나 가정을 잘 다스리지 못하셔서 다 없애고 머슴도 내보내고 그 후로는 머슴을 둘 형편이 되지 못했다.

할아버지는 글공부 하느라 농사를 짓지 않으신 것이 한이 되었던 듯 내가 공부하려고 책을 펼치면 까짓것 공부해서 어디다 써먹느냐며 책을 마당 한 귀퉁이로 내동댕이치셨다.

그렇지만 나는 뒤 곁 토방에 신문지를 깔고 그곳에다 책을 주섬주섬 주워서 감추어 두었다. 어찌나 무섭던지 고함을 치시면 닭조차 36계를 놓고 아이들은 누구든 할아버지만 나타나면 꽁무니 빠져라 36계 도망가느라 정신없었다.

그런 조부님 밑에서 살려니 꾸지람 듣지 않는 날이 없었다. 골패(지금의 마작 비슷한 것)놀이를 좋아하셔서 한번 출타하시면 며칠씩 묵고 오셨다.

출타 하셨다가 집에 오셔서 빠른 걸음으로 방에 드시므로 돌아오신 인사를 해야 되는데 절을 할 기회를 주지 않으시므로 머뭇거리다 그냥 말면 일주일 꾸지람 감이니 상상해보라. 그런데 조부님께서 출장을 가시고 집안이 비면 내세상이 되어 꾸지람을 듣거나 말거나 세간을 뒤져 엽전도 다 꺼내 쓰고 할 짓은 다했다. 그냥 놔두었다면 엽전이 상당했을 것이다. 아버지는 무관심 그대로였다.

공책 한 권 · 연필 한 자루 사 주신 적이 없었고 동네 어른들과 교장선생님, 교감선생님 그리고 담임선생님, 집성촌에서 영향력이 있는 종중 대표 등 여러분이 찾아와 중수 머리가 뛰어나니 중학교 보내라고 성화를 하였지만 아버님은 고개를 절레절레 흔들며 중수는 일을 시켜야 된다고 말씀하시기에 이 분들은 조르다 조르다 뜻을 이루지 못하고 헛수고들 하신 것으로 기억난다.

열다섯 살 되는 봄에 졸업하자 아무런 희망도 없이 세월을 보냈다. 죽도록 하기 싫은 땔나무나 하러 다니면서 이산 저산을 배회하면서 말이다.

충북 금광(金鑛) 중역으로 계시는 아저씨뻘 되시는 분이 일부러 나를 데리러 왔다. 아버님께 나를 데려 가겠다고 간청하였으나 뚜렷한 대안도 없으시면서 완강하게 못 가게만 반대하셨다. 어린놈이 돈 몇 푼 벌면 사람 버린다는 핑계로 대놓고 반대만 하셨던것이다.

집안에 일할 사람이 없어서 보내지 않으신 것으로 보고 있다. 그러고 보니 나는 단 한 평의 땅도 상속 받지 못했다.

받아온 교과서마저 없애 버리자 나는 슬픈 마음도 잠시 어떻게 하든 교과서를 갖고 싶어 연구를 한 것이 두 가지 방법이었나. 하나는 나보다 한 학년 빠른 아이에게 딱지치기를 유도하여 딱지를 따게 되면 열 받은 아이는 교과서를 뜯어 딱지를 만들어 도전해 왔다. 이는 나의 계획된 일이므로 한 번 내손에 들어온 딱지는 절대 내놓지 않고 간직하였다가 펴서 쪽수를 맞추어 바늘로 꿰메서 보고 다녔다. 그러자니 빠진 쪽수가 많았으나 이는 맨손으로 쓰고 그려서 누락된 쪽수를 보충하였다. 두 번째 방법은 그림에 약간 자신이 생기자 같은 반 학생에게 없는 교과서를 빌려 교과서 내용 그 대로 쪽수와 글자 수 등을 삽입해서 모조품 교과서를 만들어 쓰다가 선생 님 눈에 띄어 칭찬도 들었다.

딴 딱지를 하나하나 펴서 페이지 쪽수를 맞추어 교과서로 만드는 과정 에서 온갖 복잡한 심사를 정화시켜주는 힘을 느꼈다. 중간 중간 빠진 쪽은 있었지만 얼추 맞추고 나면 어린 내 가슴에도 이루 말할 수 없는 성취감이 생기곤 하였다. 그때부터 붙이고 만들고 그리고 쓰고 하는 취미가 생긴 것 같다.

아버지께서 서당을 열어 받은 수입은 어떻게 쓰시는지 아버지 외 우리 는 누구도 알지 못했고 참견할 수도 없었다.

그러니 삶이 얼마나 빈한했겠는가. 가난함으로 끝난다면 가슴에 피가 맺히지는 않을 것이지만 동네에서 제일 가난한 사람은 사람 취급도 받지 못한다는 사실을 여러분들은 겪어 본적이 있으신가? 나는 겪어 보았다.

또래들과 놀다가 다투면 잘잘못을 떠나 으레 내가 잘못했고 내가 혼나 고 우리 아버지는 무조건 나만 때리시니 이 무슨 환란이란 말인가.

내가 동네 나가면 어른이든 누구든 똑바로 보는 사람이 없을 정도로 동 네 말썽쟁이에 불과하였다. 그렇다고 나는 주먹 한 번 휘두른 일도 없었고 그냥 얌전한 죄밖에 없지 않은가. 그때는 지금처럼 키도 크지 않았다. 그 러나 왠지 지적질을 당할 때가 많았다.

누구의 눈에도 내가 제일 먼저 띄었고 다른 아이들은 나보다 철없이 보 이고 하니 그냥 가난한 나에게로 집중되었던 것 같다.

그렇지만 행복한 일도 있었다. 학교 가는 일이었다. 집에 있는 것보다 학교 가는 일이 무엇보다 나를 기분 좋게 만들었다. 후원회비, 보리 한말, 벼 한말을 못 내서 조회 때마다 불려 나갔다. 나 외에도 몇 명 더 있었다는 것이 위안이 되었던지 창피한 줄 모르고 자긍심을 가졌다. 그때는 나무랐지만 그 시간만 지나고 교실에 가면 선생님께서 나를 정말이지 예뻐했다. 선생님께서는 나에게 환경 정리 꾸미기를 시키시고 흡족해 하시며 언제나 나의 손을 빌리셨다. 나는 내 재주껏 심혈을 기울여 선생님을 도와드렸다.

교육청에서 손님이 나오신다면 그래프를 그려 붙이고 우리나라 행정도, 교통도, 산업지도 그리고 세계전도, 육대주 지역도, 아시아주, 유럽도 등 각 지도를 그려 게시판을 아름답게 꾸미고 성적표도 그래프로 그려 붙이며 교실을 청소하여 깨끗하게 정리하고 또 수업을 따라오지 못하는 아이들을 남아서 도와주는 이러한 역할들이 나를 무척 행복하게 만들었다. 결석하느라 공부를 뛰어나게 잘하지는 못한 것 같은데 어떻게 그런 책임을 맡아 잘 해내었는지 가끔 눈감으면 떠오르는 영상들이 꿈속처럼 느껴진다.

나는 언제나 뒤에 앉았다. 반 아이들 속에 있으면 언제나 삐쩍 말라 뼈와 살가죽이 붙어 눈만 퀭한 내가 동생처럼 모두 돌봐 주어야 하는 존재들 같이 느껴져 친구를 사귀기에도 부적합하였다. 그때부터 나에게는 친구가 없었다. 아예 친구를 사귈 줄 몰랐다. 반면에 동생뻘 되는 아래 사람들이 많이 따랐던 것 같다.

또래지만 울면 달래야 하고 억지 쓰면 내가 도와주어야 하고 문제가 생기면 내가 나서야 하였다. 그렇다고 칭찬을 받거나 좋은 평가를 받지도 못했지만 나의 의사와는 상관없이 그렇게 돌아가는 것이었다.

집에 들어오면 어른들이 무서워 피해 다니고 나가서도 누구 하나 나에게 부드러운 눈 빛 건네주는 사람은 없었지만 기는 죽지 않았다.

그때는 가난한 시절이라 나뿐만이 아니라 가난한 사람이 많았다. 하지만 모두가 어려운 때에 우리 집 식구들은 더 어려웠고 질병에 곯아 누렇게 뜬 나의 몸체에 착 달라붙어 달려 올라가는 짧은 바지와 허리가 삐집고 나오는 짧은 윗도리에 코물이 반들반들 덕지덕지 두껍게 말라붙은 코흘리게, 헐벗은 볼품없는 꼬마자식은 머리에도 기계 충으로 지저분하기 그지없었다.

예나 지금이나 여름철이 되면 오랜 가뭄도 있었지만 우리 고향은 끈질긴 장맛비로 햇볕은 별로 못보고 여름을 넘기는 예도 적지 않았다.

비가 올 때는 우산은 고사하고 뒤집어 쓸 포대도 없어서 큼지막한 오동잎을 따 얼굴에 비맞는 것이라도 가리고자 하였다. 당시 그 시절에는 지금 쓰고 다니는 우산과 똑같은 검정색 팔모 우산이 있었고 기름먹인 종이우산(이정도면 고급스럽다) 그리고 시인 김삿갓이 항시 쓰고 다녔다던 삿갓이 있었으나 어른들이나 쓰고 다녔지 우리는 엄두도 못 내었다. 또 우장(雨裝)으로 도롱이라는 것이 있었는데 농촌에서는 띠 풀로 엮어 비가 오는 날 늦모를 심으려면 삿갓 쓰고 도롱이 입고 모를 심던 모습이 기억난다.

그 당시만 해도 웬만큼 산다는 집 자녀들도 우산이 없어서 곡식 포대를 반으로 접어 머리에서부터 등에 비가 맞지 않도록 두르고 다녔다.

나는 그런 포대조차도 구할 수 없어 그냥 비를 맞으며 4키로 되는 거리의 학교를 뛰어 다녔으니 옷이 얼마나 흠뻑 젖었겠는가. 뿐 아니라 신발이 없어 맨발로 등하교 하는 경우가 많았다. 마침내 나는 짚을 이용하여 와라지(일본말- 짚신과는 좀 다르다.) 를 만들어 신고 다녔고 좀 숙달되자 짚새기를 신고 다녔지만 난 슬퍼할 줄을 몰랐다. 지푸라기로 신을 삼는다는 일이 마냥 즐거웠을 뿐이다.

내가 자랄 무렵 유 소년시절 농촌은 마땅한 놀이터는(지금은 있더라도 과외공부, 미술, 피아노, 태권도, 음악 등을 배우느라 뛰어놀 수가 없지만) 없었어도 뛰어 놀 장소는 어디에나 있었다. 우리 집 앞마당은 동네 한복판에 넓이가 20평정도 되었는데 오목해서 바람이 닿지 않고 곡식을 널지 않는 이런 몇 가지 이유 때문에 놀기 좋아 동네 아이들이 우리 집 마당으로 아침만 되면 모여 들었다. 우리는 질탕하게 놀다가 할아버지가 오시는 소리가 나면 뿔뿔이 흩어져 도망치기 바빴다. 우리 집에서 학교까지 사이에는 그야말로 기막히게 좋은 천연 놀이터가 잠실 운동장보다 더 넓게 펼쳐져 놀기에 좋은 자연환경이 이루어졌다.

왜 그러냐 하면 농지가 모자란 우리나라에서는 해변마다 간척지가 있어 지형이 허용되면 바닷물을 막아 논을 만들었다. 내가 다니고 있는 학교와 집 사이에는 수천미터 펼쳐져 있었다. 바닷물이 들지 않는 갯벌이 마르다 보니 치고 박고 달리고 넘어지고 하면서 동무들과 어울려 두 세 시간 놀다 어둡기 전에 집으로 돌아오는 일이 매일이었다.

갯벌이 마른 땅은 높낮이가 없이 평평한데다 탄력이 좋아 권투와 레슬링을 위해 인공으로 만들어 놓은 링 바닥보다도 훨씬 탄력이 좋아 아무리 크게 넘어져도 절대 다치지 않았다.

당시 광복을 맞이하였어도 자연스럽게 도입된 전쟁놀이는 해방후 몇 년이 지나도록 우리들이 가장 즐기는 놀이가 되었다.

이렇게 좋은 자연 환경 속에서 매일 뛰어 놀면 나의 체력도 건강해야 했지만 그렇지 못했다. 체력이 약하다 해도 동무들과 어울려 놀 때는 별로 지는 일이 없었다. 열 살 이후 열여섯 살 되기 전까지는 늦은 봄만 돌아오면 학질(말라리아)을 앓느라고 고생이 이만저만 아니었다. 학질에는 오직 겔약이라는 약이 처방이었으나 어찌나 약성이 독한지 약을 먹고 나면 힘이 빠져 맥을 못추었다.

학질의 증세는 열이 심하였는데 발병이 한참 고조될 때는 환청도 들리었고 헛것도 보였다.

초여름 더운 날씨에도 추워서 오들오들 떠는 통에 따가운 양지에 눕거나 앉아서 저녁 무렵까지 심한 고생을 하였다. 이 병은 하루 걸러 발병한다 해서 속칭 하루거리라 하는데 몸이 허약해지면 하루거리 증세가 하루가 멀다 않고 매일 돌아오다시피 하였다.

단골질병 나의 학질, 이 증세가 나타나면 어머님은 나를 데리고 성황당에도 가고 장승이 서있는 곳에도 가고 혹은 돌다리 밑을 통과하도록 하셨고 무서운 공동묘지 사이로 끌고 다니셨다. 학질이 무서워 도망치도록 하기 위함이었으나 그렇게 해서 앓고 있던 학질이 나았는지의 여부는 기억나지 않는다. 이때부터 나는 불효자가 된 셈이다. 아들 고집 때문에 속상하셨고 아들 건강 때문에 애를 태우셨으니 말이다.

무서운 조부님과 아버지 사이에서 꼼짝할 수 없었던 나는 만만한 마음에 시집살이 심한 어머니에게 땡깡을 부리기 일쑤였다. 자랑거리라곤 하나 없는 그 풍신난 초등학교 시절의 이야기를 빼놓을 수 없는 것은 내 쓸데없는 자존심의 원인이 이때부터 싹이 트기 시작했기 때문이다. 알량한 자존심과 자부심, 이 자부심은 가슴속에 남이 들여다 볼 수 없는 오만으로 가득차 있었던 것이다.

용돈벌이

　나는 어릴 적 (약 8,9세 이후)부터 잠시도 그냥 있지를 못했다. 대나무를 베어 죽총(竹銃)을 만들고 피리도 만들고 연 짓고, 팽이 깎고 새총 만들고 산에 가서 도장나무를 구해다 도장 파고 활 만들고 손으로 할 수 있는 일은 빼놓지 않았으니 잠시도 틈나는 때가 없었다. 어린 또래들은 좋아서 내 꽁무니만 졸졸 따라 다녔다.

　남의 대문 있는 집이 부러워 우리 집에 대문을 달았고 벽지를 바른 집이 부러워서 나는 나무로 도장처럼 무늬를 깎아 백지를 벽지로 바른 벽에 찍어 대었다.

　동네 어른들이 아들 장가 보내면 깨끗한 방 만들어 주려고 나에게 그림을 그려 달라 해서 신방을 꾸몄고, 또 도배를 해 달라 해서 도배를 해 주었는데 이 모두 공짜였으나 재미가 있어서 싫지 않았다. 그때나 지금이나 누가 나에게 부탁하면 대가가 있거나 없거나를 막론하고 거절 못하는 성미라서 그런 것 같다. 어느 여성이 프로포즈를 해 와도 역시 거절 못하는 뼈 없는 성미인지는 프로 포즈를 받아보지 않아 잘 모르겠다.

　아마 모르긴 해도 내 또래 아이들은 용돈이 없었던 것 같다. 그 당시는 거의 빈농가라서 용돈을 지니고 쓰는 것을 보지 못했다.

돈을 쓸 만한 구멍가게도 없었다. 하지만 돈은 없었지만 장날을 기다렸다. 읍내 장이 서는 날이면 장에 가서 좋아하는 엿도 사먹고 국밥도 사 먹을 수 있었다. 다른 아이들은 장이 서는 날 집에서 몰래 훔쳐온 달걀도 가지고 장에 가고 밭에 나가서 붉은 고추도 따다 팔았다. 물건을 가져다 팔아 받은 돈이 오죽했으랴만 나는 그 아이들이 부럽기만 했다. 우리 집은 기껏해야 암탉 한 마리가 격일로 하나씩 낳는 알 정도이고 고추는 몇 평 되지도 않아서 따다 팔 것도 없었기 때문이다.

'용돈을 벌 수 없을까?'

일전조차 용돈 한번 받아본 적이 없어 항상 용돈 받는 정경을 그리워하였다. 어떻게 하면 돈을 좀 벌수 있을까. 고민하고 있는데 아버지 찾아 우리 집에 자주 놀러오는 아저씨가 점방에 화투를 사러갔다가 없자 나에게 농담반 진담반으로 화투를 한번 만들어 보라는 말에 나는 화투장에 나오는 그림을 그리며 만들어 보았다. 물감과 종이는 부탁하는 아저씨가 사다 주셨다.

일월 학 그림 · 이월 메조 · 삼월 매화 · 사월 흑사리 · 오월 난초 · 유월 목단 · 칠월 멧돼지 · 팔월 보름달 · 구월 국화 · 시월 노루와 단풍 · 11월 오동 · 12월 손님을 그려 보여주자 의외로 괜찮은 평가에 그때부터 나는 화투장을 만들어 15목 정도 팔아 처음으로 겨우 용돈을 만져 보았다.

어른들이 모여 노는 방식 중 화투가 가장 인기가 많았는데 화투장이 보급이 되지 않아 구하기 어려우면 우리 집을 찾아왔다. 화투 한 목을 구입하여 어른들이 하루 밤 가지고 놀면 이내 망가져서 다른 것으로 대처해야 했다.

나는 이것을 알고 화투 그림을 그리면서 두꺼운 책 표지나 깎데기만 보면 보물이라도 본 듯 주워 모았다. 내가 그림 그리는 모습을 분통터져라 눈꼬리 올리시며 못마땅해 하시던 분은 솜씨 좋은 할아버지셨다.

(지금 생각하면 그림 그리는 내 모습에서 가난을 벗어나지 못할 것을 아셨던 것 같다.)

이때부터 그림을 그리기 시작하였는데 그 후 내 인생에서 그림은 나를 구원해주는 귀인으로 나를 떠나지 않았다. **그 그림이 당사주이다.**

그림 이야기를 하는 것은 내가 내 자랑을 하려는 게 아니라 오늘에 와서 한(恨)만 남은 내 처지이지만 내 일생 걸어온 길이 전혀 내가 지향했던 내 뜻이 아니라 끈질긴 줄로 이어진 핵인(核因)이 되었기에 인(因)을 빼놓고 과(果)를 말할 수 없기 때문이다. 지금 생각하면 당시 내 알량한 솜씨가 오늘의 현실까지 因의 선(線)이 되어 이어져 왔으나 因은 형체도 물질도 없어 가위로 자를 수 없는 질긴 것임을 깨닫지 않을 수 없다.

모르는 사람들은 날더러 재주가 있어 그림도 잘 그린다며 칭찬을 아끼지 않았으나 기껏해야 남이 그린 것을 보고 그대로 흉내 내는 정도가 어찌 대수로우랴. 하지만 이 알량한 그림 솜씨 때문에 고생을 면한 예도 적지 않았으니 나에게는 결코 해로운 일이라기보다 미세한 소질을 타고난 것도 고맙긴 하다.

내가 학교에서 환경정리하며 그리던 그림 솜씨로 화투장을 그려 팔았던 일은 6, 25가 일어나기 전까지 돈을 만져본 첫 번째 경험이었다.

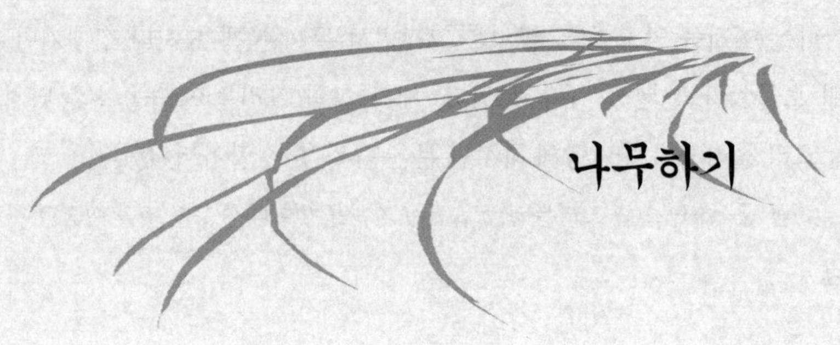

누나 셋에 어머니 할머니 여인이 다섯이다. 이후 내 여동생 한 명을 더 낳으셨다. 남자는 할아버지, 아버지와 나 셋 뿐이었다. 우리 집은 지극히 가난하였다. 그런데 문제는 먹을 식량보다 땔 나무의 근심이 더하였다. 식량은 부친께서 훈장으로 받는 사례비와 400평 넓이의 소작농에서 수확한 벼 2섬 가량 그리고 보리농사 1가마니에 불과하였지만 가끔 죽을 쑤고 하며 여덟 식구(후에 가산이 더 나빠졌을 때는 아홉 식구)가 간신간신 연명해 가는 데는 문제가 되지 않았었다.

아버지께서는 쌀 한가마니씩 받으시며 훈장으로 인근 동네를 다니셨다. 그때만 해도 공부한 선비가 우리 동네에서는 드물었다. 아버지께서도 할아버지께 배운 글재주라 벼슬로 나가기에는 부족하셨던 것 같다.

재물이 조금 모이자 이자 돈을 빌려주었는데 해방되고 뒤에 정부에서 고리채 정리가 있자 다 떼이고 한 푼도 받지 못했다.

주지 않는 사람도 이유는 있었겠지만 우리는 그때부터 먹던 밥도 먹기 어려웠고 헐벗도록 기우는 가세를 붙잡아 일으키지 못했다.

아버지께서 어머니에게 살림을 맡기셨더라면 이렇게 구차하도록 막막한 일은 당하지 않았으리라 생각한다.

더한 근심거리는 땔나무였다. 내가 어려서는(10세전후) 구렁망태를 메고 산에 가서 솔방울을 수집하였다. 나는 나무를 잘 탔다.

키가 닿지 않는 큰 소나무에 솔방울이 주렁주렁 매달린 나무를 보면 타고 올라가 솔방울을 따 내렸다. 재수가 좋은 날은 큰 소나무 두 그루 정도만 타고 올라가 따 내리면 구렁망태를 가득 채워 산을 내려왔다. 내가 태어난 고장은 들도 넓지 않으면서 산도 높지 않았다.

따라서 땔나무도 턱없이 모자랐다. 내가 조금 더 자라서 지게를 지고 다닐 정도로 컸을 때는 동네 주변의 온 산을 더듬어도 한 짐 거리 나무하기가 쉽지 않았다. 마른 잔딧풀, 솔방울, 진달래 뿌리가 고작이었다. 그것도 없어서 빈 지게를 지고 이곳저곳을 찾아다니기가 일수였다.

농토가 많아 볏짚이 많은 사람들은 볏짚만으로도 땔감으로 모자라지 않았으나 영세농가나 비농가에서는 땔감을 마련하기 위하여 늦가을부터 이른 봄까지 30회 정도 왕복 16킬로미터에 해발 500미터 높이의 먼 산의 나무를 해다가 모자랄 때 보충하였다.

짐 지는 일에 익숙하지 못한 나도 집에 있을 때는 먼 산 나무를 하러 다녔다. 한 짐을 해오면 밥 짓고 방에 불을 때는 데 4-5일 정도의 분량이었으니 지금 생각해 보면 어릴 적부터 고생은 타고난 듯하다. 남들은 거리의 반 이상을 마중 나와 나무 짐을 교대해 주었으므로 힘이 덜 들었으나 나는 마중 나올 사람이 없어 짐 지고 온 거리(20리 넘게)를 교대 없이 짊어지고 오느라 기진맥진이었다. 게다가 나는 농촌에서 농사를 지으며 살아도 짐 지는 일이 왠지 익숙치 못하여 남보다 괴로움이 심했다. 그래서인지 지게를 지고 다닐라치면 동네 아주머니들은 내 거동을 보고 "너는 지게가 등에 붙지 않고 돌아 다닌다"하며 우스워 죽겠다고 웃으며 하는 말을 여러 번

들은 적이 있다.

아버지는 모든 것을 부담스러워 하며 오로지 나만 쳐다보고 계셨다.

어려운 일이든 쉬운 일이든 남자 일은 나 혼자 다 감당하도록 아버지께
서는 숫제 관심조차 갖지 않으셨다.

땔감이 없어 방에 물이 얼도록 추워도 아버지조차 어떻게 해결 하려고
들지 않으셨고 특히 할머니 어머니 누나들 보고 나무해 오라는 말은 입 밖
에 낼 수조차 없었다.

뺨을 에는 칼바람이 눈물을 얼게 하는 추운 겨울 집에서 서쪽으로 이십
리는 떨어진 산으로 나무하러 아버지가 가지 않으면 내가 가야하는 실정
이다. 아버지는 아예 갈 생각이 없으시니 부득이 내가 가지 않으면 모든
식구가 추위에 얼어 죽어 갈 판에 가지 않을 수 없었다. 신발도 양말도 따
뜻하기는 커녕 오히려 내 몸을 덕 보려 하지만 끌고 다니지 않을 수 없으
니 수도 없이 벗겨지고 또 끌어 신으며 오르는 산은 피도 얼어붙을 지경이
었다.

산이란 눈에 가깝게 비쳐도 막상 가보면 꽤 멀다. 눈바람이 휘날려도 태
양이 있는 한낮에 동네 사람들과 출발하여 나무를 하다보면 짧은 해가 벌
써 멀리 보이는 바다를 물들인다.

별로 높지 않은 산에서 나무를 하다 말고 눈앞에 펼쳐 보이는 우리 마을
은 해질 녘 석양이 유난히 아름다운 곳이다. 거뭇거뭇 떠있는 낮은 검은
구름 사이로 넓게 퍼진 석양은 애처롭기까지 하다.

그때부터 나는 추운 겨울나무 땔감은 내가 도맡아 놓고 하게 되었다.

학질은 달고 살았고 죽도록 아픈 것은 내 생애 네 번이었다.

잔병치레란 나에게 사치스런 이야기이다. 한 번 아프면 저승 문 앞까지 갔지만 받아주지 않아 돌아오니 어머니의 노고는 어떠했겠는가. 나중에사 처음 지독하게 앓았던 병명을 알아보니 채독이었다.

군산 도립병원에서 주는 약을 먹고 회충 20마리정도 빼내고 나니까 몸이 점점 회복되었다.

가슴 쓸어내리는 어머니의 애 닳는 심정으로 나았는가 한다. 마음도 아프고 몸도 아프고 여리고 여린 마음에 비친 내 인생은 이때부터 떠나지 않은 가난과 싸우며 질기고 질긴 질경이처럼 세상을 살아오게 되었다.

내 눈에 비친 어머니의 모습은 애처롭기 그지없었다. 아버지 눈치 보며 사랑하는 아들의 뒷바라지가 언제나 못 미침이 아쉬워 남편을 탐탁하게 여기진 않았지만 어쩔 수 없어 하는 그 모습을 차마 입에 담을 수가 없다. 나에게 주고 싶어도 줄 게 없어서 주지 못하셨다.

아버지 눈치 살피며 들락날락 전전긍긍하는 모습은 그때 나의 생가슴을 앓게 만들었고 아버지와는 더욱더 멀어지게 하였다.

미움으로 원망으로⋯ 끝내는 애증으로⋯

코스모스

　나는 결코 잊을 수 없다. 청초한 코스모스 바람에 일렁이며 환하게 반가워하던 가을하늘 아래서 할머니 손잡고 달리기 하던 운동회가 한평생 내 머릿속에서 떠난 적이 없었다.

　어머님과 할머님께서 따라와 엿 하나 감하나 사주시면 그렇게 좋아서 어쩔 줄 몰라 했다.

　할머니, 할머니 생각하면 잊혀지지 않는 이야기가 있다.

　할머니는 우리 집 장손인 저를 데리고 다니는 것을 즐거워하셨다.

　어느 날 할머니께서 (아마 할머니 친정 동네인 것 같다.) 저의 손을 잡고 고래 등과 같은 기와집으로 볼일 보러 가실 때 따라 간 적이 있다.

　그 집 큰 마님을 뵙고 인사하고 이야기를 나누다가 자고 가라는 말씀 끝에 할머니는 머무르실 작정이셨다.

　또 다른 손님이 오자 우리는 일어날 채비를 차리고 물러 나오는데 우리를 맞이할 때와는 다르게 있는 것 없는 것을 내어 놓으며 먹으라고 막 권하는 것이 아닌가.

　나는 어린 마음에 사람 차별 당하는 것 같아 서러웠다. 한사코 울면서 자지 말고 집에 가자고 할머니에게 보채기 시작했다. 할머니께서는 영문도 모르시고 나에게 자꾸만 왜 그러냐고 묻기만 하시고 나를 달랠 요량으로 흔들기만 하시고 등을 쓰다듬기만 하셨다.

나는 어린 마음에 말은 못하고 마냥 가자고 울면서 졸라대기만 했을 뿐이다. 할머니께서는 할 수 없이 저의 손을 잡고 그 집의 문지방을 넘어 나오시게 되었다. 이렇듯 나는 어려서부터 가난한 서러움과 나 자신이 치열하게 싸우기 시작했다.

6학년 졸업이 눈앞에 다가왔을 때 학급생 삼분의 일은 중학교 입학시험을 치르기 위하여 정기 학습이 끝난 뒤에는 남아서 보충 수업을 하였다. 나는 남아서 보충수업 받는 그들이 너무도 부러워 집에 돌아가지 않고 얼쩡거리며 있었다. 선생님께서 나를 보고 너는 왜 집으로 가지 않고 남아 있느냐는 말이 끝나기도 전에 뒤도 돌아보지 않고 달음박질 쳐서 한숨에 집으로 돌아왔다. 다음날부터는 학과가 끝나기 전 시간에 미리 책보와 신발을 준비해 넣고 누가 붙잡을 여유 없이 뛰어서 단숨에 집으로 돌아오곤 하였다.

이러한 나의 행동을 담임선생님께서 알아차리시고 하루는 나를 부르시며 수업 마치거든 집에 가지 말고 남아 있기를 명하셨다. 선생님께서 저를 보고 하시는 말씀 "너는 머리가 좋아 보충 학습을 할 필요가 없기에 그랬으니 섭섭하게 생각지 말아라. 아무개가 중학교에 들어가야 히는데 실력이 모자라 근심이다. 너도 남아서 같이 공부하며 그 아이를 좀 가르쳐 주지 않겠느냐?" 하시기에 나는 자존심이 좀 상하긴 하였으나 담임선생님의 지시대로 한 일주일 동안 보충수업 받는 아이들과 같이 남아 있다가 그만 두었다.

　담임선생님한테서 조금만 눈치가 달라져 보여도 다음날부터 일주일 동안 결석했다. 학교 성적 순위를 보고 나보다 못한 애가(내 생각에) 나보다 앞선다고 생각해도 학교를 일주일씩 가지 않았다.

　초등학교 1학년에서 6학년 졸업 때까지 결석일수를 세어보면 150일은 족히 넘었을 것이라 생각한다.

　이렇게 결석을 많이 하던 초등학교 시절 6년 동안 봄에는 탁 트인 바다와 동백꽃 숲이 어우러진 마령으로 소풍을 갔고 가을에는 운동회가 있었다. 소풍은 따라가는 해도 있었고 가지 않는 해도 있었지만 운동회만은 꼭 참석했다. 할머니, 어머니가 웃으며 사이좋게 따라 나섰던 그 축제는 내 인생의 윤활유가 되어 나의 몸속을 구석구석 지금도 돌아다닌다.

　코스모스 핀 길을 따라 벌어지는 즐거운 가을 운동회는 소외된 내 모습을 친화적으로 바꾸어 버렸다. 그때만은 넘어져도 좋았고 꼴찌해도 좋았다.

몸집이 마르고 다리도 말라 잽싸게 잘 달릴 것 같지만 그것도 아닌 것이 의외로 꺼벙한 모습에 힘없는 다리는 엉겨 꼬이는 듯 하면서 풀려 옮기는데 시간이 걸렸던지 언제나 꼴찌밖에 하지 못했다.

그때부터 나는 가을 운동회와 함께 피어나는 코스모스를 좋아하게 되었다. 작년(임진년) 아들에게 부축을 부탁하여 코스모스가 많이 핀 들판을 보여 달라고 졸랐다. 하여 어딘지는 모르지만 데려가는 대로 말없이 그냥 따라 갔다 왔다.

하늘거리는 연약한 줄기를 질서 있게 짜여진 화려한 꽃잎보다 나는 더 좋아한다. 바람에 낭창낭창 휘어지는 가녀린 허리는 요염한 기녀의 조건 없이 던지는 야한 추파처럼 더없이 나의 마음을 흡족하게 사로잡는다.

그리고 코스모스를 보면 정말 누군가 도와주지 않으면 지탱해 나갈 수 없는 청순한 소녀의 순수한 사랑 이야기를 그린 앙드레 지드 작 '전원 교향악'에 나오는 장님 소녀를 생각나게 한다. 하지 않을 수 없는 이야기는 이렇다.

마을의 목사관에서 살고 있던 목사가 7키로 밖에 떨어진 한 노파의 주검을 도우러 갔을 때 한 쪽 옆에 쭈그리고 있는 눈먼 소녀 제라트뤼드를 목사관으로 데려 오면서 시작된다.

초라하고 지저분한 모양새에 눈까지 보이지 않는 보잘 것 없는 소녀를 아내의 불만에도 불구하고 목사는 유약할 대로 유약한 제라트뤼드를 친절하게 돌봐주고 가까스로 점자를 가르쳐 문맹에서 벗어나게 한다.

"눈 뜬 사람들은 볼 수 있는 행복을 모르고 있어."

“네, 볼 수 없는 나는 귀로 듣는 행복이 무엇인지 알아요.” 목사와 제라트뤼드의 대화중 내가 가장 즐겨 찾는 장면이다.

방학이라 집으로 내려와 지내던 아들이 제라트뤼드에게 관심을 갖게 되며 피아노를 가르치며 가까워진다. 끝내 아들은 제라트뤼드를 사랑한다면서 결혼하겠다는 말에 목사는 깜짝 놀라 겨우 아들을 설득한다.

목사님 이야기만 듣고 생각한 아름다운 세상이 이따금 다른 세상일까봐 두려움을 느끼는 제라트뤼드는 급기야 자신이 목사님을 사랑하는 것을 아느냐는 물음에 목사는 당황한 모습을 자신이 감추지 못한다. 목사는 신의 율법에 벗어난 사랑을 인간의 탓으로 돌리며 신의 눈에 성스러운 것으로 비쳐 주기를 간절히 원한다.

마르땡이 소개한 루우 박사의 도움으로 제라트뤼드의 눈 수술이 성공적으로 진행 되었다.

입원했다 돌아오는 제라트뤼드를 위하여 목사는 아내와 함께 축제의 준비를 하며 세상을 처음 바라보는 그녀의 황홀감을 생각하니 덩달아 기쁨을 감추지 못했다. 며칠 후

개울을 따라 꽃을 꺾으러 다니던 제라트뤼드가 개울을 건너는 다리에서 떨어져 혼수상태가 되었다. “제가 처음 눈을 뜨고 목사님의 가족을 보는 순간 장님이라면 네가 오히려 죄가 없으리라는 성경 말씀이 생각났어요. 슬픔이란 그림자가 이마에 그토록 비참하게 고여 있으리라는 상상은 해 보지 못했으니까요.”

“개울 아래 푸른 빛깔을 띤 꽃 이름을 아시나요? 그 꽃 한 아름 따다 주세요. 사실은 꽃을 꺾으려고 간 것이 아니라 자살하려고 했어요, 죄인가

요?”

머리카락이 흐트러져 얼굴을 가린 채 물인지 땀인지 한데 섞여 푹 젖은 제라트뤼드를 바라보며 초조한 마음으로 기다리던 순간 날벼락 같은 이야기를 듣는다.

제라트뤼드는 나를 사랑한 것이 아니라 눈을 뜨고 보았더니 내 아들인 자끄를 사랑하고 있었단다. 둘은 신교를 떠나 카톨릭 안에서 하나가 되면서 제라트뤼드는 죄의식으로 죽고 아들은 사제의 길을 가고자 했다. 아, 나는 슬픔에 못 이겨 아내에게 부탁해 주기도문을 외워달라 부탁하였다. 담담하게 아내가 외우는 주기도문이 구절마다 왜 이렇게도 긴 것인지 사이사이를 침묵으로 채울 수밖에 없었던, 슬픔을 애절하게 삼키는 목사의 이야기이다.

사막보다도 더 메마른 내 가슴은 소리 내어 울지 못하는 별빛 눈물의 강으로 넘쳐흐른 목사의 푸른 심장을 보았고 사랑의 붉은 빛깔이 푸르게 바랜 그 꽃 이름은 물망초라는 것도 알았다.

목사님의 알뜰한 보살핌은 원초적 슬픔의 무거운 짐마저 내려놓게 하였지만 끝내 사랑의 슬픔으로 매듭을 짓고 마는 고뇌를 앙드레 지드는 잔잔한 전원 속에 숨어있던 애틋한 사랑이야기로 독자들의 가슴을 울렸다.

내가 16살 때 읽은 문학 중 내가 제일 사랑히는 책이 전원교향악이다.

23세(군대 가기 전)까지 읽은 소설 중 생각나는 것은 전원 교향악을 비롯하여 춘희, 죄와벌, 리어왕, 몬테크리스토 백작, 기타 여러 가지이다. 특히 탐정소설을 즐겨 읽었다.

국내 작가의 소설은 방인근의 복수, 김내성의 청춘극장, 심훈의 순애보,

상록수, 작가미상의 청춘무정, 이광수의 그 여자의 일생, 사랑, 꿈, 유정, 특히 이차돈의 사 등의 국내 작가 소설을 즐겨 읽었다. 그 중에서도 이차돈의 사는 하루 밤에 완독하였다.

영원히 잊혀지지 않는 감동으로 못다 한 내 사랑의 의미로 되살아난 한 줄기 빛이 코스모스가 되어 빈약한 내 가슴속을 풍요로움으로 설레게 했다.

나의 부족한 사회적 학력을 채워주었던 독서는 보잘것 없는 저술이지만 가능케 해 주었고 빈약한 나의 표현력을 보완해 주었다.

인쇄업을 실패하고 양평으로 내려갔지만 변변한 방 하나 못 얻고 일곱 자 방하나 얻어서 살고 있을 때 17살 난 주인집 딸인 소녀와 친밀하게 들로 산으로 이야기 하며 같이 다닌 시절이 있었다.

그 소녀는 청초한 코스모스처럼 육체적 생각이나 어떤 다른 욕심이 있어서가 아니라 나이든 아저씨를 순진한 소년으로 만들어 주었다.

또한 내가 코스모스를 좋아하게 된 동기는 사람들의 발밑에 밟히면서 또 가뭄에 시달리면서 투박한 길가에서 화려하게 피는 것이다. 지금도 무심코 걷다가 코스모스를 보면 고향을 만난 듯 반갑다.

아무리 거세게 싸우고 토라져 원수가 진 상대를 외나무다리에서 만났다 하더라도 새롭게 반가이 맞이해 주는 산뜻함을 어찌 외면할 수 있겠는가.

코스모스는 그런 꽃이다. 코스모스의 꽃말은 소녀의 사랑이란다.

군대생활 하면서도 막사 뒤에 코스모스가 환하게 핀 광경이 어찌나 좋았는지 모른다.

삭막하면서도 위태로운 일과가 점철되던 군대생활에서 향수로 나의 마음을 흠뻑 적셔주던 정감은 은혜롭기까지 하다. 일반적으로 나는 나이 어린 소녀들이 잘 따랐다.

코스모스를 보면 알던 모르던, 알게 모르게 이성간의 변덕스런 사랑을 승화시켜 주는 힘을 느낀다.

그렇다, 나는 지조를 내세워 굳세게 움직이지 않는 바위 같은 인간미를 찬미하는 세상과는 달리 절개를 높이 평가하지 않는다. 장군이니, 의사니, 열사니 운운하며 훌륭하신 분들의 행적을 자신의 것인 양 내 앞에서 너스레를 떨지 마시라. 나는 단지 세상 따라 흘러 다니는 소박한 장똘뱅이 같은 삶을 말하고 있을 뿐이니…. 코스모스는 자신의 의지대로 쏠리며 흔들리는 것이 아니라 강력하게 흔들어 놓는 바람의 힘에 의한 것이다. 시대가 우리를 그렇게 만들어 놓는 것처럼….

끝이 어디쯤인지 모르는 캄캄한 긴 터널과 같은 시대를 살며 속은 멀쩡한데 한결 같이 버림받은 몸이기에 나도 나를 알아주는 사람만 있다면 그가 누구이든 그를 위해 살고 싶었고 충성을 다하고 싶었을 뿐이었다.

그러나 출세할 시간이 있을 때는 그런 사람을 만나지 못했다. 한참 살아오다 늙어서 돌아보니 내 옆에서 대화가 되던 사람이 바로 유방현 선생이었다.

나는 대화가 되는 사람을 좋아하고 가까이 하고 싶었다.

여자도 마찬가지… 대화가 되는 여자를 좋아하였다. 인물도 맵씨도 솜씨도 나에겐 대화보단 중요하지 않았다.

그런 내가 서른 살 정도 되었을 때 79세가 되신 할아버지께서 고향에서 돌아가셨다.

愛花

무더운
여름이 살짝
자욱을 옮겨
산들바람 내음이
코끝을 간지리면
아 – 아 八月이런가

두메산골
조그만 정거장마다
코스모스 가득이 피어 있었네
오 – 반가워라
너의 모습아

해마다 기다리던 가을 팔월에는
네 모습을 찾아서 헤매 이노니.

나의 사랑 코스모스야
어쩌면 그다지 아름다운가.
만천하 만 가지 꽃도 많다만
나는 오직

너만을 사랑하노니

티없이 깨끗한
검소 담박한 너의 모습에…
< M · J에게 >

나무타기

동네 앞산 골짜기에서 돌을 던지며 놀고 있는데 한 아이가 내가 장난으로 던진 돌에 이마 가운데를 맞았다.

그 때 맞은 흉터가 장가갈 때까지 있는 것을 보았다. 어떻게 보면 나도 더할 나위 없이 극성맞은 아이였던 것 같다.

한데 위안이 되었던 것은 어느 무속인이 그 아이를 보고 만약에 인당에 흉터가 없었더라면 명이 짧았을 터인데 흉터가 대신 명을 이어주었다는 말을 전해 들었으나 진부는 모르겠다.

자라서 장가는 두 번 갔어도 그 아이에게 부모님도 계시고 내 또래 형도 있었지만 나를 미워하지 않았다. 두 번째 장가는 어느 회사 경리 아가씨에게 정말 잘 갔다고 들었다.

그 말을 듣는 순간 마음 한켠 죄책감에서 해방되어 안두감이 돌았다.

나는 소년 시절에 원숭이처럼 나무 타기를 좋아했는데 빽빽한 나무숲에서는 다른 가지를 잡고 이 나무 저 나무로 잘 옮겨 타고 다녔다. 휘청휘청 휘어지는 나뭇가지의 원심력 작용으로 팅겨 오르는 나뭇가지 타기는 보는 사람을 아찔하게 만들긴 하였지만 나는 그 무엇보다 재미있어 좋아했다.

그러다 상처라도 나서 피가 철철 흐르면 흙을 얹어 약 대신 바르고 다니며 야단 맞을까봐 집에 들어와서는 말 한마디 내색도 하지 않았다.

그런데 한 번은 비둘기 집이 나무 꼭대기에서 나를 유혹했다. 그것을 잡으려고 그 높은 곳을 아무 생각 없이 꾸역꾸역 올라갔다. 위에서 나무껍질 껍데기가 비벼질 때 나는 바스락 거리는 소리를 듣고 그쪽으로 내려 보니 지나가던 무속인이 총각 어쩌자고 그렇게 높은 나무위에 올라가는 위험한 짓을 하느냐는 말을 듣자 바야흐로 겁을 집어먹고 급히 내려오다 잘라낸 나뭇가지에 심하게 긁혔다. 내려와 올라간 그 자리를 고개 들어 쳐다보니 참으로 아찔하였다. 그 무속인은 마을에 모르는 사람이 없을 정도로 잘 알려져 있었던 사람이다. 그 뒤에는 위험한 나무에는 올라가지 않았다.

나무를 해야 할 때는 나무가 없어 솔방울이 많이 달린 나무 위에 올라가 솔방울을 땄다. 그만큼 이 지방에는 땔나무가 귀했다. 때문에 앞서 말한 8 키로 떨어진 산에 나무를 하러 가곤 하였다.

내 신세는 이러하였으나 밝은 미래가 있다고 생각했기 때문에 한 번도 한탄해 본적은 없었다. 하지만 지금 생각해 보니 20여년에 걸쳐 지긋지긋한 고생을 겪어야만 했다.

지금 사는 군포에 와서도 집을 날릴 만큼 부채에 누적되어 심한 고생을 했다가 십여 년 전에 가까스로 부채를 갚고 안정을 찾게 되었다. 지금은 빚이 없다. 은행돈 단 만원도 빚으로 남겨두지 않았다. 빚을 갚고 나니 마음은 편했으나 뜻밖에 불행이 닥쳤다.

10년간 파킨슨병의 증세가 있었으나 치료받지 않았다가 어느 날 갑자기 하체가 마비되어 장애인의 몸으로 오늘날까지 2년에 걸쳐 일어나지 못하고 있는 실정이다.

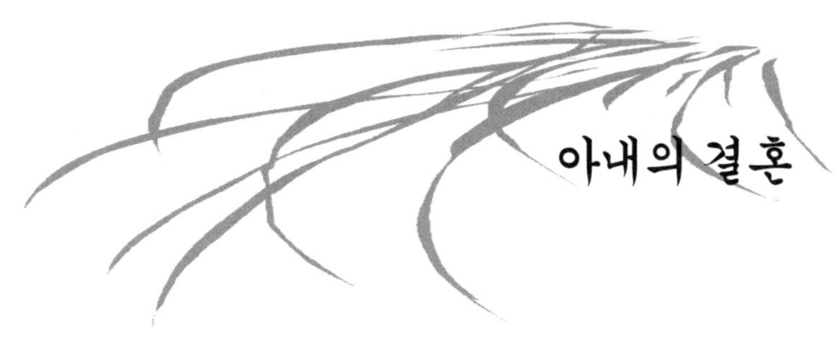

아내의 결혼

내 인생에 대해서 아쉬움은 없다. 다만 마무리 못한 부분이 있어 그것이 아쉬울 뿐이다.

그것이 아쉽지만 어찌 사람마다 자기 생애를 만족하게 살았다 말할 수 있으랴.

아쉬운 대로 이만만 해도 복이 많다고 생각한다.

특히 부족한 것은 과거에 아내를 성격차이로 탐탁지 않게 여겨 못해 주었으나 이제 와서 모든 것을 아내의 수발을 받게 되니 미안하고 고마워 나에게는 구세주와 같은 존재라 생각한다. 늦게나마 아내를 괴롭혀 미안한 마음뿐이다.

아내는 목포에서 15분정도 배를 타고 들어가면 도착하는 신안에서 태어났다.

18세 순진한 섬 처녀가 도시로 나와 두려운 마음을 감추지 못할 때 능력 없는 나를 만났다.

나를 만나 살림을 차린 지 6년 만에 아내의 친정어머니가 딸이 보고 싶어 찾아온 적이 있었다. 굴이랑 미역이랑 잔뜩 장만하여 자그마한 체구에 안쓰럽도록 집채 같은 보따리를 무겁게 이고 들어오는 엄마를 만나는 아내의 제스처는 무어라 말을 할 수 없었다.

여러 가지 감정이 섞인 만감(萬感)의 표정이라 말함이 옳을 것이리라. 반가우면서도 떳떳하지 못하고 뭔가 쫄아든 심사가 마냥 좋아할 수만은 없는 표정이라 함이 맞을 것이다.

좋은 남자를 만나 잘사는 모양을 어머니에게 보여주고 싶은 마음이야 얼마나 간절했으랴마는 나는 그 마음을 함께 나누지 못했다. 몇 년 만에 만나는 모녀간의 알뜰한 정을 모를 나도 아니었지만 스스로 켕기는 바가 있어 마음껏 반갑게 맞이하지 못했다는 것이다.

잘 데도 없는 단칸방에서 어머니가 며칠이나마 거처하고 가시는 데는 그저 불편하기만 한 형편이다. 그래서 하루 밤 뜬눈으로 이야기하며 새우시더니 아침 일찍 훌쩍 떠나버리셨다.

남편으로서 할 도리는 다하지 못하더라도 사위 사랑은 장모라고 살갑게 대하는 장모님의 정성에 모두 먹고 나만 안준 양 뚱하니 석연치 않게 뒤통수 긁으며 마주하는 내 모습이 마땅하지 못했으리라. 딸에게도 못마땅한 내심이 들킬까 조심스러워하는 몸놀림이 애잔하게 내 눈을 스쳐갔다. 결혼식도 올리지 않고 살면서 밥도 마음 편히 먹이지 못하는 사위가 얼마나 원망스러웠을까.

생각하면 돌아가신 장모님보다도 아내를 향한 미안한 마음은 죄의식마저 들게 한다.

지금이라도 일어나면 결혼식을 올려주고 싶은 마음 간절하다. 부모가 치러주지 못한 것을 우리가 열심히 살면서 형편 되면 올리자고 언약하였지만 언제나 쫓기는 듯한 생활고로 실행에 옮길 수가 없었다. 형편이 되면 올리려 했던 결혼식이 삶에 쫓겨 여기까지 왔던 것이다.

　결혼식이라는 것은 당신과 내가 부부라는 관계를 만 천하에 알리는 격식에 불과하니 칠순 잔치 때 많은 사람들 앞에서 당신과 내가 함께 있었으니 모든 사람들이 부부라는 사실을 알 터, 지금에 와서 굳이 결혼식을 올릴 필요가 없을 것이라며 달래고 또 달래곤 하였다.

　다음 생에 만날 수 있다면 꼭 결혼식을 올리자. 아니 꼭 만나자, 결혼식을 올리기 위해……

　그렇게 말하고 있는 내 마음이나 듣고 있는 아내의 마음이나 똑같이 면사포를 써보지 못했다는 것은 지울 수 없는 회한으로 무덤 속까지 갖고 갈 것 같다.

　지나가며 남긴 것이 흔적이라면 하지 못해 남는 것은 여한(餘恨)인가…

유 방 현 선생이 칠순잔치 축사를 읽어 주었는데 글귀가 너무 좋아 여기 실어본다. 나를 너무 과대평가한 것 같아 쑥스럽기까지 하다.

한 중 수선생님의 고희(古稀)를 축하드리며

푸른 하늘아래 우뚝 선 아름드리 고고한 나무는 만고풍상을 겪어야만 했습니다.

선생님을 곁에서 뵙고 인사드리며 지낸지 어언 이십여 년이 되어 가지만 그때나 지금이나 선생님 옆에 서면 사탕을 달라고 투정을 부리는 작은 아이가 되어 있었고 선생님은 남은 사탕이 없나 찾고 계시는 할아버지가 되어 계셨습니다.

무엇이든 가리지 않고 혼란스럽게 타들어가고 있는 거대한 불꽃을 잡고 난 뒤의 정돈된 눈빛에서 거짓을 용납하지 않는 엄정한 사대부의 정신을 느낄 수 있었고

편안하고 한결같은 그 마음은 바로 학술의 경계를 넘어서 진리를 탐구하고 전수하는 성인으로서의 풍모를 담고 계심을 그 누가 부정할 수 있겠습니까.

흙탕물이라 하여도 마다하지 않고 나는 발을 담그시겠다는 그 말씀은 암울한 세속도 마다하지 않고 사랑하시겠다는 말씀으로 들리어 경계를 벗어난 참 진의 진리로서 참으로 가슴을 울렸습니다.

여느 종교처럼 굳이 세속을 벗어나지 않고 세속을 부둥켜안으며 몸 부림치면서 세속을 긍휼히 여기는 굳센 의지를 가진 지인(知人)의 면모를 뵈면서 학문을 한다고 헤매는 우매한 저희들의 가슴을 감동으로

채워 주시기도 하였습니다.

40년 외로운 행군으로 다듬어진 선생님께서 쓰신 책들의 서문에는 하나같이 졸서(拙書)라고 말씀하시며 방대하게 해박하신 견해를 지극한 겸손으로 대신하셨습니다.

반만년을 넘어 이어져 내려오는 학문의 역사가 도도한 한강의 흐름처럼 끊기지 않고 오늘날까지 면면히 내려올 수 있었던 것은 선생님과 같은 훌륭한 선인들이 계셨기 때문이 아닌가 생각되오며 오늘 아름답고 즐겁고 기쁜 날 저에게 축사를 할 수 있는 기회를 챙겨 주신데 대해 더없는 감사를 드리고 싶습니다.

존경하는 한 중 수 선생님, 이제는 역학에 대한 대중들의 인식이 새롭게 바뀌어 가고 있습니다. 선생님께서도 여기서 그냥 만족해하시지 마시고 끊임없이 건강관리 하시면서 연구하시고 도와 주십시오.

이제는 예전에 경시되며 받아오던 소외감과 감언이설로 인한 의혹적인 측면을 극복해 가고 있습니다. 이제는 명실공히 학문으로서의 위상을 체계적으로 세우며 선생님께서 이루어 놓으신 업적이 헛되지 않도록 저희들도 열심히 노력할 것입니다.

나뭇가지 사이로 쏘아 내리는 강렬한 햇살이 한 밤의 싸늘한 달빛으로 영글어 가는 음양의 이치를 선생님의 걸어오신 자취를 따라 헤이며 힘께 가고자 하오니 두루 살펴 주시기 부탁드리며 무한한 창공을 자유롭게 나는 학으로 남으시고 이제 천세를 누리소서.

정 1품의 나무를 선생님께 바치고자 합니다.

2006년 1월 22일 유 방 현 올림

20대 초반에 나는 30명과 붙은 적이 있었다. 사실 겁이 났다. 이렇게 무리수를 두고 붙어 싸운다면 아무리 내가 나비처럼 날아 벌처럼 쏘아도 맞아죽지 않을 수 없다는 감이 들었다. 그래서 번개처럼 생각해 낸 것이 대장과 1대1로 맞붙는 방법이었다.

"너 네들 모두가 나 하나에 대든다면 너 네들 창피하게 되니 너 네들 중에 한사람만 나와라. 내가 맞아주마." 했더니 저네들끼리 수군대기 시작했다. 그러자 누가 나에게 너 어디 사느냐, 누구 아느냐고 하며 가까이 다가오기에 어렵사리 대화가 되어 넘긴 적이 있다. 참 그 순간을 모면하고 나니 등골에 식은땀이 주르르 흐르지 않는가.

나는 삼인조 의협 형제단을 만들어 왼쪽 팔에다 검은 먹물로 협(協)자를 새기고 맹세한 뒤 이 동네 저 동네를 누비며 힘깨나 쓰고 다니던 20세 이전에는 몸집에 비하여 주먹을 들이밀어 치고 박을 줄 몰랐고 더더욱 달리기는 우스꽝스러울 정도로 엉성하기 그지없었다.

왼쪽 팔에 協자를 새기며 의협단을 만든 내력은 이러하다.

나는 초등학교밖에 나오지 못했지만 그네들은 잘 사는 집에서 대학교를 다니는 친구들이었다. 그들은 나의 능력을 무시하지 않았다.

고시 공부하러 절에 들어갔을 때 그들은 나를 찾아 놀러왔다가 함께 기거하며 우정을 다지던 친구들이었다.

나는 공부한답시고 움직이지 않으려 했지만 그네들은 들락날락 수시로 나를 찾아 다녔다.

한사람은 형뻘이었다. 또 한사람은 동생뻘이었다.

그 중 동생뻘 되는 사람은 오대독자로 금이야 옥이야 하는 자손이었는데 내가 여름에 땀과 먼지가 범벅이 된 얼굴로 콩밭을 매고 있으면 먼지이는 내 옆에 붙어 졸졸 따라 다니며 내 곁을 떠나지 않았다. 그토록 나를 좋아했다.

의협단을 만든 목적은 시장에 가서 행패 부리는 건달들을 타도하기 위함이었다.

장사꾼을 괴롭히면 말로 엄포를 놓고 무고한 사람들을 괴롭히면 몸 시늉으로 제어했다. 말과 몸으로만 했는데도 건달들은 우리들을 두려워 한 것만은 사실이다.

내 나이가 22세가 되었을 때의 추억이고 지금 생각하면 어린애 같은 행동이었으나 양심적으로 부끄러운 일은 하지 않았다.

그 당시 시골의 양상은 선글라스소차 마음 놓고 쓰고 다니시 못했다.

왜냐하면 건달을 만나면 "이 자식아! 선글라스 벗어!" 하고 호통부터 쳤기 때문이다.

그러나 우리 세 사람은 마음 놓고 선글라스를 쓰고 다녔다. 나는 다른 건달들 팀에는 개입하지 않았지만 주로 건달들은 타 부락에서 온 사람들을 그냥 두지 않고 괴롭혀 보냈다.

이것이 시골의 우스꽝스러운 진경의 하나이다. 주먹을 휘두르며 싸운 일도 있다.

그때의 기억을 살리면 이러하다. 때는 모내기철이었다. 우리 가까운 집 안에서 모를 내는데 나도 도와주느라 논에 들어가 모를 심고 있었다. 그런데 건달패 두 사람이 지나가며 술을 달라고 야료를 부렸다. 나는 그 꼴을 보고 있기가 역겨워 젊은 혈기에 약간 삐딱하게 말을 건넸다.

"여보, 쉬는 시간도 아닌데 어떻게 술 달라 하느냐, 기다리면 쉬는 시간에 주겠다." 하였더니 "너는 무어냐, 이리 나와라!" 하였다. 나는 겁이 났으나 이왕 내킨 김에 "너희들 들어와라" 했더니 정말로 논 가운데로 첨벙거리며 허겁지겁 들어오는 것이 아닌가. 물이 흥건하게 고여 있는 논에 옷 입은 채로 비틀비틀 씩씩거리며 철벙철벙 죽자 사자 뛰어 들어왔다.

시골에서 건달로 꽤나 이름이 알려진 사람이었다. 나는 싸움을 배운 일이 없는 촌뜨기였으나 반사적인 작용으로 팔을 휘둘렀다. 어떻게 휘둘렀는지도 모르는데 한사람은 논 구덩이에 처박히고 또 한사람은 논 밖으로 나가떨어지더니 한사람은 이가 빠져 피를 흘린 채 입을 움켜쥐고 슬금슬금 도망치는 것이었다. 그 뒤에 이 빠진 청년 이를 해 넣는데 반값을 부담하였으니 이겼다기 보다는 지지는 않았다고 보는 것이 알맞을 것이다.

그 일이 있은 후 나한테 맞아 이 빠진 젊은이가 우리 부락으로 이사 왔는데 나에게 나쁜 감정이란 추호도 없이 친절하게 굴었다. 이것이 철없던 시절 내 몸싸움의 이야기 전부이다.

일제시대와 6.25

집에서 5키로 정도 떨어진 배달리 저수지 가서 동무들과 물놀이 하는데 풀로 위장한 인민군들을 만났다는 이야기와 함께,

"제군들은 왜 노는가. 우리 김일성학교에 가면 공짜로 공부할 수 있는데." 라는 말을 듣는 순간 은근히 기대감도 가졌었다는 이야기를 앞에서 한 바 있다.

그 당시 정치는 엉망진창이었다. 6.25 사변이 발발하자 달아나던 경찰들이 붉은 물(공산주의자)이 든 사람, 우선적으로 용의자로 지목된 사람, 아무 죄도 없는 사람중 형이나 동생이 공산주의를 찬양하는 가족을 둔 관계만 되어도, 일단 의심 가는 사람이라면 누구든 가리지 않고 인민군을 피해 도망가던 우리 경찰들은 재판도 하지 않고 00고개로 끌고 갔다. 나의 친 매형도 우리 경찰에게 살해되었다. 실제로 공산당에 가입하여 활동한 자들도 없지는 않았으나 필자의 매형(누이의 남편)은 한글조차 깨치지 못한 오직 순박한 농민이었는데 그 형의 사상이 의심난다 해서 싸잡아 끌고 간 것이다.

경찰들은 의심스러운 자는 모두 살해한 후 급히 남쪽으로 피해갔다. 나의 큰 누님은 그 통에 23살 젊은 나이로 한 많은 세월에 홀로 되었다. 지금이라면 재판이라는 절차를 밟았을 터인데 당시는 불가피한 조치였던 것 같다.

6,25 당시 어느 여름날 그날도 또래 5~6명이 함께 저수지에서 목물 치러(간단한 목욕) 갔다 오는 길에 고구마 밭을 지나는데 땅속에 큼직한 고구마가 있어 흙이 갈라졌다. 그 갈라진 모양을 보면 얼마만큼 크기의 고구마가 묻혀 있는지 알 수 있다. 고구마는 특히 날 것, 익은 것 다 먹을 수 있는 뿌리 열매라 땅속에 큼직한 고구마가 있다는 뚜렷한 모양이 여간 유혹적인게 아니다.

우리들은 그 유혹을 외면하고 도저히 그냥 지나가기가 어려워 누구나 할 것 없이 한 두 뿌리를 캐어 껍질을 잇빨로 베어 뱉어 버리면서 야금 야금 씹어 먹으며 동네로 돌아오는데 고구마 밭 임자가 따라 오는 줄은 꿈에도 몰랐던 것이다.

새로 조직된 소위 치안대에 고발하였고 치안대에서는 그 벌로 아이들 하나하나에 고구마 3가마니씩을 밭주인에게 바치라고 하였다.

다른 아이들은 고구마 농사를 지으니 2가마니를 바치면서 사정하여 벗어날 수 있었지만 나는 그러지 못했다. 호랑이보다 더 무서운 조부님이 아시는 날에는 나는 거의 초주검이 될 것이 뻔하게 보였다. 인민군도 무섭고 치안대원도 무섭지만 더 무서운 사람은 조부님이시다. 그래서 배상을 못 해주고 온갖 협박을 받으면서도 이 핑계, 저 핑계 대면서 날을 끌어 왔는데 천우신조(天佑神助)랄까. 이무렵 인민군이 패잔병이 되어 몰래몰래 달아나기에 급급하였다. 자그만 고구마 배상에 매달려 신경 쓸 겨를이 없었던 것 같다.

지금 생각하면 9.28 인천상륙 작전이 성공한 때가 아닌가 생각한다. 나혼자 한 뿌리 캐먹고 두 가마니 배상을 면했던 것이다. 이후 고구마밭 주인은 무안해서 기가 죽었으므로 내게 어찌 하지 못했다.

북한의 정보원 노릇을 하다가 수복이 되자 그 사람들이 어느새 남한 편으로 변하여 "태극기를 들고 나오라"는 말을 목이 터져라 외쳐대고 다녔다. 이것을 목격한 순간 어이가 없었다. 사람의 속은 깊어 알 수 없다 하지만 어떤 사람의 속은 너무도 환히 들여다 보인다. 인민군 정치 하에서는 소위 치안대(지방사람 밀고자로 구성된)가 결성되었고 특히 처녀들은 소위 여성동맹이란 조직이 결성 되었다. 이 사람들이 온 천하가 제 세상인양 설쳐대다가 인민군들이 모두 쫓겨 달아나고 대한민국 정치로 돌아오자 어느새 인민기가 태극기로 둔갑해서 동네를 돌아다니며 "오늘은 태극기를 들고 00운동장에 모이세요" 하고 다니는 것을 보고 어떻게 평가해야 될는지... 아직 철이 없는 나였지만 나보다 두 살 위인 초등학교 동창이 여성동맹 인민군 간부가 되었다가 수복이 되자 제일먼저 애국가를 부르고 있었으니 장한 일인지, 비웃을 일인지 그 사람이 사는 법이 그러하니 부럽기도 하다.

하기야 배우지 못한 우리 민초들이야 갈대처럼 휠 수밖에 없으니 나무랄 필요가 있겠는가. 어찌 몽매한 백성들이 인민군시대나 일제시대에 사역(친일이나 친공) 좀 했기로서니 벌을 줄 수 있겠는가. 나라의 국방이 튼튼했더라면 친일이나 친공(親共)같은 단체에 가입할 이유가 어디 있었겠는가. 잘못은 국제관계와 국가 정치인인데 어찌 무식한 백성들만이 벌을 받아야만 하랴.

　빨간 완장을 차고 이 골목 저 골목 호령하며 다니던 사람들이 자취도 없이 어느 날부터 보이지 않았다.

　더욱 못된 사람은 북한에서 내려온 빨갱이들이 아니라 그 앞에서 심부름하며 인민군들을 앞장서 몰고 다니던 동네 사람들이었다.

　누구누구네가 면장을 했고 누구누구네가 순사집이고, 누구누구네가 대농가이고 누가 무엇을 했고를 금새 들어온 인민군이 어떻게 알겠는가? 왼팔에 완장을 차고 다니는 소위 치안대라는 사람들이 알려 주었을 것이다. 지난날 자신에게 좀 마땅치 않게 보였던 사람은 있는 말 없는 말·밤이고 낮이고 살살 살피며 말을 물어 나르던 그런 사람들이 어느 날부터 보이지 않았던 것이다.

　나는 어릴 적 일제 시대를 한 십년정도 살았고 6,25 전쟁을 고스란히 겪었다.

　일본이 전쟁을 하고 있다는 것도 몰랐지만 집집마다 다니면서 쇠붙이는 모조리 거두어가던 일은 기억한다. 비행기 소리가 찢어지듯 동네의 창공을 가로질러 지나갈 때는 모두가 숨죽이지 않을 수 없었다.

　꽉 쪼이는 갈색 제복에 옆구리에는 긴 칼을 차고 자전거를 타고 다니던가 아니면 걸어 다니며 조사하고 다녔지만 내 기억에는 그다지 나쁜 기억은 없었다. 어쨌든 아이들도 순사가 온다 하면 울던 울음도 뚝 그치고 눈물을 삼켰으니 그 순사의 위세란 참으로 대단하였다.

　오늘날 가끔 국민들의 관심을 뜨겁게 달구는 일본 앞잡이 권세가들의 자손들을 향하여 나는 욕하지 않는다.

그들도 시대의 희생자들이다. 칼과 총을 들이대며 문서작성을 요구한다면 누가 하지 않을 것인가. 왜냐하면 글을 아는 사람이 그만큼 흔하지 않았고 두려움 또한 그만큼 컸기 때문이다. 일제시대는 내가 너무 어려 부모님들이 많이 겪었을 터이니 나는 6,25 이야기를 좀 더 하겠다.

우리 누나가 시집간 사돈네 사위는(누나의 시누이 남편) 영문도 모른 채 산으로 끌려가 총살당한 적도 있었다. 무슨 죄인지도 모르는 상태에서 터무니없이 죽어간 사람들이 한두 명이 아닌 것이다.

굳이 이유를 찾는다면 현재 붉은 완장차고 다니는 사람들 눈에 평소에 찍혔다는 것밖에는 없다. 동네 전체가 믿을 수 있는 사람 하나도 없었을 뿐더러 서로가 경계하느라 살벌한 기운이 온 동네를 덮고 있었다. 그 바람에 나는 오히려 편안하였지만 말이다.

어릴 적 습관처럼 핀잔 주던 수모가 잦아들기 시작했던 것이다. 물론 내가 그동안 자란 탓도 있겠지만 어른들 모두가 자기 발등에 떨어진 불을 끄고 다니느라 아니면 다른 시비 거리를 만들지 않으려고 애쓰느라 동네 아이들의 자질구레한 일들은 간섭할 여념이 없었던 것이다.

그런 어수선한 시절에 아버지는 매우 처세술이 뛰어나셨다. 절대로 입조심 행동조심을 당부하고 다니시며 조심하셨다. 우리 가족은 누구도 다치지 않았다. 가난했지만 마음 아프게 하며 참혹하게 먼저 죽은 식구는 없었다는 말이다.

6,25 사변에서 9.28 수복까지 약 3개월 소요되었는데 인민군이 지배할 무렵 지금까지 잊혀지지 않는 참사가 있었다. 우리 동네는 6.25 사변을 겪으면서 추석 전으로 하여 같은 날 제사가 드는 집이 십여 가정이 넘는다.

그때는 잘 몰랐지만 지금 생각하면 아마 인천상륙작전에 의하여 빨갱이들이 퇴각하는 시기일 것이라 짐작해본다.

인민군들은 종종 동네 사람들을 모아 하천이나 들로 다니며 일을 시킨 적이 많았다.

그런 비정한 사건을 일으키기 위하여 노역을 시킬 때처럼 내노라고 말마디나 하는 사람들은 죄다 불러 모아 두 줄 종대로 세워 어디론가 끌고 갔다. 모인 사람들은 그냥 순종하는 냥 어디를 가느냐고 묻는 사람 하나 없었고 언제 오느냐고, 몇 시까지 하느냐고 아무도 묻지 않았다. 들리는 말에 어안이 없었던 사실은 무조건 따라가는 무리들 틈에 연세가 많이 드신 할아버지 한 분이 끼어 있었는데 빠른 걸음을 따라가지 못해서 뒤처지자 감독 군이 빠지라고 빠지라고 빼놓아도 매 맞을 일이 있다면 빨리 맞고 할 일이 있다면 빨리 하겠다며 기어이 그 줄을 따라 함께 가더니 변을 당하였다고 한다. 수명이란 그런 것인가? 하늘이 내려준 수명이 다하는 것은 참으로 그런 것인가? 이것이 내 기억 속에 남은 인민군들의 잔인한 행패이다.

지금은 그 자리가 농협 창고가 되어 있지만 그때는 정미소였다. 정미소 창고에 모아서 가두어 놓고 안에서 뛰쳐나오지 못하도록 밖에서 문을 걸어 잠그고 석유를 뿌려 불을 지르니 그때 따라 간 사람들은 모조리 불에 타서 죽었다. 한동안 그 건물 옆을 지나는 사람들의 말에 의하면 비가 오거나 으스름한 어둠이 짙어질 때면 질러대는 비명소리가 어디선가 새어나온다고 했다. 지금 생각해도 소름이 돋고 오싹해지는 써늘함을 느끼지 않을 수 없다.

이렇게 자명한 역사적 사실을 믿지 않고 부모들이 겪은 지난날의 역사

적 비극을 왜곡 준동하는 일부 몰지각한 자들의 말만 믿으려 하는 젊은이
들이 더러 있다. 씁쓸한 것은 혈육의 가장 가까운 부모의 말은 믿지 못하
고 남의 말을 믿는 게 문명 시대의 지식인이라 자부하기 때문인지 알고도
모를 일이다.

　　임진왜란을 당하여 피붙이를 잃고 흐느끼는 민족의 아픔을 소재로 지은 詩 가운데 이안눌(李安訥)이 지은 동래 4월 15일이라는 시가 있다. 아픔이 흡사하여 소개해 본다.

동래 4월15일

李安訥

四月十五日. 平明家家哭. 天地變簫瑟. 凄風振林木.
(사월십오일　평명가가곡　천지변소슬　처풍진림목)

驚怪問老吏. 哭聲何慘怛. 壬辰海賊至. 是日城陷沒.
(경괴문노리　곡성하참달　임진해직지　시일성함몰)

惟時宋使君. 堅壁守忠節. 闔境驅入城. 同時化爲血
(유시송사군　견벽수충절　합경구입성　동시화위혈)

投身積屍底. 千百遺一二. 所以逢是日. 設奠哭其死.
(투신적시저　천백유일이　소이봉시일　설전곡기사)

父或哭其子. 子或哭其父. 祖或哭其孫. 孫或哭其祖.
(부혹곡기자　자혹곡기부　조혹곡기손　손혹곡기조)

亦有母哭女. 亦有女哭母. 亦有婦哭夫. 亦有夫哭婦.
(역유모곡녀　역유여곡모　역유부곡부　역유부곡부)

兄弟與姉妹. 有生皆哭之. 蹙額聽未終. 涕泗忽交頤.
(형제여자매　유생개곡지　축액청미종　체사홀교이)

吏乃前致詞. 有哭猶未悲. 幾多白刃下. 擧族無哭者.
(리내전치사　유곡유미비　기다백인하　거족무곡자)

임진왜란 때 왜적이 부산으로 쳐들어와 동래를 점령하고 많은 양민을 한꺼번에 학살하고 지나간 뒤의 처참한 모습을 세월이 흐른 뒤 이안눌이 지나가며 그때를 생각하고 시로 읊었다. 그때도 같은 날 제사가 드는 집이 많았던 모양이다.

풀이하면 이런 내용이다.

「4월 15일만 되면 집집마다 통곡하는 소리
쓸쓸한 천지에 처량한 바람소리는 숲속 나뭇가지를 뒤흔든다.
놀라고 기이하여 늙은 아전에게 처참하게 슬피 우는 울음소리는 어쩐 일인가 물었더니 임진 난때 해적이 온 그날 성은 함락되고 몰살되었다 하더라.
그때를 생각하면 송사군(송상현)께서 충절을 지켰지만 왜적은 국경을 넘어 성으로 몰려 들어와 동시에 죽여 피를 뿌렸다. 죽은 시체 천백이나 쌓인 아래 한둘만 남았다네.
이날만 만나면 제사상 차려놓고 죽은 사람 생각하며 슬피 운다네.
아버지는 자식을 생각하며 울고, 자식은 아버지를 생각하며 울고, 할아버지는 손자를 생각하며 울고, 손자는 할아버지를 생각하며 운다.
또한 어머니는 딸을 생각하며 울고, 딸은 어머니를 생각하며 울고, 아내는 남편을 생각하며 울고, 남편은 아내를 생각히며 운다.
형제는 자매와 함께 살아있는 자들은 모두 울고 있는 것이다. 이마를 찡그리며 듣는 것도 끝나지 않았는데 눈물이 뺨을 타고 줄줄 흘러내린다네.
아전이 앞서 하는 말 곡을 하는 사람은 오히려 덜 슬프니 가족이 모두 죽은 집은 울어줄 사람도 없다네.」

정말 슬픈 시이다. 언제 들어도 눈물이 나지 않을 수 없다. 약소민족만이 당하는 슬픈 이야기이다. 나는 죽어도 대한민국이여 영광이 함께하라!

그 후로 사납게 이집 저집 다니며 간섭하고 말 물어내던 이웃들은 조금씩 부드러워져 갔다.

우리는 서면 반도에서 살고 있는데 반도에 포를 쏘아 반으로 자른다는 소문이 돌아 어머니와 나와 여동생은 함께 피난을 갔다. 그 외 식구들은 남아 있었지만 돌아와 보니 아무 일도 없었다.

해방과 6,25 시절을 겪으며 내 몸 깊숙이 체화된 것은 그때 앞장 선 사람들이 자신만 살기위하여 또는 평소의 억울함을 갚기 위하여, 불이익을 당하지 않기 위하여 저지른 행태들을 손가락질하며 욕할 수만은 없다는 것이었다. 그네들은 한세상만 알았지 두 세상이 있다는 것을 몰랐던 잘못 밖에 없다. 그만큼 시대 배경에 어두웠고 무식하기만 했다.

나 역시도 역사를 조금이라도 알았으니 망정이지 나보다 모르는 사람도 많았던 시대였다.

선구자들은 교육을 통해서 시대 배경을 밝게 알았기 때문에 독립운동도 하고 인민군에 저항도 했지, 나 같은 농촌 시골뜨기들이 어찌 독립운동을 알았으며 대한민국 수복을 알았으랴.

인민군 복장을 하며 으스대던 그 사람들이 나는 당시에 부러웠던 부류들에 속한다.

더군다나 인민공화국 정치가 좋은지 나쁜지 아는 것이 없는데 어찌 감히 비판할 수 있었겠는가. 그냥 잘 살게 해준다는 말에 너나없이 혹하여 막연히 의지하고 기대했을 뿐이다.

염전노역

우리 집에서 북쪽으로 3키로쯤 가면 바다가 나온다. 이 바다는 수심이 낮아 사리 때에는 물이 들어오는 양이 적어 거대한 운동장 수십 배 넓이의 바닥이 드러난다.

천일염(天日鹽)이 생기기 전에는 물 빠진 바다에 거대한 구덩이를 파고 바닷물을 저장(바닷물이 스며 구덩이에 고인다)한다. 이렇게 저장된 바닷물은 염분(鹽分)이 높다. 가로 세로 10미터 길이에 두께가 50센티나 되는 가마솥에 저장된 물을 옮겨 담아 며칠 동안 불을 때면 짠 물이 증발되어 소금으로 변하는데 이를 화염(火鹽)이라 한다.

인천 주안에는 화염 채취하는 법을 알아 수백 제곱킬로미터에서 많은 양의 소금을 생산해 내고 있지만 화염은 손이 많이 가고 날짜도 많이 걸려 경제성이 적다. (즉 재래식 소금 채취방법)

때문에 1953년경 6.25가 끝난 바로 직후 사업가들이 합자해서 천일염 단지를 만들기 위해 인부(人夫-잡역일꾼)들을 많이 썼다. 1차적으로 바닷물이 염전에 침입하지 못하도록 둑을 쌓는 일인데 반드시 잡부의 노동력이 필요했다.

나는 이 공사장에 한 반달쯤 다니며 품팔이를 하였는데 지게에 흙을 져

나르기도 하고 소위 기차가 다니는 철길처럼 만들어진 레일 위로 흙차를 밀고 다니는 일을 했는데 어찌나 몰아 부치는지 숨도 쉬기 어려웠다. 그래도 농사일은 어렵긴 해도 공사판에서의 날 일 하기 보다는 쉬웠다.

오늘날 우리 젊은이들이 나는 부럽다. 내가 일자리를 찾아다니던 무렵에는 노동이건 아니건 막론하고 일자리가 없어 끼니도 제대로 때우지 못했다.

내 자식들도 눈치를 보면 왜 아버지는 지난날 돈을 벌지 못했느냐고 아버지의 무능을 탓하는 것 같은데 서글픈 일이 아닐 수 없다. 그렇다고 지금에 와서 살기 힘들었던 지난날의 이야기를 자식들에게 들려준다는 것도 부질없는 일이다.

나 뿐 아니라 시골 농촌에 살던 청소년들의 무작정 상경이 얼마나 무모했는지 고생 겪던 일을 필설(筆舌)로 어찌 다 나타낼 수 있으랴.

첫 번째 상경

　그 후 군사 정권이 들어서면서 어디를 가든 능력의 시대가 올 것이라는 것을 어렵지 않게 알 수 있었다. 하나 둘 청년들이 떠나고 나 또한 고향을 떠날 때가 되었다.

　초등학교를 다니는 둥 마는 둥 했지만 일단 졸업은 하였다. 그리고 중학교 진학 문제로 담임선생님께서 우리 집을 세 번이나 찾아와 아버지에게 사정하면서 설득을 하려 하였지만 아버지는 좀처럼 수긍하려 들지 않으셨으니 나는 결국 지금까지 초등학교 졸업이 나의 학력 전부가 되었다.

　어머니께서도 나를 중학교 보내려고 아버지와 다투기도 했지만 막무가내 공부를 시킬 생각은 아예 없으셨다.

　초등학교 같이 다니던 또래들은 하나 둘 마을을 떠나고 더구나 날짜가 지나면서 그들은 고등학교, 대학교를 다니면서 방학 때나 되어 마을을 찾아왔나.

　교복을 입고 내 앞에 선 그들 앞에 더덕더덕 기운 누더기 걸치고 선 내 모습을… 나는 그때부터 밤잠을 이룰 수 없었고 일도 하기 싫었고 아버지가 뭐라 하실 때 다소곳이 듣고 매 맞기만 했던 시절은 이제 내 안중에는 안개처럼 사라지고 존재하지 않았다.

이후 나의 머릿속에는 동네 사람 누구나 우리 부모님을 부러워하며 '나는 정말 누가 뭐라 해도 네가 훌륭한 사람이 될 줄 알았다' 며 하나같이 나를 에워싸고 입에 거품이 일도록 칭찬하는 사람들 앞에 서서 금의환향하는 당당한 나의 모습을 눈앞에 그리며 구름 떡 같은 턱없는 상상 속에 갇혀 살았다.

밥맛도 없었다. 나른한 양지쪽에 앉아 그 누구와도 마주치지 않으려고 고개를 먼 산 쪽으로 돌리고 있었다. 누가 아는 듯이 말 걸러 곁에 올라치면 대면하기 싫어 고개 돌린 채 나는 슬그머니 일어나 그 자리를 뜨곤 하였다.

무작정 상경하기 전이니까 내 나이가 19세쯤 되던 해인 것 같다.

그때 내 눈앞에 희망의 광고가 발견되었다. 조선일보인지 동아일보인지 (당시는 이 두 신문 외에 다른 신문은 없었다.) 하단 광고 난에 ○○ 고시학원에서 낸 광고를 보게 되었다.

광고 내용을 지금 생각해보면 책을 팔기 위한 광고였다. 정부에서 낸 광고가 아니라 고시학원이란 명칭의 책 광고였다. 본 출판사에서 발행하는 책으로 공부하면 보통고시에 합격할 수 있다는 것이며 보통고시에 합격한 사람은 4급 공무원이 되는 것이며 일 군의 경찰서장급이라 하였다. '경찰서장!' 매우 유혹적인 직위였다.

내가 보통고시에 합격하여 경찰서장이 된다면 출세하는 것이 아닌가.

이때부터 나는 고시라는 중대 병에 걸린다. 다름 아닌 경찰서장 되는 길만이 나의 모든 것을 뒤바꿔 줄 유일한 끈이 될 수 있다는 것을 알았다. 보통고시 응시에 희망을 걸었던 것은 시험과목에 학력 제한이 없고 고시과목에 영어가 없었다. 수학실력도 모자랐지만 과목낙제 선인 40점 미만만 아니면 되었다. 합격선은 평균 60점이므로 국사나 국어 같은데서 보충하면 되지 않겠는가 싶어 한 번 해보자는 욕구가 치밀어 올랐다. 갑자기 내 앞길이 확 트이는 것 같았다. 당시 고시학원에서 판매하고 있는 책은 국어·국사·형법·민법·경제·물권법 등으로 기억되는데 그 외는 모르겠다. 책을 살려니 돈이 없었다.

누님이 사는 집 가까운 곳에 칡넝쿨이 우거졌는데 그 무성한 칡은 토끼가 가장 좋아하는 먹이였다. 옳거니! 누님집 근처에서 토끼 1,000마리 정도만 길러 팔면 고시 공부 하는 경비는 될 것이라며 이 궁리 저궁리를 했으나 토끼 살 돈이 없었다.

그래서 이 고민 저 고민 끝에 칠촌 당숙뻘 되는 분이 동두천에 가서 돈을 벌고 있다는 말을 듣고 그곳으로 가서 얼마쯤 돈을 벌어와 토끼 1000마리정도 기를 준비를 하면 되겠다 생각하고 어머니께 여비를 부탁하여 칠촌 당숙을 찾아 동두천으로 노무자 일을 하러갔다.

이때가 나의 첫 번째 상경이었다.

"아저씨, 저 일 좀 시켜 주세요." 하였더니

"애, 너 잘못 왔다. 나도 일이 없어 노는 날이 많단다. 이왕 왔으니 가끔 있는 노동일이라도 하긴 하겠지만 돈 모으기는 고사하고 세끼 밥 먹기도 힘 든다." 칠촌 당숙은 동두천읍 생연리 농가의 사랑채를 얻어 기거하면서 일을 다녔다.

이 집은 홍씨 성을 가진 60대 정도 된 분이 주인이었고 그 아들은 40대 정도쯤 되었는데 내무부에 경찰로 근무하다가 5.16이 일어난 관계로 파직 당하여 서투른 농사를 짓고 있었다. 주인 부자는 매우 좋은 분들이었다. 자기 집 행랑방에서 세 얻어 덧붙어 살면서 노동일이나 하는 우리들을 깔보지 않고 인간적인 대우를 해 주었다. 아저씨는 주인 부자에게 나를 인사 시키면서 일 좀 같이 시켜 주십사 부탁하였다.

"젊은이, 내가 보건대 농사일 못할 것 같은데?" 하고 고개를 갸우뚱 하였다.

"아닙니다, 농사일 많이 해 보았으니 잘 할 것입니다." 아저씨가 중간에 나서며 대신 대답해 주었다. 일이라야 밭두렁 고르고 밭 김매고 논매고 콩 심는 일이었으므로 나는 이런 일 쯤은 해 본 경험이 있어 주인을 실망시키지 않았다.

내무부 경찰 간부로 있던 분은 관직은 그만 두었더라도 부잣집 신분으로 나같은 노동 품팔이 쯤이야 무시해도 될 일인데 조금도 거만함이 없이 친절하게 대해 주었고 내 취직을 위해서도 힘을 써 주셨다. 그러다가 마땅한 취직 자리가 없자 같이 양봉업을 하자고 권유도 하였다. 나와 헤어지기가 싫은 눈치였다. 나는 동두천에 있으면서 일주일에 한차례씩 서울에 다녀 왔다. 신문 하단을 보면 「사원모집」 광고가 많았다. 그래서 회사에 취직하고자 찾아가면 거의가 보증금 기탁식 입사였다. 즉 회사에 취직하는 대신 일정 금액을 회사에 납부해야 했다. 그러지 못하여 나는 취직을 하지 못하고 당숙의 일자리까지 넘보는 신세가 되어 내려오고 말았다.

이후 나는 상경과 귀향을 번갈아가며 여섯 번이나 하였다.

보통고시

　토끼를 길러 법 전서를 사겠다는 꿈은 고생스런 방황으로 깨어졌다. 다른 도리를 찾지 못하고 고향으로 내려와 하기 싫은 짓을 억지로 하였다. 그것은 큰맘 먹고 불쌍한 어머니를 조르는 일이었다. 법서(法書)를 사서 들고 우리 집에서 6키로 떨어진 산사(山寺)로 들어갔다.

　친구가 찾아오고 계집애들까지 들락거리며 찾아왔지만 나는 계집애들 때문에 마음이 들뜨진 않았다.

　나도 오만하여 내가 너네들 하고 놀게 되었냐며 그때 그 처녀들은 쳐다보지도 않았다. 그렇다고 내 마음속에 뭉글뭉글 뭉그러 오르는 끼가 없었던 것은 아니다.

　더위보다 추위를 많이 타는 나는 이른 봄보다 만화방창(萬化方暢) 꽃으로 덮인 늦봄을 지나 떨어지는 꽃잎이 바람에 흩날리며 사람들을 휘감고 날으는 초어름을 좋아한다. 연록이었던 온갖 초목들은 이미 져버린 꽃잎자리를 메꾸며 푸른 진록색 병풍으로 두른 것처럼 파란 하늘아래 싱그럽게 펼쳐지는 그런 늦은 봄이 무르익은 초여름을 말이다.

　해마다 그러하듯이 이때쯤 되면 나는 억제할 수 없는 '끼'가 발동하기 시작한다. 이 '끼'는 평생을 두고 사라지는 때가 없었으며 생각해 보면 이

'끼' 때문에 후회하는 일도 많이 생겼고 이 '끼' 때문에 사는 재미라도 약간 느꼈던 것 같기도 하다.

지금 내 나이 칠십이 훨씬 넘어서도 어떤 분이 나를 보고 '소년 같을 때가 있다'라는 말을 들을 때 그 어처구니없는 끼가 노출된 때문이라 깨닫고 창피한 생각이 들었던 때도 있었다. 내가 말하는 끼란 이성의 그리움이 아니다. 솔직히 말해 사춘기 때부터 청년이 된 나이에도 이성에 대한 연민은 지녀본 적이 없다.

그저 누구든 간에 나와 말이 통하는 사람, 아무것도 자랑할 것이 없는 나 자신임을 느끼고 있으면서도 지기(知己)를 만나 속마음을 다 털어놓고 싶은 소망은 단 한순간도 버리지 않았으니 만사 야무지지 못한 나이지만 이 '끼'에 대한 집착을 떨구지 못했음은 왠일일까!

이러한 심리상태를 스스로 돌아보며 꼬집어 말한다면 욕구불만이라 하겠다. 나는 어리석은 욕구불만 때문에 얼마나 많은 고생을 자초하였던가. 지나온 날을 회고해 보면 잘한 일이란 눈꼽만치도 없지만 내가 만일 다시 갓난아기 적부터 비디오 필름을 되돌려 놓아 다시 삶을 시작한다 해도 후회될 일을 많이 할 것이고 바보처럼 살아온 그대로 또 살고야 말 것이다. 다시 말하자면 지난날의 삶이 잘못 투성이이지만 죽어서 다시 살아도 어리석음을 타고난 이상 마찬가지리란 뜻이다.

나의 끼는 바람에 따라 파도치는 물결과 같다. 넓은 호수나 바닷물은 바람이 없으면 파도가 일지 않고 잔잔하다. 그러나 한차례 거센 바람이 불면 잔잔한 물결도 사나와지기 마련이다.

거센 파도처럼 일어나는 끼는 좀처럼 누그러지지 않으나 때때로 명경지수(明鏡止水)같은 상태로 돌아 오므로써 물결이 범람하지 않고 잠재워진다.

나는 손바닥 만한 쪽대기 밭에서 풀을 매면서도 공상(空想) 아니 그보다 더 고약한 망상(妄想)속에서 벗어나지 못했다.

애꿎은 서커스단이 와서 바람을 집어넣으면 "나도 서커스단에 들어가 그들과 같이 살아갈까?" 매우 낭만적인 것 같아 내일 오겠다고 일단 약속까지 해놓고 나 대신 산에 가서 나무 해다 불을 땔실 어머님 생각에 서커스단 입단을 포기한 적도 있다.

그러나 어떤 변화를 모색하고 싶은 충동은 잠재워지지 않았다. 그러다 변화를 추구할 구실이 생긴 것이다. 절에 들어가 보통고시를 위한 공부를 하자. 옛 선비들도 고시 시험을 치르기 위해 절에 들어가서 공부하지 않았던가.

나는 어머니를 졸라 일단 승낙을 받았다. 어느 절로 갈까 곰곰이 생각해 보다가 머리에 떠오르는 분이 있었다. '아 ~~ 그 분 스님만 찾아가면 받아 주시겠지.'

월명산 넘어 중턱에 아주 작은 암자가 있었다. 암자라기보다 초가삼간도 못되는 조그마한 초가였다. 이 암자는 월명암이라 하는데 어떤 괴승(怪僧)이 살고 있었다.

이 괴승은 나의 생애에 있어 직접적인 영향은 없다. 단 나리는 존재 가치를 이 괴승에 의해 조금 알게 된 것 뿐이지만 지금 생각해 보니 내 마음 속에 오만의 불씨만 지펴놓은 장본인이 아닌가 하는 생각이 든다. 월명산은 그리 높지 않은 산이다. 10도 정도 오르는 비탈길이라 초여름의 햇볕은 옷에 땀이 흠뻑 배었다. 고갯마루를 넘어 아래로 내려가는데 소나무, 참나

무, 기타 잡목들이 높이 솟아 그늘이 졌으므로 올라올 때 보다는 시원하였다.

온갖 산새들이 우짖어댔으나 새소리를 감상할만한 기분은 아니었다. 월명산은 찾기가 쉬웠다.

"어서 오게, 올 줄 알았네"

주지 스님은 십년지기라도 만난 듯이 반겨 주었다. 나이차로 따지면 아버지뻘, 그러나 이 스님은 그런 나이차나 신분에 구애받지 않는 분이었다. 나는 그것을 알기에 그 분을 찾아갔던 것이다. "저 방을 자네가 쓰게" 주지스님은 법당과 바짝 붙은 2평 정도의 작은 방을 가리켰다. 나는 지적한 방에다 행장을 풀어놓고 비누와 타올을 들고 개울로 갔다.

개울물은 매우 맑고 차가웠다. 냉수마찰을 끝내고 지적해 준 방으로 돌아오니 법당에서는 벌써 저녁 예불을 올리는 스님의 염불소리가 들려왔다.

가운데가 법당이고 우측에는 내가 거처하는 방이었고 좌측에는 스님께서 거처하는 곳이었다. 아버지 같은 스님으로 마주보며 담배도 피우던 격이 없는 분이셨다.

그 절의 스님은 생식을 하였으며 당시 45,6세 정도로 추정된다. 한번 나가면 한 달도, 두 달도 멀다 않고 세달 만에 오는 때도 있었다.

그러니 오로지 나 혼자만이 인적도 없는 적막 산중에 덩그러니 공부한답시고 남아 있었다.

까마득한 옛날 햇살만이 산사를 덮고 바람소리만이 나를 찾아 주던 그때 스님은 나를 출세시켜 줄 일이 있으니 걱정 말라며 내 마음을 달래고 얼르시며 떠나시기를 연거푸 몇 번 바삐 들락거리셨다. 나중에 안 일이지만 괴승은 나를 얼마나 과대평가하며 대단하게 여겼던지 이 박사에게 나를 소개하려고 이 박사 찾아다니기 몇 차례였지만 결국은 만나지 못했다고 했다. 당시는 이승만 박사가 대통령이고 이기붕씨가 국무총리이던 시대였다. 그 스님의 계획 중 하나는 나처럼 재주가 뛰어나면서도(스님의 생각) 집이 가난하여 공부 못하는 청소년들을 발탁하여 국비로 인재(人才)를 양성하려는 꿈을 가지고 있었다.

자신의 꿈을 이승만 대통령을 만나 권유할 생각으로 정부 요직을 두루 만나 이대통령 독내를 주선해 달라고 신신부탁을 하였으나 이기붕 의장의 거절로 이루지 못했다고 했다.

이기붕 의장의 저지로 이대통령과의 만남이 이루어지지 못하자 십년공부 도로아미타불이 되었다. 뜻을 이루지 못하자 실망하여 그동안 고마웠다는 말과 함께 나중에라도 인연이 있으면 또 만나자면서 무척 미안해하는 말만 남기고 종종걸음으로 산을 내려가더니 어디론가 종적을 감추었다.

그 주지스님은 가끔 나에게 이런 말을 하였다. "자네는 삼대독자가 아니어야 할 텐데, 삼대독자가 되어 매우 아쉽네, 그 많은 인연의 고리를 벗어날 수 없으니 하는 수 없지, 아깝도다."

미루어 생각해보면 그 스님은 내가 머리 깎고 속세를 떠나 불도에 귀의하면 불자로서 대성할 수 있는 기질을 지녔다고 생각한 것 같다. 하지만 이것은 스님이 나를 잘 못 인식한 것이다. 뒤에 깨달은 일이지만 내 몸에는 속된 피가 흐르고 있음을 그 스님은 모르고 있었다.

세월이 몇 년 흐른 뒤 떠도는 말을 상기해 보면 북으로 누가 넘어 갔다는 말을 얼핏 들었던 것 같은데 그 분이 아니었나 짐작해 본다. 워낙 속을 드러내지 않았던지라 무어라 말을 할 수 없는 베일에 가려진 분이었다. 그분의 행색이 아련한 옛일의 그림자로 지금의 내 눈앞에서 아른거린다.

그 스님은 인재 양성을 내세웠지만 뜻을 이루지 못하자 온데간데없이 사라져 버린 것이다.

서로가 번갈아 가며 빈번히 들락거리던 스님과 나였지만 함께 했던 몇 안 되는 나날 중 해가 뜨는지도 모르게 꼬박 밤새우며 이야기를 주고받은 적도 있었다.

그 스님의 내력을 들은 바는 이러하다.

스님의 고향은 함경북도 어느 조용한 마을이었다. 그는 어릴적부터 남다른 데가 있어 동네 사람들은 그를 괴동(怪童)이라 칭하였다고 했다.

스님은 고향에서 중학교까지 마쳤다. 18세가 되던 해 그는 고향을 등지고 유랑의 길을 떠났다. 당시는 왜정치하(倭政治下)라서 우리 민족들은 일본 사람들에게 쫓겨 만주 등지로 이민을 갔다. 이른바 북간도라는 곳은 미개척지가 많으니 그곳(만주, 북간도)에 가서 땅을 일구며 농사짓고 살라는 사탕발림의 소리에 스님도 북간도로 쫓겨 가는 이민족에 섞여 만주까지 가게 되었다. 그는 허영(虛榮)하게 넓은 만주 벌판을 이곳저곳 헤매게 되었다. 어떤 뚜렷한 목적을 두고 방랑하는 게 아니고 그의 천성이 모험적인 유랑을 즐겼던 것이다.

그러나 그때나 지금이나 누구나를 막론하고 돈의 위력은 굉장한 것이므로 수중에 돈 한 푼 없이 다니는 개고생은 이루 말로 다 표현 못한다. 무엇보다 곤란한 것이 하루 세끼 먹어야 하는 끼니 문제였다. 그래서 그는 일본 사람이 경영하는 광산에 잡부로 취직했다. 광산에서의 고생은 매우 심했지만 견디어 냈다. 단 광산에서 받은 노임은 적지 않아 한 5년 동안 돈을 모으니 상당하였다. 그때 당시 백미 300여 가마니의 가치에 해당하는 돈을 모은 셈이다. 그는 일 년 만 더 광부생활을 하다가 고향으로 되돌아갈 심산이었다.

그러나 그에게 뜻밖의 불행이 닥쳐왔다. 광산 일을 하다가 숙소에 돌아온 그는 하루 종일 고된 노역에 시달린 탓으로 피곤을 가누지 못하고 방에 눕기가 바쁘게 깊은 잠에 빠져들었는데 느닷없이 꽝! 꽝! 하는 총소리에 놀라 허둥지둥 눈을 뜨고 일어나다 자신도 모르게 푹 쓰러진 것이다. 또다시 눈을 감고 잠이 들려든 찰나 요란한 발자국 소리가 들리더니 그가 자고 있는 방 앞에서 멈추는 소리가 들렸다. '마적떼?, 그는 예감이 좋지 않아 공포에 떨고 있었다. 생각하면 긴 시간 같지만 순식간에 일어난 일로 몸을 숨길 여유도 없이 방문을 부수고 들어서는 거한(巨漢)의 무리가 4-5명이나 되었다.

그 거한들의 손엔 제각각 길쭉한 장총이 들려 있었다. 긴 장총으로 이 스님을 겨누고서 "광산에 다니면서 모은 돈을 모조리 내 놓아라, 반항하거나 돈을 내 놓지 않을 시는 이 총으로 쏘아 죽일 것이다."

사태가 이러하니 누가 반항하랴. 그는 어찌할 줄 모르고 벌벌 떨고 있는데 "죽지 않으려면 어서 돈을 내 놓으라"는 말이 떨어지기도 전에 이리저리 주섬주섬 물건을 헤집고 들며 살피던 사람이 깊숙이 숨겨 두었던 돈 자루를 용케도 찾아들더니 무리들이 쏜살같이 달아나 버렸다.

그는 하늘이 무너지는 듯하였다. 수 년 동안 어떻게 벌어 모은 돈인데....

하늘이 무너지는 듯, 땅이 꺼지는 듯 절망의 구렁텅이에 떨어졌다. 며칠을 자리에 드러 누어 끼니도 먹지 않고 생각해 보았다. 그러나 한 번 빼앗긴 돈은 되찾아 올 수 없었다.

그 스님은 이젠 광산일이고 뭐고 다 걷어치우고 다시 고향으로 돌아가고자 하였다.

제 2차 세계 대전이 일본의 패망으로 종결되고 우리 민족은 일제로부터 해방이 되었다. 일본 사람으로 인해 내쫓긴 동포들은 대부분 그리운 고국을 찾아 남으로 남으로 내려오기에 바빴다.

그 스님 역시 그 곳(만주)에서 8.15를 맞이하였고 귀향하는 동포들 사이에 끼어 두만강을 건너 고국의 땅을 밟았다.

그는 잠시 고향 집에 머물러 있다가 다시 월남하여 경상북도 문경 산골에 있는 조그마한 암자를 찾아가서 몸을 의탁하였다. 암자에는 칠순이 넘는 여승 혼자 있었으므로 그를 반가이 맞아 주었다. 그로부터 10년이란 세월을 그 암자에서 머물게 되었다.

여승의 장례를 치르고 난 뒤 혼자 남으니 매우 고독하고 쓸쓸하였다.

그런데 그가 의지하며 10년이란 세월을 함께 하다가 세상을 떠난 여승에게는 서른이 가까운 의딸(양녀)이 있었다. 이 여승이 어떤 동네를 탁발 다닐 무렵 부모 없이 고아가 된 계집애를 데려다 절에서 길렀다. 그리하여 의로 맺은 모녀는 서로가 외로운 처지여서 친부모 친자식 이상으로 정이 두터웠다. 이 늙은 여승은 양딸을 잘 돌봐 달라고 이 스님에게 신신당부하면서 눈을 감았던 것이다. 노승의 양딸과 결혼하여 부부의 인연을 맺은 뒤 몇 년 동안 같이 잘 살다가 불행히도 그녀가 병이 들어 그곳(문경땅)에서 사망하였다.

스님은 세상을 떠난 아내의 미련을 떨쳐 버리고자 문경 땅을 떠나 산천을 배회하며 떠돌아 다니다가 우연히 서천 땅에 당도하여 경찰이 되었다. 인민군이 다 쫓겨 간 뒤 경찰복을 벗고 내가 찾아간 월명산에서   三佛(석가모니불, 관세음보살, 대세지보살)을 모시고 중이 되었다. 암자는 본시 누가 살다 비어 두고 나간지 모른다. 단 임자 없이 버려둔 초가삼간도 못 되는 아주 작은 절이었다.

이리하여 나는 월명암의 주지스님을 알게 되었고 그 스님은 아버지뻘과 같은 연령차가 있었지만 헤어지기 전까지 우리는 백년지기(百年知己)로 친밀해져 갔던 것이다.

어머니가 올라 오셨다. 책을 챙겨 어머니 따라 집에 오니 집일 할게 한

두 가지가 아니었다. 숨 쉴 틈 없이 족히 한 달은 해야 정리될 만큼 꽉 밀려 있었다.

하지만 공부도 어떻게든 포기하고 싶지 않았다. 자나 깨나 고민은 공부할 시간 내는 일이었다. 거짓이 아니라 정부에서는 보통고시의 고시령이 내려졌다. 구입한 책들을 한 차례도 다 읽지 못한 채 응시하였다. 문제는 공부한 시간이 별로 없었다는 게 안타까웠다.

첫 번째 시험은 대전 한밭여자 고등학교 강당에서 치렀다. 그저 시험문제의 수준부터 알기 위함이었지 어찌 첫 번 시험에 되려는 욕심을 부렸겠는가.

5.16 군사혁명이 일어난 뒤 보통고시제도가 폐지되기까지 여러 가지 여건상 고시에 합격은 못했지만 어쨌거나 꿈이라도 꾸어 보았으니 아무 계획도 없이 세월을 보낸 것보다는 이후로 열등의식이 덜 하였다.

이로써 처음이자 마지막이 된 보통고시 시험은 잠시 접어두고 집안일에 매달렸다. 동네 사람들은 나를 보더니 소문이 났는지 어쩌고저쩌고 하였지만 나는 말 듣고 있기가 민망하여 조금 떨어진 다른 마을 교회로 다니며 우리 동네를 피해 다녔다.

교회에서 만난 또래들끼리 모임을 짜서 매일 만나며 교회일도 보고 또다시 보통고시 공부를 틈틈이 이어나갔다. 말이 좋아 고시공부였지만 사람들이 보통고시 공부한다면 일단은 아무도 시비를 걸려 하지 않았다. 그런데 초등학교 졸업자가 공부한다면 누가 웃지 않을 이가 있을까? 나만의 허세요 잔치였던 것으로 앞에서 말은 않았지만 뒤에서는 뻔히 보이는 결과를 알고 코를 풀며 입맛 다시던 사람들도 있었을 것이리라.

그때 법서를 읽으면서 법학 용어와 경제용어를 두루 익힌 것이 사회생활을 해 오면서 무척 도움이 되었던 것은 사실이다.

이루지 못할 꿈은 꾸지 않는게 좋다. 하지만 나는 그렇지 않았다. 백리 길 낭떠러지 밑에 매달려 살아날 가능성이 전혀 없는 경우 썩은 동앗줄이 라도 있으면 잡고 매달려 그 줄이 끊어질 때까지는 희망을 갖고 살겠다는 악다문 마음이었다.

그리고 보통고시에 낙방하여 관리가 되지는 못했지만 나는 보통고시가 있어서 행복했고 꿈을 가질 수가 있었다.

끼리끼리 어울린다고 하지만 나는 국졸 학생과도 잘 어울리고 대학생과 도 잘 어울릴 수 있었다. 보잘 것 없는 학력이지만 나를 좋아하며 방학 때 는 우리 집에 놀러왔다.

법서를 좀 읽은 것이 결과적으로 많은 유익함을 가져다 준 것이다.

내 생애가 지금까지도 어리석음의 연속이지만, 칠십도 훨씬 넘은 지금 에도 그 어리석은 생각을 고치지 못하고 있지만, 내가 만일 어리석지 않고 사물의 인식과 철학에 밝은 존재였다면 사는 것이 내가 살아오면서 느끼 고 있는 삶보다 훨씬 비극이었으리라. 그러므로 그 어리석음 자체가 그다 지 싫지 않은 삶이었다는 생각이 든다.

두 번째 상경

　마포 재경 피난민 건축주식회사에 일자리 찾아 나갔더니 쳐다보는 사람이 아무도 없었다. 내 차림새를 보니 거기 모인 사람들보다 너무 깨끗하다는 것을 느끼고 옷을 벽에 닦고 흙을 묻히고 하여 꾸질 꾸질하게 쭈구리고 앉아 있었더니 누군가 그제야 돌아보며 가까이 다가왔다.

　처음엔 일을 잘하지 못할 줄 알고 일하는 것 보고 고용한다고 하였다. 시골집에서 일하던 대로 했더니 매우 좋아했다.

　험한 일, 거친 일, 위험한 일 마다않고 닥치는 대로 열심히 일했다. 그런데 그 집 주인 아들이 마포 숭문 고등학교를 다니고 있었다. 그때만 해도 고등학생이라면 대단한 존재였다.

　너무도 나를 좋아하여 학교만 갔다 오면 일하는 내 뒤를 졸졸 따라 다니며 말을 시키는 것이 아닌가. (이후 돌아보면 나이 어린 사람들이 나를 잘 따랐다.) 처음엔 주인도 관심을 두지 않더니 자꾸 자기 아들이 내 뒤를 따라 다니는 것을 보자 나에게 화풀이를 하는 것이었다. 그때부터 주인은 나를 홀대하기 시작하였다.

　내가 마지막으로 들어가면 터무니없이 소리를 버럭 질러대며 "문 닫아 이 자식아" 또는 남의 집으로 일하러 다니는 주제에 아는 체 한다는 둥, 코를 골며 잔다는 둥, 이 새끼 저 새끼 아주 막무가내로 대하기에 마음고생이 여간 아니었다. 내 모양이 아니꼬운 양 영~못마땅해 하며 구박하는 통에 정말이지 죽이고 싶었다. 나는 언덕을 돌아 인적 없는 곳에 구덩이를 파놓고 주인 놈을 끌고 가 생매장하고자 치밀하게 계획까지 세웠지만 나를 좋은 사람이라 생각하고 줄곧 따라다니는 어린 학생이 눈앞에 아른 거려 마음을 달리 먹었다.

그래 이집의 일은 이제 여기서 관두자고 결심을 하자 오히려 속이 편안하였다. 남은 수당도 챙기지 않고 뒤도 돌아보지 않은 채 나는 결심한 이튿날 날이 밝자 서울역으로 오는 차에 몸을 실었다. 살인자를 면하였다.

서울역에서 내려 기자를 뽑는다는 광고지를 보았다. 나는 여섯 명 뽑는 한국일보 기자시험을 보아 합격했지만 수습기간 동안은 월급이 없다 하니 살길이 막막하여 못 다니고 말았다.

바로 고향마을로 들어오기가 어색하여 나는 하는 수 없이 청양에 사시는 누님을 찾아 갔다. 누님에게 어떻게 돈을 좀 마련하여 중고 양복을 사서 입고 청양 역에서 저녁 먹으러 식당에 들어갔더니 "선생님 오셨네" 라며 우리 아이 좀 잘 가르쳐 달라하였다. 생뚱맞게 희한한 일이 벌어지자 나도 어안이 벙벙하여 말문이 막혀 말이 나오지 않았다. 자초지종은 이러하였다.

자신의 아이 가정교사로 있던 선생님이 나가고 바로 내가 들이닥치자 자신의 아이 선생님과 내가 닮았던지 나를 보더니 나간 선생님이 돌아온 줄 알고 말했던 것이다. 나는 솔직하게 말했다. 그제야 돌아가는 상황을 제대로 알아챘는지 고개를 끄덕이며 실력은 있을 거라 생각하고 더 이상 묻지 않은 채 밥은 식당에서 먹고 길 건너 가정집에서 기거하며 있어 달라

하기에 한 달 정도 가정교사로 있었다. 초등학교밖에 나오지 않은 나의 실력도 실력이지만 그때는 밥만 먹여줘도 감사한 시절이라 내 양심상 가정교사 수고비를 달라는 말은 할 수 없었다.

 팔뚝처럼 와이자형으로 뻗어 나와 있어 반도라고도 부른다. 우측으로 뻗은 곳은 해수욕장으로 유명한 춘장대이고 좌측으로는 동백나무 숲이 우거져 있는 마량이다.

 초등학교 때 줄기차게 소풍을 많이 다닌 곳이기도 하다. 동백꽃 아래서 도시락을 먹으며 파도너머 펼쳐진 광경은 정말 자연만이 주는 위대한 진풍경이다. 세월이 흘러 나는 죽을 때를 기다리지만 자연은 그때나 지금이나 우리에게 영원한 존재로 살아있지 않은가.

 동백꽃은 차나무 과에 속한다. 사시사철 푸른 잎이 우리들의 마음을 푸르게 적시고 해풍을 맞으며 2월에 움을 틔어 3월에는 봉오리 한껏 부풀어 올라 꽃을 피운다. 꽃이 피면 서 너 달은 붉게 피어있다. 5월이 지나서 6월이 되면 떨어진 꽃잎 자리마저 붉게 물들인다.

 동백꽃은 시드는 추한 모습을 보이기 싫어 시들기 전에 꽃송이 째 떨어지기 때문이다.

 그래서 동백꽃은 더욱 서럽다.

 한참 싱싱할 때 꽃송이 째 뚝뚝 떨어져 흐드러져 있는 모습을 보고 누구사 눈물을 참을 수 있겠는가. 누구라 그 꽃잎을 밟고 지나갈 수 있겠는가.

비정한 사나이가 아니라면 차마 그럴 수는 없을 것이다. 우리는 붉은 색에 약하다. 강한 색으로 느끼기도 하지만 우리의 마음을 매우 약하게 만드는 색깔이 붉은 색이다. 뉘라서 지쳐 멍든 가슴을 노래한 동백꽃빛을 싫어할까? 짙은 초록 잎 사이사이 붉게 핀 꽃잎이 핏방울처럼 맺혀있기에 정열의 꽃으로 노래 불렀는가 보다. 바라보는 모든 사람들을 흥분시키는 초록 잎과 빨강꽃잎과 그리고 노란 꽃술의 원색적인 조화는 예나 지금이나 예술가들의 과제요 귀향점이다.

물때가 들어오고 나가며 철썩이는 소리에 하루해가 저물어가는 우리 동네는 농부도 있고 어부도 있다. 그래서 동백 정에는 한 해의 풍어(豊漁)를 기원하기 위하여 세워진 풍어제 지내는 사당도 있다. 수군(水軍)들을 훈련시키며 반도를 지켜온 누각 아래 있는 벤치에 앉아 하늘과 바다를 바라보면 세상을 다 가져도 느껴보지 못할 신선한 물기가 남편을 삼키고 자식도 삼켜버린 원망에 젖은 가슴을 쓸어내린다. 이렇듯 한스런 고통도....

갈매기 낮게 나르고 비라도 올라치면 짓눌린 삶의 무게가 바다에 가라앉는 홀가분함을 뉘라서 거부하겠는가.

홍문 항에서 물때가 밀려난 어느 날 나는 갯벌을 걸으며 가깝게 보이는 바위에서 혼자 재미있게 놀았다.

정신없이 놀다 소리 지르는 소리에 깜짝 놀라 죽어라 뭍으로 달렸다.

물때가 들어오기 전에 육지로 건너 와야 하는데 노는데 정신이 팔려 조금 늦었더니 갑자기 밀려오는 바닷물에 쓸려 죽을 뻔도 하였다. 밀물일 때는 우리가 놀고 있던 바위도 물에 잠겨 보이지 않는다.

소리 없이 들어오는 바닷물은 공포를 자아낸다. 그래서 물은 두려운 존재로 수마(水魔)가 된다.

어릴 적 나의 추억이란 저수지에서 놀고, 바다에서 놀고, 동백나무 숲에서 놀고, 산으로 다니며 놀고, 논둑 밭둑 사이 길을 오르내리며 넘어지고 자빠지고 하며 코도 깨지고 입술이 터져도 아픈 줄 모르고 놀았다.

딱히 놀이감이 없어도 놀이터가 없어도 눈에 보이는 자연 모두가 놀이터요 놀이감이다.

눈에 보이는 모든 것이 지칠 줄 모르고 만들어 가며 놀게 하였던 나의 놀이 대상이었던 것이다.

소년시절 여러 가지 놀이로는 팽이치기, 자치기, 숨바꼭질, 연날리기, 땅뺏기, 전쟁놀이 등 다양하지만 지금 늙어서 내 기억을 풍요롭게 하는 것은 자연의 빛깔과 울림이다.

그래서 지금 내가 걷고 있는 역법 연구의 길을 누구보다 더 잘 이해할 수 있지 않았나 생각한다.

근래의 이야기를 하면 내가 45년을 한 해도 빠뜨리지 않고 대한민력을 써 왔는데 거기에는 밀물 썰물 시각이 기재되어 있다. 몸도 아프고 언제 죽을지 모르기에 M 출판사도 다른 이에게 부탁을 해서 작성한 대한 민력을 가져와 나에게 보여 주었다. 펼쳐 보았더니 밀물과 썰물 시각 란이 보이지 않았다. 그것을 작성한 분은 아마 바닷가 생활을 모르고 계셨던 분인 것 같다. 택일력은 농촌, 어촌, 산촌에 살고 있는 분들이 도시에 살고 있는 분들보다 더 많이 활용한다는 사실을 인지하지 못하고 있는 것 같았다.

동백꽃 숲을 뒤로하고 바닷가를 따라 화력 발전소가 들어와 있다. 화력 발전소에서 나오는 타고남은 재(?) 덩이로 바다를 메워 넓은 앞마당을 만들어 지금은 예전과 많이 달라져 있다

군입대

내 나이 23세 되던 해 봄, 양력 4월 16일에 입소하라는 징집 연장이 나왔다.

휴전협정이 이루어지고 얼마 지나지 않은 때였다. 전쟁은 이미 끝났지만 언제 갑자기 터질지도 모르기에 대개는 징집영장에 대해 꺼리는 편이었다. 전쟁은 일어나지 않더라도 일단 군에 입대하면 고된 훈련을 거쳐 부대 배치 후에도 사역과 보초서는 일, 집에 마음대로 휴가 오지도 못하고 자유의 구속 등 달가워 하는 사람이 하나 없었다.

그런데 나는 도리어 징집영장이 이르기를 은근히 기다렸다. 어머님 곁을 떠나는 것만 제외하고는 가정에서 떨구어져 어딘가로 방랑하고 싶은 충동이 간간히 일어났기 때문이다.

징집영장이 나왔다는 소문이 나돌자 무슨 장한 일을 하기 위해 뽑혀 나가는 것처럼 동네 사람들의 인사 받기가 바빴다. 필요할 때 보태 쓰라며 많은 액수는 아니지만 돈도 꾸기꾸기 접어서 나의 호주머니 속에 넣어 주었다. 그렇게 해서 얻은 돈이 바지 양쪽 호주머니에 가득찬 것 같이 느껴졌다. 내가 태어나서 이만한 돈을 가져 본 일이 없다.

영장을 받은 청년들은 독다리라는 도로에 대기해 놓은 트럭에 올랐다.

가족들은 아들 오빠 동생이 입대하기 위해 떠나는 모습을 보려고 태극기를 손에 들고 흔들며 나왔으므로 장관이었다. 군 입대가 아니면 내 어찌 이런 성대한 환송을 받으랴. 장한 일을 세우러 가는 것처럼 마음속으로 흐뭇하였다. 트럭은 출발하였고 어머님과 두 여동생의 모습이 점점 멀어져 논산 제2 훈련소에 도착했다.

저녁 무렵에 도착한 수용연대(受用聯隊)는 임시 대기하는 곳이었다.

자유시간이 많아 매점에 가서 먹고 싶은 것이 있으면 실컷 사먹었다. 돈이 바닥나도 근심할 필요는 없었다. 하루 세 끼니는 어김없이 나오기 때문이다. 수용연대에 있을 동안은 군인이 아닌 대기 군인으로서 머리도 깎지 않았고 군복도 갈아입지 않은 채 집에서 입고 간 그대로 지냈지만 단 정문 밖으로는 나갈 수 없었다. 밤이면 보초를 서야 했다.

내무실은 양쪽으로 잠자리가 갈라져 있는데 한쪽에 약 60명 정도 누어 잘 수 있었다.

한쪽에 보초를 서면 다음날 다른 쪽에서 보초를 서게 되었다. 아직은 소위 익살적으로 비유하는 (개판)이라서 그런지 60명 인원이 보초를 서면 한사람이 10분 정도만 서도 충분한데 두 바퀴 세 바퀴 돌아야 날이 새었다. 자기 차례가 오면 마땅히 일어나 옷 입고 총 메고 내무반 보초를 서야 하는데 일어나지도 않고 옆 사람을 흔들어 깨우면서 "어이, 당신이 보초를 서야할 차례야" 하니 옆 사람도 보초를 어떻게 서야 한다는 것을 알고 옆 사람만 깨우느라 애를 쓰기만 했다. "이게 군인이란 말이냐?" 아니다. 아직은 군인이 아니다. 입대해서 군인 복무일자가 시작되려면 군번타고 군복으로 갈아입고 머리 깎아야 한다. 그런 뒤에는 각자의 지식(실력) 정도를 점검하기 위해 시험을 치렀다.

시험지 머리에 학력과 성명을 쓰고 답안지에 객관식 ○×로 기재하는 시험방식이었다.

학력은 그대로 초등학교 졸업을 쓰고 이름을 쓴 뒤 답안지를 보니 문제가 매우 쉬웠다.

그래서 5분 만에 답안지를 다 작성하였더니 시험 감독관인 헌병이 나를 문밖으로 끌어내어 누구의 대리시험인가? 라고 묻기에 "아닙니다, 저는 본인입니다."하고 바른대로 대답했다.

지금 생각하니 헌병이 아니라 기관사병인 것 같다. 잠시 망설이다가 제자리로 가라고 놓아 주었다. 입대하면 그만이지 시험은 왜 필요한가? 뒤에 깨달은 일이지만 신병들은 연대로 나뉘고 한 연대에 3중대 5소대로 편성하였다. 3중대는 A크라스, B크라스, C크라스로 나누어 A와 B는 저능아가 없는 중대고 C크라스는 많지는 않지만 대개 초등학교 학력과 무학자들로 편입시켜 C크라스에 고졸 및 대졸등 똑똑해 보이는 자 10여명을 배치 시켰다.

내가 만일 C중대에 배치되었더라면 자존심이 매우 상해서 그때 벌써 반골 기질이 발동하였는지도 모른다.

실력 여하를 막론하고 학력이라는 것은 매우 좋은 것 같다. 한 소대(100명 정도)에 소위 간부라는 감투를 주는데 그 간부란 소대의 대표인 향도, 내무반장, 분대장, 교육계, 공금계, 서무계 등의 감투가 있었다. 대학 및 최소한 고등학교 졸업자에 한해서 이상의 감투를 쓸 수 있었다. 그러하니 나 같은 저학력자 처지에는 간부로 뽑힐 가능성은 전혀 없었으니 이런 일 부터 나는 슬펐다.

그 간부라는 작자들이 설쳐대는 꼴이 못마땅했으나 당시로서는 꾹 참고 있을 수 밖에 없었다. 슬쩍슬쩍 스쳐 듣는 말로는 군산 출신인 B중대 5소대 향도와 내무반장은 권투나 운동이 몇단이니 하였다. 절대 건드리기 힘든 존재들이었다.

연대는 낮으막한 산을 헐어 군인 막사를 지었으나 공사 마무리가 다 안 되어 사역을 많이 해야 되었고 식수도 매우 모자랐다. 내무반에서 멀지 않은 곳에 조그마한 산이 있는데 그 산 중턱에 가면 바위틈으로 맑고 깨끗한 물이 방울방울 흘러 떨어졌다. 세숫물은 고사하고 먹을 물조차 모자랐던 관계로 B중대 훈련병들은 그곳에서 물을 받아와 식수도 하고 철모에 부어 세수도 하였다. 그 바위사이로 흘러나오는 물은 한 3분쯤 걸려야 수통으로 하나 받을 수 있었다.

솔직히 말해 나라를 위해 입대하였다는 것은 명분뿐이고 나 개인적으로는 이때부터 무리들과의 투쟁이 시작되었다. 아주 조용하고 느릿느릿한 도전에 내 삐뚜러진 마음은 애초 고향에서부터 깊이 잠재하고 있었기에 맨 처음 맞딱뜨리는 타와의 경쟁을 차근차근 진행하고 있었는지 모른다. 그래서 뒷날 어느 동료는 날더러 구렁이 같고 늑대 같다고 비유하였던가.

어느 날인가. 소대원 한 사람이 양동이에 식수를 떠 왔다. 갈증이 심했던 차라 양동이 물을 꿀꺽 꿀꺽 마시고 있노라니 내무반장이 마시고 있는 쪽박을 발로 차 엎어버리는 것이 아닌가? 얼굴과 옷에 물벼락을 맞으니 화가 머리끝까지 치솟았으나 꾹 참고 마음속으로 '어디 두고 보자' 반드시 복수하리라 다짐 두었다. 입소 후 첫 번째 주일이 되었다. 부모가 면회 온 훈련병이 있었다. 면회장에 나가지 않은 소대원들은 내무반에 삼삼오오 모여 이야기도 하고 장기도 두면서 주일의 휴식을 즐겼다. 나는 대단치도 않은 나의 존재를 여러 소대원들에게 알리고 싶었다. 어떻게 할까? 연구 중이었는데 무엇 때문인지 지금은 잘 기억이 나지 않으나 붓글씨가 필요한 일이 있었던 것 같다.

소대 선임 하사가 찾아와 붓글씨 쓸 줄 아는 사람 없나? 하기에 동네에서 같이 입대한 동료가 "너, 잘 쓰지 않아?" 하고 나를 가리켰다. 글씨를 쓰고 나서 종이도 남고 물감도 남아 한술 더 뜨고자 소나무와 학 그림을 그려 내무반 적당한 곳에 붙였는데 이로부터 선임하사는 나를 달리 보는 눈치가 분명했다.

사람이 100명쯤 모이면 깡다구나 똑똑한 사람은 10명쯤 있고 나머지 90명은 온순하고 겁이 많다. 나라(國)도 그래서 만분의 일도 안 되는 정치인과 행정업무에 종사하는 관료들이 수천만의 백성들을 다스린다. 나는 10명을 제외한 90명을 감싸안았다. 누가 때리려 하면 못하도록 가로 막아 말려주었고 상대가 나에게 덤비려 하면 맞섰다.

그러니 순박하고 힘이 없는 이들은 나를 좋아하여 나를 따를 수밖에 없었다. 한번은 소대에 공급계라는 간부가 건빵과 담배를 타 와 분배하는데 가져온 분량과 소대원의 숫자 비율을 따져 배분된 개수가 턱없이 모자랐으므로 이를 질타하여 제 몫을 받도록 해 준 일도 있다. 당시 나는 그 공급계에게 질타하기를 "나는 초등학교도 간신히 나온 무식인이다. 그러나 최소한도 가감승제법(加減乘除法)은 안다. 공급계 당신은 소위 고등학교인지 대학교인지 나와 간부 노릇을 하면서 사삼승제도 모르느냐?"고 질타했던 것이다.

뒤에 내무반장이 주보로 불러 "내무반장 노릇 못 해먹겠으니 네가 맡아라" 하는 것을 거절하고 "내 말대로 해주면 협조 하겠다" 하고는 간부들도 그날 저녁부터 보초를 서도록 하였다. 이러한 일이 자랑이 아니라 내 뱃속의 창자가 삐뚤어진 때문인 것 같다.

후반기에 가서는 소대 간부를 새로 선출했는데 동료들의 추천으로 내무반장을 맡으라 하였으나 사양하고 교육계를 맡았다.

총기로는 M1소총이나 포를 메고 다녔다. 포는 M1보다 훨씬 무거웠다. 그런데 힘깨나 쓰는 사람이 메고 가야 할 일인데 몸집이 가장 왜소하고 나약해 보이는 훈련병의 차지가 되었다. 힘 있는 자가 힘없는 자에게 강제로 메도록 시킨 것이다.

나는 그 포를 빼앗아 덩치가 크고 힘깨나 있어 보이는 자에게 주며 메고 가도록 하였다. 그가 대들어 싸움이 벌어지더라도 나의 명분은 옳았기 때문이다.

1957년 한여름 8주 훈련을 마치고 부대로 배치되는데 나는 마음속으로 최전방을 원했다.

나는 비록 누구나 싫어하는 일선에 배치되었지만 불행 중 다행히 일선 근무 중에서도 가장 좋다는 독립부대로 떨어졌다.

마음과 같이 춘천 보충대로 가는데 우리들은 객차가 아닌 연탄차로 시커먼 먼지가 옷에 묻었다. 그때 누군가가 내 옆구리를 치며 돈을 잃어버렸다 하였다.

나는 생각해보니 도둑질 한 자를 찾아 징계하지 않고는 안심 놓고 갈 수가 없었다.

그래서 그 뜻을 여러 사람에게 펼쳤다.

"여러분 여기에 도둑이 있으니 잡아야 하지 않겠습니까? 미안하지만 몸 수색을 해봐야겠으니 여러분 의사는 어떻습니까?" 말했더니 여러 사람이 이구동성으로 그렇다면 잡아야지 라며 찬성의 뜻을 밝혔다. 만약에 도둑을 잡지 못한다면 책임지겠느냐 하고 추궁하는 자가 있었다.

물론 책임지겠다고 하였다. 그 후 여러 사람들을 한 쪽으로 몰아놓고 한 사람씩 몸을 뒤졌다.

그런데 몇 사람 남지 않았는데 도둑은 잡지 못했다. 그래서 몇 사람 남은 중에 누가 수상한 가를 살폈다. 마지막까지 수색을 하였으나 돈은 나오지 않았다. 차안을 살펴보니 구석에 무언가 수상쩍은 것이 있었다. 그래서 그것을 살펴보니 돈이었다.

어찌나 반갑던지 "여러분 찾았습니다." 이구동성으로 "누구냐 그놈을 때려죽이겠다." 하고 시끌벅적 소란스러워졌다. 나는 얼핏 생각하니 도둑을 밝히면 난처한 일이 생길 것 같았다.

그래서 "여러분 돈을 훔친 사람이 여러분의 친구일 수도 있지 않습니까. 어차피 돈은 찾았으니 사람을 찾을 필요가 있겠습니까." 나는 슬쩍 잃어버린 친구에게 돈을 좀 내놓으라고 했다. 나는 그 돈으로 아이스 – 케끼와 음료수를 사서 두루 나누어 먹었다.

춘천에 도착하니 부대 옆에 소양강물이 흘렀다. 우리들은 옷을 벗어부치고 소양강물에 뛰어 들었다. 춘천 보충대에 가면 묻지 않아도 전방 배치임을 안다. 군인들이 두려워하는 것은 사단배치였다.

동료들이 숙덕이는 소리를 우리들이 들으니 우리들은 요행으로 사단 배치가 아니고 1군 사령부 소속인 고사포 부대라는 것을 알았다. 동료들의 얼굴에는 기쁨이 가득하였다.

그날 춘천에서 하룻밤 자고 다음날 배치하기로 되었는데 나는 그곳에서 기관병들이 시키는대로 차트를 그렸다. 잘못하다가는 좋다는 고사포 부대를 갈 수 없을 것이라 생각하고 동료에게 만약에 부대를 배치할 때 나에게 신호를 보내 달라고 부탁해 놓았다. 챠트를 그리다 신호가 오기에 내가 배치된 부대의 차를 타고 제대할 때까지 근무하던 부대로 갔다. 당시는 이름에 따라 배치된 것이 아니고 인원수 번호에 따라 배치 후 나중에 명단을 작성했다. 부대에 도착한 시간은 오후 다섯 시쯤이었다. 각 중대와 본부 중대로 나누고 기관사병 5, 6명을 발탁했다. 물론 학력 위주였다.

　본부 대대보다 파견 중대가 좋다고 하였지만 나는 가방끈이 짧은 관계로 학력이 낮아 꿈에도 생각 못했다. 왜냐하면 고사포 부대는 산위에 배치해 놓고 전쟁연습을 나날이 교육하는 곳이었다. 때문에 윗사람의 눈치도 보지 않고 비교적 자유로운 군대 생활을 할 수 있다고 한다. 나는 마음속으로 기뻤다. 그곳에 가면 공부 좀 할 수 있겠거니 생각했다.

　그런데 엉뚱한 일이 생겼다. 장교가 내 이름을 불렀다. 나는 어리둥절하여 나갔더니 "요놈아 어디서 숨어있었냐, 너는 잘됐다. 고생 좀 해봐라" 하고 차트 병으로 발탁하였다.

　소속은 작전과였다. 보초를 서지 않고 근무하게 되어 추운 때에 눈비만은 피할 수 있었다.

　단 삼일에 한차례씩 근무를 서야하는데 3시간씩 하였다.

　나는 속으로 기뻤다. 3시간 근무하면서 집에 편지를 쓰고 많은 명상도 하였으나 아무리 편해도 군대 생활이라 고향이 그리웠다. 부대 배치 후 1주일쯤 되어 첫 번째 휴가를 갔다.

　고향을 떠나올 때 누가 제일 먼저 휴가를 갈 수 있나 그것으로 좋은 자리 나쁜 자리를 알 수 있다.

군대생활

나는 군대생활을 철원 515부대에서 근무하였다.

행정요원을 130명 중 6명을 뽑았는데 내가 뽑혔다. 공교롭게도 내가 근무하는 부대는 대공포부대였으므로 지도에 대해 이해를 잘해야 하고 또 지도도 잘 그려야 한다. 행인지 불행인지 신병으로서 이러한 일을 할 수 있는 신병은 나밖에 없었다.

군대 행정은 사회 행정과 달라 아무리 대학을 나온 인테리 수준이라도 모든 것을 새로 익혀야 한다. 그러고 보니 고학력 소유자나 내나 출발이 같아 군 행정 전투 업무는 고학력자들에게 뒤질 까닭이 없었다. 나는 약방에 감초 격이 되어 다른 신병보다 약간은 특별대우를 받은 것 같다. 그래서 어머님께 호언장담한 "어머니 제가 맨 먼저 휴가 오거든 잘 있는 줄 아세요"가 사실이 되어 부대 배치 일주일쯤 되어 휴가를 가게 되었으니 과서에 급제하고 금의환향하는 선비의 기쁨이 이에 비교될 것이다.

내가 왜 누구든지 치르는 군 생활에 대해서 언급하는가 하면 내가 오늘날과 같은 현실을 맞는 계기가 되었기 때문이다.

내 후배는 20일 차이밖에 안 나는 나를 상관으로 여기는 것이 못마땅해서인지 싫어하였지만 이 후배가 밤에 자려면 자장가 삼아 "청사초롱에 불

밝혀라 잊었던 낭군이 돌아왔다.” 라는 가사가 있는 노래를 불러줄 때는 가수가 저리 가라였다. 정말 처량하게 잘도 불렀다. 저녁 늦게 출출하면 편법으로 국수도 삶아서 먹는 즐거운 시간도 가졌다.

그 전우는 우리들에게 자장가로 불러 주었지만 나에겐 잠을 쫓아내었다. 이 생각 저 생각 엎치락뒤치락하다 날이 밝으면 밤 새 잠을 못잔 탓인지 피곤하였지만 짜증은 나지 않았다.

피곤하면서도 좋은 기분, 여러분은 느껴보았는가.

노래라면 나는 고복수의 ‘고향설’ 과 ‘수수께기’ 밖에 모른다. 지금도 고향설과 수수께끼만을 좋아하고 아는 것도 그 노래밖에 없지만 정작 불러라 하면 전혀 부를 줄 모르는 음치에 속한다.

노래 가사가 얼마나 가슴을 에우고 있나. 옛날 노래는 하나같이 가사가 좋다.

사랑을 노래하면서도 사랑이라는 단어를 그렇게 헤프게 늘어놓지 않는다. 그렇지만 사랑의 절절한 목마름이 전해오지 않는가. 정말이지 옛 노래는 가사가 좋다.

「한 송이 눈을 봐도 고향 눈이요 두 송이 눈을 봐도 고향 눈 일새, 깊은 밤 녹아가는 모란 눈 속에 고향을 적셔보는 고향을 적셔보는 젊은 한숨아.
이 눈을 붙잡아도 고향 눈이요 저 눈을 붙잡아도 고향 눈 일새, 나리고 녹아가는 모란 눈 속에 고향을 불러보는 고향을 불러보는 젊은 한숨아.」

고복수의 ‘고향설’ 과 ‘수수께기’ 는 나의 십팔번이다.
「산이라면 넘어주마, 강이라면 건너 주마 인생에 가는 길은 산길이냐 물

길이냐, 손금에 쓰인 글자 풀지 못할 내 운명 인심이나 쓰다 가자 그럭저
럭 지내보자.」

　그런데 나에게 비극이 왔다. 동료들은 휴가만 가면 돈을 많이 가지고 왔
다. 그래서 휴가 갔다 온 사람이 있는 날은 대개 술파티를 열었지만 나는
그렇게 하지 못하여 선임하사 눈 밖에 나 은근한 구박을 까닭 없이 받았
다. 그것만 빼면 참 편한 자리였다. 부대장에게 귀여움도 받았다.
　단 선임하사에게만 미움 받은 매서운 눈초리가 지금도 기억난다. 어쨌
거나 군대생활 치고는 비교적 호강스러운 생활을 하였다. 당시는 장교 식
당과 사병 식당이 따로 있었다. 그런데 우리 근무처 옆에 장교 식당이 있
었는데 언제나 식사가 남았다. 그래서 나는 취사반까지 가지 않고 옆 장교
식당에서 좋은 밥과 반찬을 먹을 수 있었다. 이것은 분명 위법인데 이런
행운도 있었다.

　군대생활 2년쯤 되던 어느 날 나의 과장과 보좌관이 없을 때 느닷없
이 상급기관에서 들이닥쳤다. 상황실로 와서 과장을 찾고 보좌관과 선
임하사를 찾았다.

유전자	어릴적	초등시절	군입대시	제대 후	당사주	저작활동	강의활동
조부님과 부친 글씨와 그림에 뛰어남	화투 그려 용돈 벌이	환경 정리를 위해 붓글씨 쓰고 지도 그림	작전지도 교육차트 상황판 그림	전우 알선 으로 상공부와 은행 차트를 그림	당사주 내용의 그림과 책자를 만듦	M출판사 근무 70권정도 저작	개인지도 다수. 교수로 역학강의

공교롭게도 아무도 없었다. "너는 누구냐" 하고 질문해서 나의 직책을 댈 때 "너 상황개시를 할 수 있느냐?" "예 할 수 있습니다." "그러면 어디 해봐라" 나는 지휘봉을 들고 상황판을 가리키며 상황개시를 하였다. 그들이 고개를 끄덕이며 돌아간 뒤에 얼마 되지 않아 표창장이 왔다. 그 나머지는 많지만 쓰기가 부담이 된다. 결론적으로 나는 군에 입대하면 고시공부도 할 수 있는 줄 알았더니 책을 볼 틈이 없다는 것이 나를 실망시켰다..

제대 무렵에 민가로 나가 교회도 다녔다. 교회에서도 왠지 모르게 큰 대접을 받았다.

듣기에는 호화롭게 보이나 내 심정은 지루한 군 생활이었다.

1군과 2군의 군 생활은 차이가 많았다. 당시는 시내버스에 남자 차장이 요금을 받는데 2군 마크를 단 군인은 요금을 내지 않고 타도 말이 없으나 나처럼 1군 마크를 단 군인은 요금을 받아냈다. 그래서 한번은 나에게 요금을 달라 졸랐으므로 왜 나한테만 받고 2군 근무자에게는 안 받느냐면서 주먹으로 볼을 갈겼다. 그러면서 차안 승객을 향해 이렇게 말했다.

"여러분 자식 가운데 나처럼 1군 근무를 하는 자식이 있을 것입니다. 그런데 이런 차별을 받아야 옳습니까?" 하였더니 승객들은 박수를 쳐 주었다. 나는 1군 마크를 달고 있었다.

그때 1군 마크를 단 사람들은 대체적으로 2군 마크를 단 사람보다 가난하고 배우지 못한 사병들이었다.

살아오면서 까닭 없이 좋은 사람, 까닭 없이 싫은 사람이 있다는 것이 신기하기도 하다. 딱히 주고받는 것도 없이 해를 끼치거나 도움을 주고받은 일도 없었는데 그냥 싫을 뿐이라는 이유로 나타나는 애매모호한 감정의 산물이 도저히 납득이 가지 않았다. (일간의 성정 외에 다른 무엇으로 설명이 가능하겠는가.)

　군대에서 다른 내무반에 나와 이름이 똑같은 한중수라는 사람이 있었는데 나와 유사한 점이 많았다. 그 사람은 트럭 운전병이었던 것 같다. 운전하다 즉사(卽死) 했다는 것이다.

　사실 내 이름을 감정해보면 무척 나쁘다는 것을 알 수 있다. 그렇게 요수(夭壽)하지 않은 것만도 어떻게 보면 다행인 것을... 살면서 모진 풍파를 다 겪고 죽으라는 것인가.

　그래서 똑같은 이름도 사람에 따라 다르게 나타나지만 나쁜 것은 나쁘다. 좀 더 나쁘냐 아니면 좀 덜 나쁘냐의 차이가 아닌가 생각한다.

　최 선생이 내 이름이 나쁘다는 것을 아느냐고 묻기에 알고 있다고 대답하였다. 알았지만 고치고 싶은 마음은 추호도 없었다. 나쁘면 얼마나 나쁜지 몸으로 한번 당해보고 싶은 마음도 일어났기 때문이다. 운명이야! 운명이야! 어디 한번 와보라는 오만한 마음도 있었으리라.

　야!, 진짜 이렇게 힘들 줄이야. 사주와 같이 이름도 같더라. 그러나 죽을 지경에서 살아나게 하는 인수(印綬) 덕으로 나쁜 이름 가지고 여지껏 버텨온 것이라 생각한다.

　인수(印綬)는 절명의 위기에서 내미는 어머니의 손길이다. 구원의 손길이다.

　그때 행정 요원으로 뽑혀서 내가 한 일은 차트와 지도를 그리는 일이었다. 상황파악 차트와 검열차트를 그리면서 차트 지도 그리는 일에는 요샛말로 도가 텄다.

　우리나라 지도는 행정구역까지 세밀하게 인지하고 있었으며 인도의 크기가 얼마며 호주의 크기가 얼마며 아마존 강이 어디에 있고 등등 세계지도의 곳곳을 환하게 알게 되었다.

지금도 어느 책이든지 보면 도표부터 정리되어 눈앞에 펼쳐진다. 그런 덕인지 내가 쓴 책은 내용 다음에 어김없이 도표를 그려 독자들에게 쉽게 정리해 주고 있다.

24세 때 12월 30일 날 휴가를 나와 서울에 있는 누님을 찾아 갔지만 없었다. 돈 한 푼 없이 하숙집을 찾았다. 옛날에는 통행금지가 있어서 늦은 밤에는 "하숙하세요" 라며 업자들이 소리치며 고객을 불렀다. 그런 사람들 중 한 아주머니를 따라 갔다. 도착하자 손님들이 다 들어와 남은 방이 없다는 것이다. 돈도 없는 주제에 우물쭈물 어찌할 수 없어 서성거리고 있자 우리 아들과 같이 자면 어떻겠냐는 말에 생기를 얻어 수(數)가 여기서부터 터지는 구나 싶었다. 하숙집 주인 아들이 묘하게 문학도였다. 둘이서 이야기 하다 보니 통하게 되어 동이 트자 우리는 헤어지기조차 아쉬워하게 되었다. 짧은 석별의 정을 나누며 어머니를 불러 하룻밤 하숙비는 고사하고 밥까지 시켜주고 지금 돈 5만원까지 뿌리치며 내젖는 손에 기어이 쥐 켜 주었다.

시골집에 도착하여 어머니께 자초지종을 이야기하자 너무 고마운 분이라며 떡 한말하고 돈까지 준비하여 주시기에 서울 그 하숙집에 들러 고마움의 인사말을 전하고 부대로 들어갔다. 이런 과정을 생각해 볼 때 내 자신에게 특이한 점을 발견할 수 있었다. 물론 나를 못마땅하게 생각하여 방해하는 작자도 없지 않아 있었지만 막다른 골목길에서는 구원의 귀인이 나를 기다리고 있었던 것이다.

군대 가기 전 나는 산사에 공부하러 가기 위하여 교회 다니는 것을 그만 두게 되었다. 군대생활하면서 교회를 다녔고 제대하여 내려온 고향 동네에서도 장난삼아 친구와 같이 옆 동네 예배 보러 갔다가 우리 동네로 교회를 끌어오기도 하였다. 사실 우리 교회 목사님은 나에게 거는 기대가 부담스러울 정도로 여간 아니셨다.

이후 당사주 책을 엮으면서 나가지 않은 것이 지금까지 나가지 않았다.

제대하면서 떠나온 이후 나는 곤두박질하듯 생활이 어려워 건설 노동자로 일하러 갔더니 부잣집 아들인줄 알고, 일할 줄 모르는 사람인줄 알고 일을 시키려고 하지 않으니 나는 흙바닥에 굴러 옷을 더럽힌 후 건설 현장으로 가서 겨우 일자리를 맡기도 한 기억이 한두 번이 아니었다.

사업을 하면서 실패를 여러 번 겪었다. 군대생활 하면서 같이 차트를 그리던 사람과도 동업하다 실패한 적이 있다. 나는 자본이 없어 그만두었지만 그는 다른 동업자를 만나 민영업자로 진출하였다.

군대생활 하던 중 좋지 않은 일도 있었지만 삶에 도움이 되는 일이 더 많았다.

호기심을 가진 여인도 있기는 있었다. 하지만 짝사랑이라 이름 붙이기엔 마땅하지 않으니 소개하지 않겠다.

한중수 선생님은 2014년 3월 25일

향년 79세의 연세로 영면에

드시었습니다.

부디 하늘나라에서 편히 쉬시기를

기도합니다.

삼재(三災)

할아버지께서 돌아가셨으니 온 집안 식구들이 혼비백산하여 정신없이 마당을 가로지르는 상황에서 나도 일어나 상복을 입었다.

3개월 간 흑달을 앓고 간신히 기동하였는데 며칠 지나지 않아 할아버지께서 돌아가신 것이다. 寅卯辰 삼재 때에는 내가 쓰러져 입원했고 우리 집사람 심장 수술 받았고 큰아들 탈장으로 수술했는데 잘못되어 재수술 받고 하였다.

과거 삼재(三災) 4세 때는 병으로 어린아이 고개가 수그러질 정도로 아팠고 추운 겨울 먼 산에서 나무를 해오던 날 나는 식은땀을 흘리면서 배가 아파 못 견디며 끙끙 죽도록 아팠다. 도대체 병명을 몰라 더욱 헤맨 것이다. 그때가 16세 때였다.〈후에 군산 도립병원에서 채독(회충 요충 십이지장충)이라 판명 남.〉

28세에 황달을 앓았다. 흑달(黑疸)이 되도록 앓아 누었으니 죽기까지 갔으나 의지로 이겨내었다. 29세 때 소송사건, 41세 때 근육통으로 엉엉 울 정도로 지독하게 아팠다. 이때부터 파킨슨병이 시작된 것이라 짐작한다.

52세 때 어머님 사망, 77세 때 (삼재에 충에 백호에 원명 사주의 급각살) 壬辰年 壬水가 묘(墓)궁에 앉아 辰戌沖하여 열린 무덤으로 들어가는 이치였다. 그런 연유로 입원하면서 현재 병을 앓게 되었다.

애당초 나는 내 이야기를 쓰면서 운명이니 역학이니 하는 냄새를 풍기고 싶지 않았다. 마치 역사를 기록하는 사관(史官)이 과거의 역사를 믿고 싶지 않는 격이 되어 역술 분야의 책을 저술하면서도 많은 분야를 비판적으로 생각해 왔고 전체의 사분의 일에 해당하는 삼재에 대해서도 부정적이었다. 삼재란 세 가지 재앙과 3년 동안의 재난을 칭한다. 일반적으로 인간의 재난 가운데 가장 큰 재난은 난리(전쟁 등), 기근(굶주림)과 질병이라 하였고 각 개인의 生年을 기준하여 포태법(胞胎法)으로 병(病), 사(死), 묘(墓)에 해당하는 해를 말한다.

나는 운명학을 다루면서도 합리성이 적은 이론은 잘 믿지 않았다. 때문에 십이지(十二支)년 생 가운데 세 명에 한명 꼴로 해당하는 삼재에 대해서는 전혀 언급하지 않았다.

그랬는데 내가 질병·손재·부모상으로 몹시 괴로웠던 과거를 더듬어 보니 공교롭게도 모두 삼재에 드는 나이 해였다.

포태법(胞胎法)

生年 \ 포태신	포 胞	태 胎	양 養	생 生	욕 浴	대 帶	관 官	왕 旺	쇠 衰	병 病	사 死	묘 墓 (삼 재(三災))
申 子 辰生	巳	午	未	申	酉	戌	亥	子	丑	寅	卯	辰
巳 酉 丑生	寅	卯	辰	巳	午	未	申	酉	戌	亥	子	丑
寅 午 戌生	亥	子	丑	寅	卯	辰	巳	午	未	申	酉	戌
亥 卯 未生	申	酉	戌	亥	子	丑	寅	卯	辰	巳	午	未

원숭이띠, 쥐띠, 용띠는 寅 卯 辰年 3년간 삼재에 든다.

뱀띠, 닭띠, 소띠는 亥 子 丑年 3년간 삼재에 든다.

범띠, 말띠, 개띠는 申 酉 戌年 3년간 삼재에 든다.

돼지띠 토끼띠 양띠는 巳 午 未年 3년간 삼재에 든다.

내 나이 지금 만으로 따지면 74세지만 간지로는 丙子生,

삼재법으로 따지면 寅卯辰 삼재에 해당한다.

4세 (1939년-己卯年) - 어머님 말씀에 몹시 앓았다 함.

16세(1951년-辛卯年) - 채독(회충, 요충, 십이지장충,)에 걸려 죽다
　　　　　　　　　　　살아남.

28세(1963년-癸卯年) - 황달이 흑달로 변해 죽다가 살아남.

40세(1975년-乙卯年) - 신경통으로 고생, 경제적으로 몹시 고통 받음.

52세(1987년-丁卯年) - 신경통, 몸살로 몹시 허약해지고 그해에

어머님께서 돌아가셨음.

64세(1999년-己卯年) - 특별히 나쁜 일 없었음

76세(2011년-辛卯年) - 심한 어지럼증으로 쓰러짐.

그로 인한 후유증으로 이듬해 병원에 입원하여 지금까지 앓고 있음.

만에 하나 내가 지금 완쾌되어 일어난다면 나는 역학의 전도사가 되어 간증하러 다닐 것이라고 앞에서 말한 바 있다. 역술 책을 쓰면서도 너무 오만하여 명리를 얕보았다. 치명적인 나의 실수를 말한다면 명리를 너무 얕보았다는 것이다. 쓰면서도 믿지 않고 쓴 것이 태반이고 누가 물어 온다면 너무 믿지 말라는 말로 대신하여 왔다.

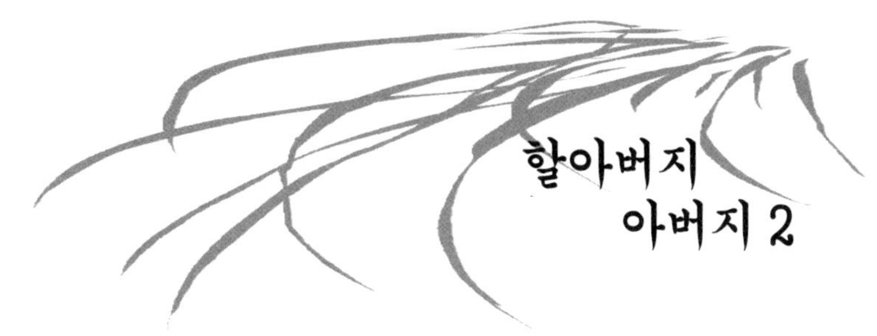

아주 어려서 겪었던 삼재의 질병은 기억을 할 수 없어 모르겠다. 하지만 16세 때에 걸린 채독은 생생하게 기억난다. 아들이, 손자가 죽느냐 사느냐 하는 기로에 있는데도 할아버지와 아버지는 전혀 관심이 없으셨다. 아무 경제권 없고 발언권 없는 어머님만 이러다 자식 죽이겠다 싶어 애가 타서 나를 이리저리 데리고 다녔을 뿐이다.

항시 속이 메스껍고 비위가 생겨서 침을 자꾸 뱉고 다니는 나를 보고 할머님께서 담배를 피워보라는 권유에 이때부터 담배를 피기 시작하였다.

군대 갔다 온 동네 형의 안내로 군산 도립병원에서 약을 타다 먹었는데 그날도 약을 타러 갔다가 보니 차비가 없었다. 버스도 놓쳐 버렸다.

별 뾰족한 수가 없어 해질 무렵부터 군산 장항을 거쳐 인가가 없는 60리 밤길을 걸어서 집으로 온 적도 있다.

같은 동갑내기 내 친구와 얼굴이 노랗게 생기 없던 나는 혈색이 좋은 청년과 발달이 미숙한 소년과 같이 키 차이가 많이 났지만 채독을 치료하고 나니 가뭄에 시달리던 초목이 단비를 맞으면 주욱죽 자라듯이 2년 만에 25센티나 부쩍 자랐다.

우리 할아버님은 丙戌 生이신데 임종 시에 쉽게 임종 못하고 상당히 시간을 끌었다.

이때 甲辰 生 아주머니 친척이 와 계셨다. 아버님이 그 아주머니더러 잠깐만 비껴주시라고 말씀드렸더니 미안해하며 비껴드리니 할아버지는 곧 편안하게 운명하셨다. 원인은 생년의 冲을 받아 계속 생명력을 이끌어 냈기 때문이라 생각된다. 늘상 이렇게 택하는 것은 어리석게 생각될 수도 있지만 술자(術子)는 때론 이런 원칙을 궁여지책으로 써 볼 수도 있다는 것이다.

12월 30일(음력) 아버지가 이웃동네에서 구타를 당하셨다. 할아버지께서 돌아가신지 15일이 지난 뒤였다.

오해가 화근이 되었다. 우리 집 대문을 나서서 위로 틀면 후미진 곳에 집이 하나 있다.

그 곳에 후처로 들어와 살고 있는 젊은 여자가 있었다. 비가 오는 날 공교롭게도 그 집 젊은 아낙네가 나오는 순간 아버님은 상복을 입고 무엇이 바쁘신지 급하게 내려오시다 쭐떡 미끄러지시면서 손을 휘젓다 자신도 모르게 그 아낙의 다리를 짚게 되었다. 그 여인은 우리 아버지가 흑심이 있어 자신을 희롱했다고 호들갑을 떨었든 것이다. 그러자 그것을 오해한 그녀의 시동생에게 구타를 당하신 것이다.

나는 성질이 나서 그 집을 찾아가 때린 놈 나오라고 고래고래 소리 질렀으나 그 후로 그 사람은 내 눈에 뜨이지 않았다.

구타 당하여 일어나지 못하는 아버지를 읍내 병원으로 모시고 가 진단서를 끊었더니 4주 진단이 나왔다. 크게 다치진 않았기 때문에 그만 두자고 하였으나 아버지는 분하여 고소하자고 하셨다. 상복을 입고 있는 아버지의 입장에서 생각하면 당연히 억울하실 것이다. 그렇지만 고소라는 게 시작하는 것도 마무리하는 것도 얼마나 번거로운지 나는 법 전서를 읽어 보았기 때문에 조금은 알고 있었다. 나의 아버지는 여러모로 너무나도 이 기적이셨다.

그래서 좀 억울하고 속상해도 만 날을 편안하게 살고자 아버지에게 그만두자고 간청했지만 아버지께서는 막무가내셨다. 나와 같이 병원으로 모시고 간 사람이 아버지에게 얼마나 분하시냐고 부추기자 아버지는 더욱더 노발대발하시면서 남도 분하게 생각하는데 자식 놈이 되어 무엇 하느냐는 이 소리를 듣고 하는 수없이 고소장을 넣었다. 나는 흑달로 성치 않은 몸에 상복을 입고 상복을 입은 아버지를 업고 읍내 병원을 다니며 치료를 하다가 도저히 힘이 부쳐 아버지는 여관을 얻어 계시고 나는 집에서 병원으로 왔다 갔다 하였다.

그 일을 생각하면 지금도 슬프다. 아마 그때 내 몸이 망가졌음이 분명하다.

그 와중에 취직을 부탁해 놓은 곳에서 1주일 후부터 근처 미군부대로 출근하라는 연락이 왔지만 나는 그 좋은 조건을 포기하고 소송에 매달릴 수밖에 없었다. 그 사건은 끝내 쌍방과실로 처리되어 우리에겐 벌금형이 떨어졌고 상대는 징역형이 떨어졌으나 돈이 있어서 그녀의 시동생은 빠져나왔다.

아버지는 이래저래 나에게 도움이 되시 않았다.

아버님은 어쩌면 내가 상복을 입은 채 아버님을 업도록 하여 5키로 되는 읍내 병원을 가도록 하였으며 그 뒤 얼마 되지 않아 벽돌을 찍어 집을 지었으니 지금 생각하면 내 몸이 허약한 게 아니라 금성철벽인 듯 싶다.

아버님 고소사건은 고소자인 원고를 상대로 맞고소를 해 왔으니 당연히 돈이 들어갔다. 벽돌을 찍어가며 내가 직접 이 귀퉁이 저 귀퉁이 손보며 방을 들여 식구들이 살기 편하게 만들어 놓은 집도 소송비용이 없어 결국은 팔게 되었다. 400평 짜리 이 집을 팔면서 온 가족이 풍지박산이 난 우리는 그때부터 몰골도 제대로 가누지 못하고 뿔뿔이 흩어져 제구실 하며 살아가느라 허덕이게 된다.

어머니는 누님 댁에 가시고 아버지와 할머니 여동생 나는 동네 빈 방을 빌려 살다 서울로 올라왔다. 이것이 세 번째 상경이다. 서울로 올라온 나는 뚜렷하게 정해 놓은 마음이 없어 여기 기웃 저기 기웃거리며 할 일없이 구경하며 어슬렁어슬렁 거리를 나섰다. 그 당시 관상과 명리에 실력이 있다고 소문이 자자하던 백운송씨(백운학씨 원고를 대필해주었다고 전해지는 사람)가 성동공고 옆길에서 노땡을 하였다. 사람들에 섞여 보고 있는데 나를 가리키며 대뜸 하는 말이 "여러분 이 젊은이를 데려가십시오. 모든 면에서 인재입니다." 라고 외쳤지만 데려가는 사람은 커녕 나를 쳐다보는 사람조차 아무도 없었다.

「선생님의 모습에 관하여 제가 아는 견지에서 참고적으로 몇 말씀 드린다면 선생님의 體형은 木형입니다. 얼굴도 木형 몸도 木형 팔 다리 손도 木형에 속합니다. 매우 중요한 피부색깔도 파리한 푸른 木의 색을 가지셨습니다. 따라서 木형의 진체(眞體)임에는 분명합니다. 그래서 木형의 진체에 해당하는 여러 가지 의미와 관련이 있습니다.

木은 仁이요 학문이요 曲直의 성정을 갖고 있습니다. 맑고 곧은 성정으로 남의 영역을 침범하지도 않고 자신의 영역도 열지 않습니다. 위로 오르는 성향으로 자신의 자존감을 지켜 나가는 形이 木形입니다.

작은 새싹이 자라 나무로서의 모습을 갖추기까지 눈과 비바람에 10년 이상 시달려야 하므로 목형을 가진 사람은 고생이 필수적으로 따라 온다고 합니다. 그래서 중년 이후에 성공한다고 말을 합니다.(40세를 기준)

아쉬운 점이 있다면 다리가 긴 편이시라 세파에 더욱 시달리셨고 강골인 뼈골에 살이 좀 있어야 재물이 넉넉해져 갈 것인데 식사를 너무 못하셔서 몸이 마르신 탓도 이유로 들 수 있습니다. 또한 목소리가 木성이 아닌 土성이시니 더욱 고생을 많이 하시지 않았나? 그렇게 미루어 봅니다.」

4차 상경

　나의 생애에 밀월 여행한 여인이나 달밤에 데이트한 로맨틱한 스토리는 전혀 없다.

　현재까지 가장 모르는 부분이 여성이기도 하다.

　아내는 좋아하지는 않으나 가장 사랑한 여인은 아내밖에 없다.

　좋아하는 것과 사랑은 별개이다. 좋아하는 것은 부분적이다. 목소리나 피부나 눈이나 이렇게 좋아하는 것은 사랑하는 것은 아니다.

　숱한 여성을 만나고 이야기하여도 내 안방에 들여놓고 싶은 여성은 없었다. 내 가정을 지켜주고 풍상을 같이 겪어온 사람을 어떻게 배반하며 어찌 잊을 수 있겠는가.

　예를 들어 내가 길거리에 아파 누워 있다면 누가 가장 슬퍼하고 근심하겠는가. 당연히 내 아내다. 그런 아내를 어찌 밉다 곱다 하랴. 그것이 사랑이다.

　그런데 내 아내는 내 진심을 아는지 모르겠다.

　내가 좋아했던 여성은 숱하게 많았다. 나를 좋아했던 여성도 숱하게 많았다.

　간혹 외도했던 시절도 있었는데 이유는 나를 시험하기 위해서였다.

그리고 대화 상대자를 원해서였다. 나는 여자들에게 인기가 있는지 없는지 궁금하였고 또 내가 강한지 약한지를 스스로 알아보고 싶었다. 특이한 점은 이성 접촉을 감히 진행시키지 못할 관계로서 그냥 사귀는 모든 사람이 상당히 10-20년 연하이지 연상과의 만남은 없었다. 연하의 남성, 여성들이 따르는 일이 많았다. 어린 여성으로부터는 아저씨가 좋다는 말을 여러 번 들어본 적이 있었다. 나이가 비슷한 여성이나 연상의 여인에게서는 프로포즈 한번 받아본 일이 없다.

추운 겨울 개인지도 받으러 오는 여학생에게 외풍(外風)이 센 방에서 공부하자니 미안하고 하여 펴 놓은 담요 밑에 배를 깔고 엎드려 책을 보며 공부한 적도 있다.

집사람이 왔다 갔다 해서인지 이성으로 느낀 적은 없었다.

문학도(文學徒)와 화가(畵家)의 감성을 지녔지만 나는 결코 예술인은 될 수 없다는 것을 알았다. 정도를 지나치지 않고서야 어떻게 예술인이 될 수 있겠는가. 나는 정도를 넘어서지 않는 것을 내 삶의 신조로 삼았기에 결코 예술인은 될 수 없었다.

당사주 책은 그림을 전문으로 하는 화가의 그림은 아니다. 나는 언제나 어정쩡한 입장에서 최선을 다하는 삶이었다. 당사주 책도 마찬가지다. 5차 상경 때

내가 30세 초반에 만난 당사주가 나의 운명을 완전히 바꾸어 놓을 줄이야 어찌 알았겠는가. 만나게 된 과정을 이야기 하면 다음과 같다.

사법고시준비를 하기 위하여 토끼 살 돈을 마련하려고 상경한 것이 첫 번째요 아버지 소송으로 집을 팔고 식구들이 흩어진 뒤 상경한 것이 세 번

째이다.

올라와 서울에서 월세방 얻어 자취할 때 돈이 없어 굶기를 밥 먹듯 하였다. 그렇기 때문에 체력이 딸려 마침내는 병이 났다. 이삼일 앓다가 낫지 않았으므로 웅천면 조청리에 사시는 큰누님 댁으로 갔다. 고향으로 가면 창피할 것 같아서 간 곳이 누님댁이었는데 시어머니, 누님, 누님의 자녀, 네 사람이 살았다. 때는 가을이라 일기는 청명한데 누님 댁에서는 고구마를 캤다. 나는 건강이 회복되는 것 같아서 고구마 캐는 일에 동참하였다. 얼굴에 흙먼지가 묻었으므로 찬물로 머리를 감았다. 병이 다 나았는 줄 알았더니 이것이 화근이 되어 그날 밤 얼굴이 노래지며 황달증세가 생겼다. 누님 댁에 오래 묵을 수 없어 고향으로 내려갔다.

어머니는 안타까운 마음을 이루 헤아릴 수 없어 하셨다. 갖은 약을 다 써봤으나 황달은 차도가 없었다. 뭐라고 딱히 약명이 없는 이사람 저사람 말만 듣고 여러 가지 민속요법을 취하였으나 낫지 않고 마침내 흑달로 악화되었다. 얼굴빛은 검붉은 짙은 검정빛으로 변했다. 친구들이 저녁마다 찾아와 나를 위로했다. 다만 가깝게 지내던 아랫집 형뻘 되는 사람이 찾아와 방에도 들어오지 않고 밖에서 몇 마디 주고받더니 갔다. 나는 화가 났다. 내 비록 환자의 몸이지만 저런 놈 하나 쳐 없애기는 문제가 없다고 고래고래 소리 질렀지만 기가 막혀 한참동안 진정되지 않았다.

그리하여 친절히 지내던 그 사람의 충격보다 내 자신이 한심하여 어머님께 여비를 해 달라 해서 넉넉하게 타가지고 그 앓던 몸을 이끌고 25리나 되는 기차 정거장까지 걸어가 서울로 올라갔다. 네 번째 상경이다.

1961년 7월 19일

검은 얼굴이 남 보기에 창피해 겨울철임에도 불구하고 짙은 썬그라스를 썼다. 그래도 흑달 모양은 감춰지지 않았다. 서울로 올라와 하루에 극장을 서 너 군데 돌아 다녔고 음식점도 구미가 당기지 않아 주문은 해놓고 먹지도 못했다. 이런 일을 1주일 가량 하다가 뾰족한 수 없이 집으로 내려왔다.

서천역에서 서면 가는 버스를 기다리는데 왠지 배고픈 생각이 들었다.

이 병을 앓은 뒤 처음이었다. 음식점에 들어가 곰탕 한 그릇 맛있게 먹고 고기 한 근 사서 집으로 왔다. 어찌나 음식을 맛있게 먹었던지 지금도 잊혀지지 않는다.

누가 말하길 무를 먹으면 검은 색깔이 빠진다 해서 무를 많이 먹었다. 어쨌거나 병은 낫기 시작했다. 이십 일 정도 지나니 엷은 황색으로 돌아왔다. 황달이 나은 것이다.

가을에 발병되어 음력 섣달 그믐께 일어났으니 3개월 만에 다시 일어난 셈이다.

그때는 몰랐지만 지금 생각하니 癸卯年 가을에 발병된 것이다. 지금 알고 보니 삼재에 들어 있었다.

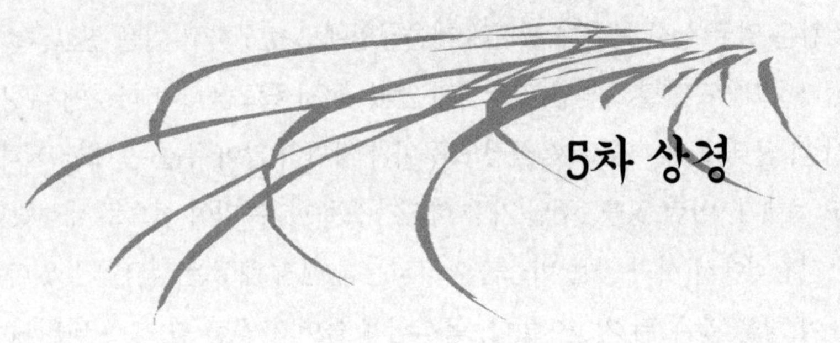

5차 상경

　5차 상경 동기는 이러하다. 때는 모심는 초여름 논에서 품팔이 모를 심는데 동네 유지급 되는 사람이 "중수야 너는 왜 여기 있느냐. 서울로 가면 출세 할 텐데"라고 하였다. 그 말을 듣고 기분 나쁘진 않았으나 상경할만한 대책이 없었다. 좋은 사람만 만나면 출세는 못해도 밥은 먹을 수 있으려니 하는 생각에 그 말을 들은 이후 안달이 나서 고향에 눌러 앉아 있을 수가 없었다. 마음 다지며 각오하고 여비와 용돈을 고민하고 있을 즘 마침 동네 형벌 되는 사람이 경기도 서정리에 가서 모를 심으면 품삯도 좋고 일거리도 많으니 가보자고 했다.

　나는 흔쾌히 승낙한 뒤 기차를 타고 서정리역에 내렸다.

　듣기로는 가기만 하면 일꾼을 데려가는 줄 알았는데 한나절이 지나도 일꾼을 구하러 오지 않았다. 나는 건설 일꾼으로 일한 경험이 있어 형과 나를 살펴보았더니 둘 다 옷이 너무 깨끗하였다. 형 이렇게 하지 말고 물 묻혀 땅바닥에 뒹굴어 옷을 지저분하게 해서 앉아 있어야 한다며 그렇게 하고 앉아 있었더니 얼마 안 있어 누가 와서 품팔이 하러 왔냐고 묻기에 반가워 따라갔다.

　그 집 아들은 일꾼이 아니라 손님이 온 줄 알았다고 했다.

그 집에서 일주일 간 일했지만 형벌 되는 사람은 너무 힘들어 도저히 못 견디겠다고 하였다. 나는 몇 개월만 더 있어보자 하였으나 듣지 않고 갈 채비를 하였다.

나도 일단 동행하여 온 이상 그 형을 따라 나섰다. 내 생각으로는 삼사 개월은 일하려고 했으나 가자고 졸라대는 바람에 하는 수 없이 따라나선 것이다.

때는 해가 어둑어둑할 때에 서울로 가는 차를 기다리는데 그 형도 대책 없이 기다리고 있었다. 그런데 문제는 그 형은 여자와 술을 좋아한다는 것이었다. 형을 따라 주막에 들러 밥 먹고 술 먹고 하다 보니 며칠이 훌쩍 지난 것이 아닌가. 마음이 조급하게 조여들었지만 나만 갈 수 없어 걱정만 앞섰다. 나중에 술값을 계산하니 내 차비까지 털어야 되었다.

다음 날 아침 어디 갈 바를 몰라 고민하던 중 서울 열차가 왔다.

나는 달려가 그 차를 탔다. 그리고 소리쳤다. "형 이제 갈라섭시다." 형은 하행선을 타고 나는 상행선을 타고. 그 뒤 그 형의 소식은 들은 바가 없다, 나는 외돌톨이가 되어 어디로 갈 바 몰라 했지만 여관에서 호객군들이 나와서 자고 가라고 손님을 찾는 사람들이 많았기에 나는 예전처럼 또 어떤 아주머니를 무조건 따라갔다. 따라 가기 전에 10원짜리 빵 하나를 사먹었다. 그 여자는 남편이 있었다.

그녀가 있는 여관에서 겪은 이야기는 지금도 생각하면 미스테리다.

여관에 들긴 했지만 돈도 없었고 갈 때도 없었다. 여관에 처박혀 오후 1시가 되도록 대책 없이 잠만 자니 주인아저씨가 자살이라도 했을까 걱정이 되었는지 내가 있는 방문을 두드렸다. 아마 숙박료 때문에 온 것 같았는데 나는 이것저것 생각할 겨를 없이 대뜸 20만원만 꾸어주면 일할 데가 있으니 빌려달라고 하였다. 상식적으로는 거절해야 하는 상황인데도 나에게 무슨 콩깍지가 씌었는지 흔쾌히 허락하고 빌려주었다. 나는 그 돈으로 극장가고 밥 먹고 다 쓰고 돌아오니 돈 좀 벌었느냐고 묻기에 20만원만 더 빌려주면 되겠는데요 하니 또 빌려주었다. 그 돈으로 걱정을 하며 파고다 공원에 가서 사주를 보고 있었는데 그림이 유치해서 "할아버지 여기 그림이 안 좋네요. 제가 멋있게 그려다 드릴까요?" 하니 "그럴 수 있으면 좋지" 하셨다. 할아버지 당사주 책을 이틀 걸려 잽싸게 그려서 갖다 주었다. 그림을 보더니 좋아서 그 영감 입이 떡 벌어지더니 소개하며 계속 그려 주기를 원하였다.

간간이 주문이 들어올 때마다 힘들다는 생각은 추호도 없었다. 그렇지만 문제는 주문이 많이 없었다는 것이다. 그러나 여관 주인에게 빌린 돈과 숙박료는 다 지불하고 빚은 갚았다.

하지만 계속 주문이 들어오지 않으니 또 나는 곤란을 당하였다.

그런데 여관에서 은행 직원을 알았다. 나는 외상으로 한방에서 잤다. 자취하자고 꼬셨더니 두말 없이 하자고 하였다. 그래서 보증금을 달라고 하니 두말 않고 그때 돈 삼백만원을 내 놓았다.

나는 그 돈으로 주인에게 진 밀린 방값과 마음의 신세를 진 빚을 내 돈처럼 써대며 뽐을 냈다. 그랬더니 주인이 나에게 엄청나게 잘해 주었다. 신뢰를 얻었다는 것이다. 이백만 원은 방값 보증금을 지불하였고 나는 말 없이 백만 원을 마음대로 썼다. 이상하게도 그 은행직원은 나에게 돈 어떻게 썼느냐고 물어 보지도 않았다. 아침저녁 내가 끓인 수제비도 맛있게 먹으며 둘이 동네를 산책하고 돌아다니는 등 한 6개월 동안 함께 잘 살았다. 그 은행원은 집사람이 올라와 새살림을 차려 나갔다. 이후 지금까지 한 번도 만난 적이 없었던 사람 중 하나이다.

그 사람은 나를 무척 좋아했다. 여관주인과 사람들은 나를 무척 좋아했다. 하지만 그분이 나가고 방세 부담도 날로 커져가기에 도리 없이 나도 여관방에서 월셋방으로 옮기게 되었다.

할 일 없는 어느 따뜻한 봄날 을지로 6가 방향과 서울운동장 방향 두 갈래 길에서 왼쪽으로 돌아 지금 동대문 운동장 뒷길을 걷고 있었다. 여기서 나머지 나의 운명이 결정되었다.

한참을 가다 보니 철학원 간판이 보였다. 사주 철학관을 찾아 들어가 당사주 책을 보여주며 설명했더니 주문을 흔쾌히 받아들였다.

그 주인은 최씨였는데 어찌나 잘생겼는지 그렇게 잘생긴 사람은 처음 보았다. 그래도 운이 없어 당사주나 보고 토정비결이나 보며 호구지책을 하고 있었다. 당시 알고 보니 M출판사 노(老) K사장과 친분이 두터운 분으로서 나를 소개해준 분이시다.

우연히 나도 K사장을 처음 만나게 되었는데 최 노인이 나를 고용하라고 K사장에게 부탁하였다. K 사장은 처음에 재주꾼을 두면 배신하기 쉽다면서 고개를 흔들었다. 지난날 재주꾼인 누구에겐가 배신을 당한 경험을 갖고 있었던 모양이다.

K 사장은 당사주 책을 보다가 탄복을 하면서 대한민력에 광고를 내겠다고 하였다.(광고라야 가로 1센티 세로 5센티도 못되는 눈에도 잘 뜨이지 않는 광고였다.)

광고가 나가자 주문이 쇄도했다.(아주 미미한 광고지만 효과가 대단했다.)

1968년부터 오늘날까지 45년 간 한해도 거르지 않고 대한민력을 편집

했다.

　군대 제대(25세)하고 우여곡절 끝에 지금의 집사람을 만나 부업으로 당사주(唐四柱) 책을 엮어 이사람 저 사람에게 팔아오다 35세부터 2년간 근무하면서 당사주 원문을 M출판사에 만들어 보내기 시작하였다. 앞에서도 말한 것처럼 어릴 적부터 나는 타고난 그림 솜씨가 좀 있었던 모양이다. 지금의 사장님 아버님 때부터 나는 일을 해왔다. 그럭저럭 내 나이도 이젠 서른이 넘어 가고 있었다.

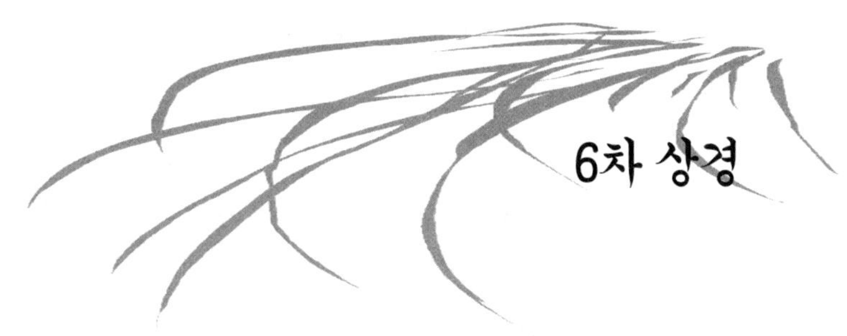

6차 상경

31세가 되는 찬 기운이 채 가시지 않은 초봄께 잘 있는 나를 아버님께서 편지를 하여 문중 땅에 집을 짓게 해 주겠다고 하면서 내려오라고 하였다.

나는 만 가지 일을 제 껴 놓고 집으로 내려갔다. 동네 사람들 몇몇 모여 거들어 준다고 말은 하였으나 터를 닦고 나니 돈이 없어 목재 조금 집어 주고 방치하게 되었다.

집터로부터 600미터 떨어진 곳에서 물을 깃고 벽돌을 찍었다. 그리고 부모님이 사실 수 있도록 동네 사는 동생 벌 되는 사람과 흙벽돌을 쌓아 방 두 칸, 부엌 한 칸 초가삼간보다 못한 누옥(陋屋)을 완성시켜 남의 집을 빌려 사시는 어머님과 아버님을 옮겨 사실 수 있도록 다듬어 놓았다. 고향에 내려와 그럭저럭 어영부영 지낸 기간이 3개월 정도 되자 서울로 올라와 살던 답십리 집으로 갔다. 여섯 번째 상경이다. 3개월긴 그동안 방이 비어 방치되어 있었는데 웬 일인가 싶게 방 안에서 훈훈한 온기가 느껴졌다. 내 여동생이 와서 잠자고 있었던 것으로 생각되었다. 이 때 문을 열고 들어서는 낯선 처녀와 마주치게 되었다.

마주친 낯선 처녀가 지금의 집사람이 될 줄은 꿈에도 생각을 못했다.

답십리에서 얻은 월셋방에서 내 동생과 동생친구 그리고 나는 서로가 대책 없이 굶으며 며칠을 지내고 보니 여동생은 직장을 구해서 나가고 그 낯선 처녀와 나는 대면 대면 서로 마주보며 할 일없이 소주병을 들이키면서 못내 괴로워하며 지냈다. 궁색하도록 어려운 지경에서 콩 하나도 나누어 먹던 그 처녀가 나를 위로해 주며 팔을 이끌던 날 우리의 인연은 맺어졌다. 인연이 있어서인지 3개월도 못되어 임신이 되었다. 여전히 경제적 곤란을 해결하지 못한 상태에서 월세만 쌓여가자 주인이 방값을 받지 않을테니 비워 달라고 하기에 개나리 봇짐을 만들어 들고 우리는 그 집을 비워 주었다. 나는 동대문 근처 하숙방에 그 처녀를 맡겨두고 철학관 최씨를 찾아가 하소연을 하였더니 금호동에 있는 자신의 집 다락방이라도 살겠냐는 선처에 너무 좋아 임신한 집사람을 데리고 와 촛불 밑에서 당사주를 그리기 시작했다.

　끼니를 끓여먹을 솥도 냄비도 없어 냄비하나 달랑 사와 우동을 사와 끓여 먹었는데 그나마 일거리가 없어서 그것도 힘들었다. 마침 한 집안에서 같이 살던 완구공장에서 노임도 없이 일손을 도와주고 점심 한 끼씩 먹게 해주었다.

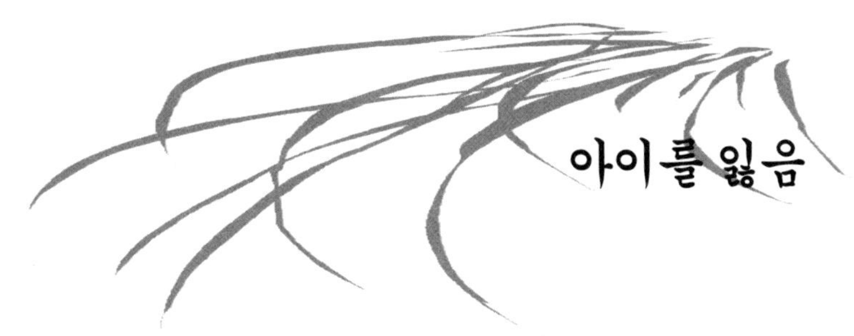

아이를 잃음

그래서인지 아내가 아이를 낳자 아이는 목 가눔도 울음소리도 시원찮았다. 잃어버렸다. 산모의 건강은 심각하게 나쁘진 않았으나 뱃속의 아이는 미숙아로서 발육이 옳지 않았던 것이다. 이를 계기로 나는 내일의 이상보다는 냉혹한 현실의 실상에 눈을 뜨게 된 것이다.

어느 날 전보를 받아보고 나는 깜짝 놀랐다. 상공부에 있는 친구가 보내온 편지였다.

"한 형 일거리가 터졌으니 빨리 오세요" 라는 글귀를 보고 나는 어두운 밤길에 등불을 얻은 듯 반가웠다. 일거리는 다름 아닌 차트 정리하는 작업이었다.

차트정리는 내가 군대생활 당시 도맡아 해오던 작업이라 익숙한 분야였다. 이 무렵은 5.16군사혁명 일어나는 시기였고 박정희 차트 브리핑을 많이 하였던 터라 차트사가 인기였다.

나는 도착해보니 너무 이른 시각이라 수위실에서 기다리다 9시에 만나 같이 작업을 하기 시작했다.

이제야 끼니 걱정을 할 필요가 없을 거라 생각하며 과일 한쪽도 마음 편히 집사람과 먹기 시작했다. 우리는 옥수동으로 살림집을 옮겼고 얼마 안 있어 또 망우리로 옮겼다.

차트 작업은 연말연시에 업무 보고용 차트가 집중적으로 쌓이기에 새해가 되면 일거리가 자연히 없었다. 가을의 망우리는 한산하면서 황량한 돌개바람만 흙을 감아 날아다녔다.

앞으로는 배고프지 않으리라 생각했던 것이 두어 달 만에 또다시 배고픈 현실로 돌아와 버렸다.

일자리를 구하였다. 교문리 흥한 화학 건축 공사장 잡부로 일했으나 그나마 임금도 다 받지 못하고 회사가 문을 닫는 통에 계속 다니지 못했다.

이 무렵 동숭동에 사는 아는 사람이 당사주 책 관계로 내 집을 찾아왔다. 빈 방이 없냐고 물었더니 자기네 뒤 집을 소개하기에 그 방으로 이사했다.

이사한지 이튿날 어처구니없이 나는 연탄가스로 정신을 잃었다. 그때만해도 연탄가스에 취하여 죽는 사람이 심심찮게 많이 생기던 시절이다.

꿈에 시키는 대로 일하다가 아무래도 마음에 내키지 않아 탈출하였는데 개찰구를 열고 도망쳐 나오다 꿈을 깨었다. 눈을 떠 보니 아내와 옆집 아주머니가 김치 국물을 내입에 떠 넣고 있었는데 아주 기분이 좋았고 행복하였다. 깨어나던 그날 아내는 진통이 와서 팔삭동이 딸을 낳았다. 일주일 정도 크다가 딸은 경기를 다스리지 못하여 잃어버렸다. 두 번째 잃어버린 아이였다.

먼저 첫아이는 뒤 산에 임시로 대충 묻어주었는데 이 아이가 한이 되어, 야전 삽자루를 구하고 아랫집에 살던 아는 무속인이 주검을 무엇인지 모르게 정성스레 포장하여 도와주었다. 약수동으로 향하였다. 이번에는 깊이 묻어주고 돌아서는 내 눈에 왈칵 눈물이 쏟아져 나와 목이 메었다. 내

죄로 아이가 크지 못한다 생각하니 몇날 몇일 자책감에 잠이 오지 않았다.

죽은 내 아이를 정성스럽게 싸서 매장하는데 도와주던 무속인이 엄청나게 고마워 아이가 죽은 그 방에서 당사주를 그려 그 무속인에게 선물하였더니 그 당사주 책이 영험이 있었던 것이다. 잘 맞아 무속인이 매우 좋아하며 손님이 끊이지 않게 많다고 말하였다. 그런데 사람마다 자기 복분이 있다는 말이 무슨 말인지 알 것 같은 것이 그 무속인은 영험이 있어 잘 맞히는 당사주 책을 다른 무속인에게 팔고 다시 나에게 주문한 책으로 당사주를 봤지만 잘 맞지 않는다고 그제서야 불평을 늘어놓으며 사실을 말하였다. 나는 말하였다.

"아주머니! 저번 그 당사주 책은 제가 죽은 아이를 정성스레 감싸 주신 아주머니의 고마움을 잊지 못해 아이가 죽은 방에서 정성을 다해 그린 것이라 잘 맞았을 거라며 왜 그걸 팔았느냐?"고 나무라 주었다. 사실 공짜로 드린 것은 아니지만 죽은 아이를 생각하며 나의 피눈물로 그림을 그리고 만든 책이라 말하였다.

이래저래 당 사주는 이 백 여권 이상을 만들어 내어 나의 배고픔을 달래 주었던 것 같다.

몇 개월 있다 이 집을 떠나 나는 숭인동으로 이사 왔다. M출판사와의 거래는 지금까지 45년 동안 함께해 오고 있다.

서울에서는 없는 살림에 패기(覇氣)만이 살아있어 곧 죽을 판인데도 두려워할 줄 몰랐다.

나도 M출판사처럼 인쇄업을 해보려 시도하다 곧 실패의 쓴맛을 삼켜야 했다.

그래서 호구지책으로 식구를 끌고 옮겨간 곳이 집사람 올케가 살고 있다는 양평까지 온 것이다.

처음 양평으로 이사 가서 구멍가게 물건을 사러갔더니 옆집 아주머니가 막걸리를 들이밀며 좀 먹어보라 하여 홀짝홀짝 한 입 한 입 먹었더니 취하는 줄 모르게 정말 맛이 좋았다.

막걸리 하면 포천 막걸리를 꼽지만 기실 양평 막걸리만 못한 것이다. 물 좋고 공기 좋고 깍쟁이 같은 나의 고향 사람들에 비하면 양평 사람들은 순박하였다.

아낙들이 호미 들고 씀바귀 뿌리 캐러 다니는 봄이 좋았고, 여름의 강바람이 좋았고, 소 울음소리 따라 익어가는 참외가 정말 맛있었고, 가을에는 누렇게 익어가는 들판이 좋았다.

양평의 토질은 붉었다. 겉 표면은 굵은 모래처럼 바스러하여 진기가 없어 보이지만 1센티만 뒤져 보면 금방 붉은 흙이 나온다. 논이든 밭이든 어떤 작물을 심어 놓아도 풍성하게 자라는 자양지토(滋養之土)였다. 戊寅生 계수(癸水) 친구도 양평에서 만났다.

양평농업고등학교(지금은 양평고등학교)에서 토마토 씨를 사와 심었더니 크게 탐스럽게 익어 한 개만 잘라 담아도 한 대접이었다. 입술을 타고 질쭉질쭉 흥건히 흘러내리는 수분과 향긋한 특유의 단맛이 아직도 입안을 가득 메운다.

고향의 주민에 비하면 양평 주민들은 풍류를 즐길 줄 알았다. 주민들이 모여 관광버스를 전세 내어 유명지로 놀러 가기도 하고 동네 행사가 심심치 않게 있어 외로운 사람은 없었던 것 같다. 그러나 그런 와중에 말썽도 없지 않아 있었고 조그만 감투도 감투인지라 동네사람끼리 알력다툼도 있었다. 양평에서도 나는 편안한 생활은 하지 못하였다.

壬子年에 양평으로 이사 갔다. 양평에서도 세 번 정도 옮겼다. 일곱 자방으로 매우 좁은 곳에서 밥만 끓여먹고 살다가 포도밭으로 이사 갔다. 그후 다 쓰러져가는 한옥 180평을 평당 2천원에 사서 이사 갔다. 호박집이라 하였다. 저번에 살던 분들이 자식도 없이 노인 두 분이 살면서 남의 밭을 얻어 호박을 심어 팔며 살았기 때문에 얻은 이름이다. 그래서 우리 집은 호박 집으로 불린 것이다. 용마루 틀고 나래를 엮어 허물어진 흙벽을 붙이고 살았는데 처음 가서 살자니 노래기(냄새나는 벌레)가 얼마나 많았는지 도저히 못살 뻔 했다.

집사람이 고무장갑 끼고 다니면서 냄새를 풍겼더니 흔적 없이 사라져 없어진 것이 신기하였다. 대지가 두 쪽인데 반쪽 다 정리해서 살았다. 세어보니 8년 정도 살다가 군포로 이사 올 때는 백배가 더 많은 이십 만원을 받았다. 팔아서 받은 돈으로 금정에 빌라를 샀다.

해당화와 과꽃을 심어 너무 아름답게 핀 꽃을 두고 이사 오려니 서로 파가려고 몰려들기도 하였다.

내가 산값보다 비싸게 파는 것을 눈여겨 본 사람들은 이를 본받아 논을 돋우어 대지로 만들어 많은 돈을 벌려다 망한 사람도 있었다. 그때 나는 정말 꿈만 같았고 살다보니 그런 행운이 찾아오기도 하였다. 양평은 호국의 마을이다. 결전부대가 있어 도둑이나 깡패들은 아예 얼씬도 하지 못하는 조용한 동네였다.

동네 인근에서 喪이 나면 나를 찾아왔다. 손꼽아 세어보면 백 차례 정도 자리 잡아 묘 쓰는 장례를 치렀지만 문제는 한 번도 일어나지 않은 것이 신기할 정도다.

간곡한 부탁에 의해서 일을 봐 주었으므로 금전 관계는 별로 재미를 보지 못했다.

그 동네에도 내노라 하는 지사는 있었으나 내가 아무리 묘를 쓰고 다녀도 시비를 걸어오지 않았다. 지금 생각하면 지사만큼 질투가 많은 사람도 없는데 나에게 말이 없었던 것을 보면 내가 만만치 않았던 것만은 사실이었던 듯하다.

어쩔 수 없이 주검을 땅속에 묻어야 하니까 했지만 좋은 명당을 품고 있는 산은 양평에 보이지 않았다.

풍수지리의 이론에 관해서는 배운 바가 없다. 그런데 어떻게 해서 명당 전서를 썼는지 나 자신도 모르겠다. 뒷날 살펴보아도 하자를 발견하지 못했다.

부친이 한학자라고는 하였으나 어려운 문구에 한해서는 자문을 받았지만 역학에 대한 지도는 받은 바가 없다.

특히 육효는 작괘 요령만 부친에게서 배웠다. 고향에 있을 때 할아버지께서는 일제 때 징용으로 끌려간 사람들의 生死, 질병문제 등 찾아오는 사람들의 궁금한 점사를 봐주셨던 것을 기억하고 있다.

오늘날 역학을 몰랐으면 아버님께 큰 불효를 저지를 뻔 하였지만 역학을 공부하자 큰 것을 깨달아 그 뒤로는 한 번도 아버지 원망을 하지 않았다. 신약사주로서 인수가 용신이니 어찌 아버지 덕이 있을 것이며 어찌 큰 여복이 있으랴. 욕심을 부리지 않기로 하였다.

양평, 여기서 나는 부모님과 내 아내와 우리 다섯 아이들, 아홉 식구가 살았다.

지금도 아내가 고마운 것이 우리 부모님은 아들인 나밖에 모르셨다. 며느리가 힘들게 남의 일하러 다녀도 마음을 몰라주셨고 당신들 고생한 것에 비유만 하고 계셨다.

나는 학자랍시고 안에서 글 쓰고 있으면 아내가 뒷산으로 다니며 땔감으로 나무를 잔뜩 해서 머리 빠지게 이고 와도 말씀 한마디 고맙다고 하지 않으셨다.

어쩌다 내가 한 번 나무해 오면 어머님은 버선발로 뛰어 나오셨다. 아내와 내가 나무해 오면 며느리는 쳐다보지도 않으시고 내 옷만 털어주시며 안쓰러워 어쩔 줄 몰라 하셨다.

내가 왜 모르겠는가. 하지만 그러신다고 부모님께 역정을 내며 아내를 두둔하기에도 적절하지 않지 않겠는가? 아내는 얼마나 서운했겠는가. 머리를 올리지도 못하고 나를 따라와 살며 갓 시집온 새댁 노릇 하는 설음

설음이 발걸음 옮길 때마다 눈물로 밟혔을 것이다.

　늙도록 하얀 귀밑머리 마주하며 살아온 날들, 갖은 우여곡절을 겪으며 내 곁을 떠나지 않고 지켜준 아내가 무엇보다 고맙다.

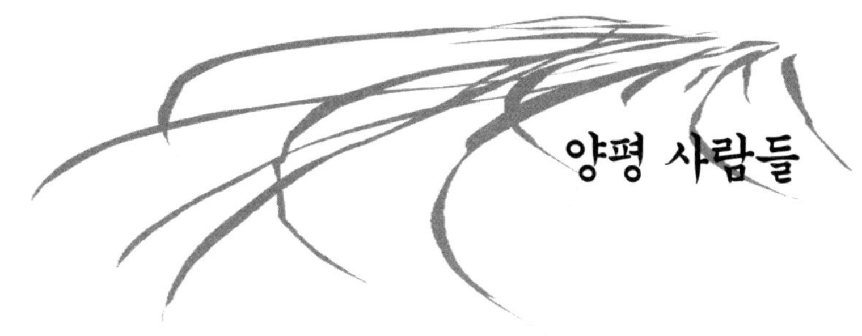

양평 사람들

시골 사람들의 샘이란 이루 말할 수 없었다. 우리 집사람 보고 사모님 하면서 학생들이 찾아오니 이웃 분들이 비웃으며 훼방을 놓고 다녔다.

놀러오라 해서 가면 막걸리와 나물 반찬 몇 개 놓고 중년 남녀들의 혓바닥이 붙었다 떨어지는 광경을 한두 번 본 것이 아니다.

김 아무개씨는 우리 마누라를 어떻게든 꼬셔 볼라고 안간힘을 쓰고 다닌다는 것을 풍문으로도 듣고 내 눈으로도 보아 알고 있었다. 걸어서 30분을 가면 양평시장이 있는데 정말 시장풍경은 가관이었다. 없는 것 없는 장날, 그날 하루는 집에서 기를 못펴고 살았는지 시장에만 나오면 기가 살아 목청껏 고래고래 지르는 시끌벅적한 소리들이 싸우는 소리만은 아니었다. 기분 좋아 흥분된 마음을 감추지 못하고 내지르는 소리였다. 그런 소란스런 틈새를 헤집고 다니며 우리 마누라 맛있는 섯 먹이려고, 가고 싶어 뿌리치는 사람을 못 가게 붙들고 다니는 김 아무개는 바로 뻔돌이 그 자체였다.

그의 부인은 친목회를 만들어 내가 안 나가면 욕하면서 나를 꼬시러 다녔다. 두 부부가 서로 놀고 있는 모양이 참으로 재미있었다. 떠나 온지 몇 년이 지나도 그 일만 생각하면 우리 마누라와 나의 입가에 웃음이 감돈다.

어려웠던 시절이었지만 양평에 살았던 시절은 살아 생전 풍요로운 화제 거리로 남아 노쇠한 나의 심장을 후텁지근하게 달아오르게 한다.

방앗간 집 아들이 오토바이에 치어 죽었다. 우리 뒷집 방앗간 김씨 아주머니가 실수했다고 말하면서 집짓는 방향을 보지 않고 지었다고 했다.

죽기 전에 대장군방과 삼살방 겹쳐진 방위에 큼직한 건물을 짓고 있는 것을 나는 보았다.

보았지만 물어오지 않기에 나도 말을 건네지 않았다. 하도 탈도 많고 말도 많은 동네에다 또 그 집은 교회에 다니고 있었다.

그 후

윤씨네도 나와는 좀 떨어졌지만 축산업을 했는데 칸을 늘리기 위해서 대장군과 삼살방으로 지었다. 그 후 나와 친분이 두터워서 가르쳐 주려 하였으나 이미 상량보가 올라갔을 뿐더러 그 분 또한 순복음교회 독실한 신자라 망설였다. 그 뒤 얼마 안 되어 오토바이 사고로 사망하였다. 그 동네는 교통이 불편하여 오토바이를 많이 사용하였다.

자살자 임씨라는 사람은 자기 아버지 상사(喪事)가 나서 묘를 쓰는데 삼살 죄를 범하였다. 그 사람이 지사를 구하였으나 내가 옆 사람에게 살짝 삼살 죄를 범한다고 이야기해 주었는데 부적으로 주술을 하여 괜찮다는 생각을 했는지 하관하고 난 뒤였다.

즉 가르쳐 주려 하였으나 싱거운 놈이라 비웃겠기에 이야기하다 말았다. 그 후 2년 쯤 지난 뒤 부부싸움 하다가 주인공은 농약을 먹고 자살하였다.

대장군방과 삼살방, 죄를 범하여 이런 일이 생긴 것을 믿어야 할지 안 믿어야 할지 현명한 독자들 같이 생각해 보자.

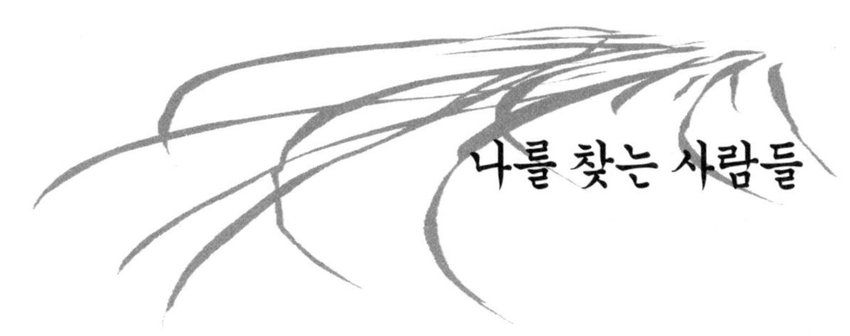

나를 찾는 사람들

어느 날 아주머니가 서울에서 나를 찾아 양평까지 왔다. 전세를 얻어 이사간 집에서 지네가 그 집 안방이고 부엌이고 뚝뚝 떨어지는데 어떻게 하면 좋으냐고 물었다.

그 전에 살던 사람들이 어떻게 살다 갔느냐고 물었더니 새 집을 사서 이사 갔다고 했다.

내가 생각하기에 그 아주머니는 이제까지 숱한 고생을 하며 헤쳐 살아왔는데 지네가 내 쫓으려고 그러는가 보다라고 생각하고 아주머니께서 교회 다니느냐고 물었더니 다닌다고 하였다. 그래도 내 말을 듣겠냐고 말했더니 듣겠다고 하기에 고사를 지내라고 하였다.

날을 잡아주고 고사 전날에 나를 한 번 더 찾아오면 글씨를 써 줄 테니 붙이라 했다.

며칠이 지나 고사 날도 되지 않았는데 그 아주머니가 찾아왔다.

"아저씨 신기한 꼴을 다 봤습니다. 아저씨네 다녀가자 지네가 싸악 없어졌습니다" 고 하였다.

과장이 아니라 내 아내도 그 과정을 지켜보아 알고 있기에 내가 아내에게 내가 이와 같이 기가 쎄니 어찌 풍상을 겪지 않겠냐고 위로해 주었다. 그 후 그 집은 기적이 생겼다.

기적이란 몇 푼어치 안 되는 메마른 땅을 가지고 있었는데 값도 별로 안 나가는 땅이었지만 관공서에서 꼭 필요하여 보통 시세의 몇 배를 받았는지 모르지만 셋방살이하던 아주머니가 단독 주택을 사서 이사하였고 또 아파트로 이사하며 부자가 되었다.

그때 받은 고사 날은 신령과 한 약속이기 때문에 지네가 없어졌다 하더라도 지내라고 하였다. 교인임에도 불구하고 내 말은 100% 신뢰하여 고사를 지냈다.

또 하나의 이야기는 내 아내 친구 아들이 병원에서도 받아주지 않을 정도로 뚱뚱 부어서 중태에 빠졌는데 내가 북쪽 방향에 병원이 있느냐고 물어 보았다.

삼양동에 살아 큰 병원이 없었다. 작은 병원이라도 북쪽 방향에 있는 병원에 가보라고 했더니 그 아주머니가 갔다 온 뒤 기적같이 나아졌다고 하였다. 그 이후 그 아주머니는 양평에만 오면 꼭 나를 찾아오고 하였고 그 소년은 나더러 저를 살려준 아저씨에게 가자고 하면서 자주 들르고 하였던 적도 있다.

내가 북쪽 방향이라고 알게 된 것은 사주 자체가 金 일색이어서 설기시키는 水가 吉神이었고 또, 육효를 쳤더니 水가 약신(藥神)으로 나와서 한 말이었다.

친구의 죽음

친구로 인하여 계수(癸水)를 연구하게 되었다.

우리 아버지가 癸水 日干·친구가 癸水 日干·나를 잘 찾아왔던 철학인도 癸水 日干이었다.

간단히 말해서 내 주위에 싫어할 수 없는 존재로 나를 괴롭히는 사람들이 죄다 계수(癸水) 일간 일색이었다.

나의 사주는 병자년(丙子年) 신축월(辛丑月) 임술일(壬戌日) 신축시(辛丑時)이다.

양평서 함께 살았다가 상계동으로 이사 갔지만 보고 싶어 왔다 갔다 하던 친구였는데 그 친구는 나를 보기 좋게 쓰러트리는 것이 최고의 목표였다. 질투심 강하여 나를 밥 먹듯이 헐뜯고 다녔지만 나를 아는 친구는 그이밖에 없었다.

매우 야비하고 비굴한 면이란 앞에 있을 때는 꼬리치고 뒤로 돌아서면 나를 험담하는 진솔한 면도 있었다. 그러다간 또 보고 싶어 하루를 지나지 않아 찾아오고 찾아와선 죽기 살기로 비아냥거리며 찍어대던 친구. 미움도 세월이 흐르면 정이 되는지 서로가 부정할 수 없는 우정을 나누는 날이 왔다.

　상계동 친구는 무인년(戊寅年) 계축월(癸丑月) 계축일(癸丑日) 무오시(戊午時) 로서 신약사주이지만 종격은 못되었다. 그러나 자신은 종격으로 알고 싶었던 것이다. 사람은 자신의 사주를 아전인수(我田引水)격으로 좋게 해석하려고 하는 경향이 있다.

　그것이 잘못되었다는 것을 말하는 것은 아니다. 좀 더 긍정적이고 희망을 느끼고 싶고 지금보다는 더 나은 날을 기다리는 마음이라는 것을 왜 모르겠는가. 그러나 학문이라면 적어도 호락호락하지 않은 연구 부문이 있다는 말이다.

　나도 명리학을 공부했고 명리학으로 책을 쓰기 시작하여 내 삶을 명리학과 함께 했지만 명리학이 그렇게 쉬운 것이 아니다. 내가 지금에 와서 너무 후회되는 일이 있다면 명리학을 너무 업신여겼다는 것이다. 책을 쓰면서도, 제자를 받아들여 가르치면서도, 정말 이것이 맞을까라는 의문을 떨쳐버리지 못하고 줄곧 깔보면서 대해 왔다는 것이다.

　내가 죽음을 앞둔 이 자리에서 단호히 말하고 싶은 것은 학도들이여 명리학을 너무 업신여기지 말기를 부탁한다.

　"나 이제 운이 터졌어." 라고 소리치며 좋아하던 친구. "土 대운이 오고 있어!" 라는 친구의 말에 나는 종격(從格)이 아니라며 운이 나쁘다고 이야기 했다. 금새 눈 꼬리가 올라가고 자신이 잘 되는 것이 배가 아파 그런 말 하는 줄 알고 서운해 하던 친구에게 달리 할 말이 없어 깊이 생각하지 말라며 위로 했다. 사주 맞지 않다고...

　그러나 친구는 한사코 자기 사주는 종격이라고 우기는 것이었다. 나는 더 이상 이야기하지 않았다.

　그해 가을부터 아프기 시작했다. 병이 깊어가면서 자신이 일어나야 한

중수 콧대 꺾어 놓는다고 기를 썼다.

그러나 그 사람은 다른 것은 몰라도 명리를 보는 견해에서만은 나를 따라오지 못했다. 내 풀이가 맞아 들어가자 죽으면서 자신의 죽는 날과 時까지 알았는데 겨울 어느 날 누시에 죽었다. 이후 죽은 친구가 자기 죽는 날까지 귀신처럼 맞추었다고, 사주를 잘 본다고 소문이 났는지 죽은 사람보다 죽은 사람 친구가 더 잘 본다더라고 소문이 났는지 아는 사람들이 나를 양평까지 찾아온 적이 많았다.

그에게 언제나 나는 경쟁자였다. 오로지 나를 이기기 위해서라면 무엇이든 하고 싶어 했던 친구이다.

그냥 어울리는 것을 좋아하던 나에게 술을 매우 좋아하고 즐기던 그 친구는 날마다 내 집에 찾아왔다. 나에게는 항상 차고 매정한 놈이라 욕하던 사람이다.

지금도 내 집에 찾아오던 사람들 중에는 나에게 냉정하고 차다고 나무라는 사람이 많다.

특히 전화 목소리를 들으며 통화라도 할라 치면 소름까지 돋는다는 사람도 있었다.

그런 나도 이 친구를 싣고 장지로 가던 차안에선 하염없이 슬피 울었다.

친구를 묻고 돌아올 때는 목이 메어 더 슬펐다. 귓가를 울리며 여울져 맴돌며 흐느끼는 소리가 하늘 끝까지 피져 오르는 듯했다.

고향 친구에게도 나는 매정하다는 그런 소리를 들은 적이 있었는데 오히려 그것에 매력을 느낀다는 상이한 이야기도 들었다.

戊寅生 癸水 그 친구, 나의 아버지도 癸水, 어떤 철학을 하던 사람 조씨, 장씨도 癸水, 나는 癸水의 성정에 대해 통계를 내봤다. 흡수력이 뛰어나고

모르는 게 없고 못하는 게 없으며 비판적이고 질투심이 많은 癸水이지만 壬水 日干인 나와는 좋게 잘 지냈다. 그것을 계기로 나는 십간 통계를 내게 되었다. 日干은 일장일단(一長一短)이 있을 뿐이지 선과 악은 없다.

　日干의 특성을 알고부터 국민학교 동창이든, 그들이 대학생이든, 사회인사이든 나는 허물없이 편안하게 그들을 만나게 되었다.

어느 날 어느 부인이 개인지도 받고자 찾아왔다. 와서 하는 말이 선생님 수강료는 집이 팔려야 드린다고 하였다. 내가 대답하기를 그렇게 하세요. 라고 대답하니 "팔릴까요?" 라며 의문스럽게 말하였다. 나의 대답은 시원하게 "팔리지요." 하였다.

그런데 5일 뒤에 집이 팔렸다면서 수강료를 주었다. 육효를 쳐보지도 않았지만 그냥 대화 가운데서 알았다. 어떻게 아셨냐는 질문에 물건이니까 팔릴 것이고 그 집을 아주머니가 사셨으니 아주머니 같은 분이 아주머니만 계시겠습니까? 어떻게 돈도 안냈는데 학습을 하게 했습니까 라는 질문에 사기 칠 분이 아니라는 것을 알아서 그런 대답을 했고 그 분에게서 우러나오는 이미지에서 나는 알았다. 우리는 꼭 점을 치지 않아도 알 수 있는 것이 많다.

辛卯年 庚寅月 壬午日 庚戌時 (남) 이 사주의 주인공이 사업을 할 목적으로 전국에 유명하다는 역술인을 다 찾아다니다 나에게까지 왔다.

이 분도 역술에 대한 상당한 지식을 갖고 있었다. 대한극장 옆 이석영 씨, 유래웅씨, 대전에 박제완씨 기타 소문난 분들은 다 찾아다녔다고 하였다. 그런데 문제는 어디에 가면 신강이라 하고 어디에 가면 신약이라 하였다. 똑 같은 사람도 갈 때마다 다른 말을 하더라는 것이었다.

나하고는 양평에 살 때부터 편지로 내왕하며 주고받았는데 신약이라 하였다. 금정으로 이사 와서도 이분은 찾아왔는데 내 말대로 40이 넘어 사업을 하였다. 아이 엠 에프 시대에도 대출을 안 받고 사업을 하여 오늘날까지 25년 단골이 되었다.

신약인지 신강인지 모호하나 壬水가 庚·辛金을 만났으나 뿌리가 없다. 그래서 신약으로 본 즉 40세부터 金 水 운이 들어왔다.

뿐만 아니라 사주가 순환 상생 격이었다. 壬水는 月支 寅木을 生하고 寅木은 日支 午火를 生하고 午火는 時支 戌土를 생하고 戌土는 時 天干 庚金을 生하고 庚金은 다시 日干 壬水를 生하니 生이 연속적으로 끝없이 이어지고 대운이 받쳐주니 좋지 않을 리가 없다. 주인공이 한번 투자를 해봐야겠는데 어떠하냐는 질문에, 당신 사주는 정주영씨보다 좋다.

그렇지만 사주가 좋다 해서 재벌이 되라는 법도 없다. 대통령이나 정주영씨 같은 사람은 하늘이나 알지 사람은 모른다.

왜냐하면 동장도 귀격이고 시장도 귀격이고 대통령도 귀격인데 사주에 등급은 없으나 장래에 어떤 직업이 유망할 것이라는 것은 추리해 낼 수 있다고 말해 주었다.

1990년 5월 5일 금정으로 이사 왔다.

어머님은 87세로 양평에서 돌아가셨다. 아버지는 금정에 오셔서 89세에 돌아가셨다.

양평에서는 37세에 이사 가서 55세까지 살았다. 내가 부모님께 효도했다면 한 번도 따지지 않았다는 것을 말할 수 있다. 확실히 내 사주에는 편재가 기신인 것만은 틀림없다.

자식들

예전에 누가 나에게 자식복은 있다고 관상을 보고 말한 사람이 있었다. 어디에 있느냐고 물었더니 귀에서 Y자 형으로 튀어나온 뾰족한 부분에 (명문쪽) 있는 점을 가리켰다.

세월이 흘러 내 자신을 한탄하며 살아가는 가운데 자식의 힘을 기억하는 것 중에서 빼놓을 수 없는 이야기가 있다.

印綬(인수-比劫을 생해주는 육친)의 은혜라고 생각한다. 양평에서 아홉 식구가 단칸방에서 살았던 시절에도 아이들은 하나 구김 없이 자라 주었다. 지금도 아이들이 건강한 사회인으로 자신의 일을 스스로 해결하려고 노력하는 모습이 얼마나 가상하게 보이는지 모른다. 열악한 환경에서나마 엄마 아빠를 생각해서라도 열심히 살아주는 아이들이 못내 고맙기만 하다. 내가 돈암동에 살 때 큰아들을 얻었다. 큰아들은 본시 쌍둥이였는데 하나는 잃어버리고 지금의 아이가 남아 나를 德이 있는 아비로 만들어 주고 있으니 얼마나 다행인지 모른다. 앞서 몇 아이를 잃고 얻은 자식이라 우리 부부는 애지중지 하였다.

쌍둥이라 그러한지 하나를 잃어버리자 남은 아이도 허약하여 언제 잃어버릴지 모르는 불안감 속에서 살았다. 약도 받아들이지 못하고 늘 상 약하며 사람구실 제대로 못할 것 같았기에 아내나 나나 가슴 졸이는 세월이었다. 없는 돈에 이것저것 몸에 좋다면 해다 먹이는 아내의 보살핌은 아마도 저절로 우러나오는 모성애일 것이다.

아이가 갓 태어난 그때 우리는 돈암동 다가구 주택에서 살았는데 같은 처지에 살면서 서로 눈 흘기며 무언가 뜻이 맞지 않아 사이가 나쁜 작자가 있었다. 사사건건 벌레 보듯이 따지고 억지를 쓰니 어느 날은 내가 머리가 돌아 오늘은 저 작자와 내가 결판을 내고야 말겠다는 생각으로 옥상에서 만나고 싶으니 올라오라고 하였다.

옥상으로 올라오라고 했으니 내가 먼저 말을 걸며 싸움을 시작하려고 다가가는데 느닷없이 아래서 나를 자지러지며 세차게 불러 재끼는 아내의 목소리가 들렸다. 아들이 곧 숨이 넘어가고 있다는 것이다. 눈이 이상하게 돌아간다고 하니 그 작자와 싸우려고 올라갔던 사실은 순간적으로 깡그리 잊어버리고 쏜살같이 내려와 헐레벌떡 아이를 들쳐 업고 병원으로 달려갔다. 아이를 살렸다.

그 작자도 살고 나도 살았다. 참 효도하는 법도 여러 가지라는 생각에 웃음도 나온다. 지금에 와서 돌이켜 보면 그 자식이 참으로 효자라는 생각이 때때로 들 때가 있다.

변변찮은 아버지로 못사는 집안 환경에서 동생들이 네 명이나 줄줄이 이어 있는데 저절로 느끼는 본인의 책임도 무거웠으리라.

한전에 시험을 치르고 떨어질까 염려가 되었던지 나에게 합격 여부를 물었다. 육효를 쳤더니 될 수 있는 괘효(卦爻)이기에 염려 말라고 안심을 시킨 후 기다려 보자고 하였다. 합격 통지서가 오고 사내(社內)에서 알아 만난 며느리를 무난히 맞이하는 모습을 보고 참 나보다 나아 다행이라는 생각도 들었다. 산아 제한이 있었던 얼마 전만 해도 아이를 다섯이나 낳았다고 하면 한 번 더 쳐다보지 않은 사람이 없었다. 그러나 세월이 흘러 다산 정책을 펴는 시대에 다섯은 아마 보통이 될 것이다.

　내가 저술한 책은 도합 70여 권은 넘을 것이다. 대필해 준 것까지 하면 100여 권도 족히 넘을 것이다. 생각나는 것 대충 정리해 보면

　역학대사전(명문당), 관혼상제(명문당 1, 2), 염부작대전(부적책－명문당), 명당전서, 자미두수, 택일전서, 육효학 대전, 청오경, 만세력, 만능만세력, 대한민력(40년분), 당사주요람, 신수비결, 당화주역 (주역식으로 보는 책), 대명당보감(한림원), 기문둔갑(한림원), 신비한 한자점, 만방생활역학, 술법과이보통령, 사랑의 남녀궁합(명문당), 토정비결이해, 사주학대전, 속궁합겉궁합, 성명학전서(명문당), 비법사전, 마의상법 등등 그 외 다수 대작 20여 권이 있다.

　광화문 앞 3층 건물 사무실에서 알게 된 장박이라는 사람에게서 연락이 왔다. 평소에 이석영선생과 가까이 잘 알고 지낸 사이였는데 나를 이 석영씨에게 데려가 소개하였다.

　초면이었다. 까닭은 이 석영씨가 학원을 경영 하였던 바 도서 겸 교재를 만들기 위해 철필로 쓴 교재는 흐릿하여 나에게 붓글씨 써주기를 원하였고 나는 승낙하였다. 쓴 원본을 납품하기 위하여 자주 들렀다. 사주첩경

문답집 일곱 권을 일일이 2년 동안 필사해 드렸다. 한 장에 120원씩 후하게 쳐주었고 손님이 많을 때는 200원도 주었다.

들릴 때마다 느낀 것은 언제나 한가득 손님이 많았다. 오직 사주와 신수만 보았을 뿐 작명이나 부적은 절대 손대지 않았다.

존경할만한 분이었다. 한복을 단정하게 차려입은 얼굴과 복장은 도사의 차림이었다.

사실 선생이 돌아가시고 몇 년 후에야 돌아가셨다는 사실을 알았다.

그분도 나와 같은 壬戌 일간으로 알고 있다.

1. 명리에 대하여

나의 마지막 작품으로 사주학 연의가 나간다.

명리는 따지고 보면 다 통 털어서 다 명리가 된다. 운명의 원리란 의미로서 기문도 명리. 자미두수도 명리, 구성도 명리이다.

그래서 이번에는 초보자들이 쉽게 생각하라고 사주학으로 출판했다.

명리(사주학)의 골자는 사주이며 정확한 사주를 표출하고자 하는 역법이다.

아직까지 역법을 앞에 내세운 분이 없다. 명리 학문의 최초 기본이 역법이다.

역법을 알아야 춘하추동 바뀌는 이치를 알 것이며 오행의 왕 쇠를 깨닫게 된다.

그러므로 답변자는 맨 처음 역법(曆法)을 쓰고 다음에는 한 계단 한 계단 오르듯이 초보 단계부터 완성이 있기까지 순차적으로 수록 하였으므로 현명한 군자는 일독이라도 집중분석한다면 명리의 오묘한 이치를 깨닫게 될 것이다.

명리학은 주역, 기문, 자미두수 등 운명의 이치를 말하는 모든 것이 명리에 해당하나 사람들이 음양오행으로만 알아 편의상 명리라 해왔다. 그래서 본 책자의 명칭을 사주학 연의라 하였다. 명나라 국사로 있었던 장신봉(장남)이라는 사람의 명리정종의 명칭을 딴 것이다.

연해자평(명리정종의 빠진 부분을 보완한 책)·적천수(물한방울 더 적신다는 의미로 이론을 더 보완한 책)·삼명통회·궁통보감 등은 학교 교과서를 이해하는 참고서에 해당하지 독립성은 없다.

모든 운명학 중에 명리를 학과에 비유하면 이과에 해당된다. 문리를 알고 난 뒤에야 모든 분야의 이치를 이해할 수 있기 때문이다.

그래서 명리정종이 가장 기본이 되는 책이다.

동쪽에서 부는 바람은 따뜻하고 서쪽에서 부는 바람은 서늘하고 남쪽에서 부는 바람은 후덥지근하고 북쪽에서 부는 바람은 차갑다. 그것에 비유하는데 어찌 미신으로만 이야기하고 외면하겠는가. 춥고 더울 때도 우리 눈에는 보이지 않는다.

명리도 마찬가지로 보이진 않지만 춥고 더운 이치에 둔다. 추우면 따뜻하게 하고 더우면 서늘하게 식혀 주는 것이 용신법이다.

역량이 모자라면 보완하고 너무 비대하면 삭감해 나가야 한다. 요즘 말로 살이 너무 많이 찌면 다이어트로 빼주고 너무 마르면 보약을 먹고 살을 찌어야 한다. 이런 이치에 비유된 것이 신강신약과 용신법이다.

운로의 흐름은 소위 용신이 왕·쇠하는데 길흉을 판단한다. 그러하니 어찌 이 이치를 미신으로만 매도하겠는가.

내가 명리를 선택한 이유는 집안과 기둥과 덮개와 내부설비 등이 원리에 적중되므로 훌륭한 건물을 짓듯이 명리는 음양과 오행의 생극관계의 설명에서 단 하나도 하자가 없기 때문이다.

명리는 길이를 직접 잴 수 있는 자(尺)가 없고 무게를 직접 달 수 있는 추가 없고 부피를 직접 가늠할 수 있는 그릇이 없는 도량형의 이치라 생각하고 접근한다면 가히 여러분들의 기대에 어긋나지 않을 것이다.

2. 육효에 대하여

직접 가르침을 받지는 않아도 곁에서 구경하였다. 이웃동네 사람이 할아버지에게 점을 물으러 오는 것을 보았다. 할아버지는 천재이셨다. 나는 턱없이 미치지 못한 것이다.

안타까운 것은 할아버지, 아버지 자신들이 자신을 너무 비하해서 전문성이 떨어져 그 재능을 살리지 못하신 점이다. 나는 나 자신을 비하하되 전문성은 가졌다.

아버지, 할아버지는 육효, 명리 이런 부문의 내용을 뼈만 기록해 놓으셨다. 본인들만 알아보도록… 나는 어떻게 해서 명당전서를 쓰고 했는지 그 점이 우리 할아버지, 아버지와 내가 다른 점이다.

육효는 경험으로 봐서 여러 차례 적중한 바가 있었지만 일일이 밝히지는 못하겠다.

기타 구성도 있고 매화역수도 있고 기문도 있으나 그쪽 점법으로 기울면 명리는 등진 것이나 마찬가지이다. 왜냐하면 달인이 된 뒤에 참고적으로 선택을 해서 하는 학문이기 때문이다. 학도 여러분, 사람의 운명을 바르게 판단하려면 한 가지 학문에만 열중해야 할 것이다.

천금부는 명리와 육효 두 개를 다 적용시키고 있는 글이다. 넘치면 덜어내고 모자라면 보태주고 얼마나 합리적인가.

다리가 길어 보폭이 큰 사람이 다리가 짧은 사람과 함께 걸을 때 어떻게 해야 하는가.

당연이 다리가 긴 사람이 짧은 사람에게 맞추어야 한다.

하나님을 섬기는 교인도 나와 대담한 경우 내 이론을 받아들여 고개를 끄덕끄덕 긍정적으로 생각한 적이 있었다. 세상 만물이 합리적이지 않은 것이 단 하나도 없다.

작괘법은 아버님에게 배웠다. 풀이는 명리를 알고 난 뒤 나 혼자 이책 저책 보면서 연구하여 터득하였다.

육효는 참으로 뛰어났다. 내가 제일 많이 경험한 점사는 실물점과 구재점이다.

그래서 나는 다른 점법들은 별로 활용하지 않고 육효를 주로 하여 점사를 보았다.

내가 돈 30만원을 집안 어디에다 두긴 두었는데 아뿔사 어디에 두었는지 잊어버렸다.

복신으로 숨어 있지만 생을 받으니 그대로 있음직 하였다. 그날 오후에 일어나는데 책상이 넘어지기에 챙기다 보니 돈 봉투가 용지 사이에 끼어 있었다.

그 옛날 경방도 천재다. 여섯 개의 효에다 어떻게 그렇게 절묘하게 십이지를 배열하였는지…

참으로 신기하다.

그렇지만 경방도 제 죽을 줄은 몰랐는가. 그런 신출귀몰하는 점법을 고 안해 놓고 모함을 받아 젊은 나이에 장인과 함께 참수를 당했다고 전해온 다. 무엇이든 아무리 좋은 것이 있다 하더라도 자신의 오만성이나 허세를 위하여 함부로 남용하면 안 된다는 것을 배워야 한다. 그래서 인성(人性) 이 우선인 것 같다. 그렇다고 경방이 오만한 인간인지 아닌지는 알 길이 없다.

무엇이든 아무리 좋아도 정도를 넘거나 지나치면 좋을 것이 없다는 것 을 이 자리를 빌어 말씀드리는 바이다.

3. 아들 딸의 경험

또 하나는 어느 여인이 임신을 했는데 아들인지 딸인지 물어왔다.

사주 원칙상 나는 아들인지 딸인지 가려내기가 어려워 나는 음양법을 적용해 보았다.

이것은 시골에서 풍문으로 전해오는 아낙네들이 많이 사용하는 법이다. 요령은 출산 예정 월을 적용하여 양으로 떨어지면 아들이고 음으로 떨어 지면 딸인데 양이 셋이 되면 양변 음이 되어 딸이고 음이 셋이 되면 음변 양이 되어 아들이라 하였다.

생월의 음양과 애기 낳는 비법이라변 머리를 흔들어 왔고 도시 가까이 하고 싶지 않았지만 있었던 경험이니까 재미있게 읽어 보시라는 견지에 서 말씀드린다.

부부의 나이를 참작하고 출산월만 적용한다. 예를 들어 남자가 25이고 여자가 24세 일때 출산 월이 5월이라면 딸이다.

한 여인이 딸 둘을 낳고 아들을 기다리던 터에 나를 찾아 물어왔다. 글쎄요, 아들 같다며 의문스런 표정으로 말을 했다. 이 여인은 내 말을 진실로 맞다고 믿은 가운데 병원에 갔더니 아이에게 이상이 있으니 빨리 수술을 하라 하기에 수술하기 전에 또 나를 찾아왔다.

나는 육효를 쳐 보았더니 이상이 없었다. 나는 사실 그대로 이상이 없을 것이라는 말은 하였지만 그 여인에게는 과학을 믿으라고 말을 하였다.

수술을 하지 않고 자신이 달을 채워서 낳았다.

건강한 아들을 얻었다는 말이다. 이런 이야기를 하는 것은 점사가 과학보다 정확하다는 말을 하는 것이 아니라 절대나 꼭이나 반드시란 말은 이 세상에 없다는 말을 하고 싶다.

질문자는 응답자가 가장 싫어하는 부분을 졸라서 답변을 얻어낸 사연이다.

사주나 육효나 바르게 알면 적중률이 좋으나 잘못 알면 오답이 나온다.

4. 부적에 대하여

나는 안 된다고 생각하고 있었는데 M출판사 사장이 부탁하여 책을 내게 되었다. 그런 경우를 보더라도 돈을 버는 사람은 따로 타고 나는 것이다.

생각 외로 많이 팔려 M출판사는 이익을 많이 남겼을 것이라 생각된다.

본래 부적에 대한 신뢰도는 낮다. 하지만 불가피한 경우 시험 삼아 사용해 보긴 하였다.

왜냐하면 딴 좋은 방법이 떠오르지 않을 때 부적의 영험이 있거나 없거나를 막론하고 막연한 심정으로 상대방 위로도 하고 내 자신을 수호도 하는 방편으로 하였고 그리고 자녀들에게도 해 주었다.

나 자신의 경험은 간밤에 꿈자리가 좋지 않았는데 먼 길을 가야 한다면 아침 일찍 일어나 단정하게 좌정하고 부적을 하나 써서 주머니에 지니고 간 적도 있다.

동토(動土-흙을 만져 탈이 났을 때를 말한다.) 탈이 났을 때도 동토부를 써서 집 사방에 붙여 효험을 본 적도 있다.

그러나 고객에게 부적을 하면 좋다는 권유는 한번도 한 예가 없다.

어느 강서구 화곡동에 사시는 여인이 집이 안 팔린다면서 부적을 해 달라 졸라대어 나는 하고 싶지 않았지만 해 주었더니 공교롭게도 그날 상가가 계약되었다.

그 고객은 부적 덕분이라 말을 했지만 나는 그렇게 생각되지 않았다.

부적이란 신과 인간과의 사이에 대화를 통하는 방법이리라. 하늘의 섭리는 선을 장려하고 악을 미워하기에 하늘의 섭리를 어기지 않는 자는 선을 받드는 결과가 된다.

여하튼 부적에 과학적인 신빙성이나 사실적인 근거를 추구한다면 그 답은 나오지 않는다.

그러나 우리네 옛날 선조들의 유습에 따라 전래되어 왔고 갖가지 부적에 얽힌 신비력이 야사(野史)나 고담(古談)에서 익히 들어온 바 있으며 지금에 와서도 간간이 부적을 사용해서 적지 않은 효험을 보아온 사람은 비일비재하다.

또한 어느 사람이 집이 안 나간다고 집을 팔리게 하는 방법을 말해 달라기에 보통 많이 하는 가위(옛날 엿장수 가위)를 현관문에 걸어 놓으라고 말을 한 적도 있다. 듣기로는 효험이 있었다.

찾아와서 조르거나 침이 마르게 지푸라기라도 잡고 싶은 심정으로 애걸하는 사람들은 매우 딱한 사정에 처해 있다. 그런 분들에게는 매우 다급한 사정이 있을 것이다. 그런 분들을 위하여 말하고 있을 뿐이니 멀쩡한 대낮에 홍두깨 같은 미신으로 비판하지 않기를 바란다.

결론적으로 말하면 부적을 과학적인 근거가 없는 미신에 가까운 것이라 해서 믿지 않는 사람에게는 하등의 가치가 없겠으나 운명을 부정하지 못하는 사람에게는 결코 무시할 수 없는 존재가 된다. 믿는 사람에게는 반드시 부적이나 방편의 신비한 효력이 있으리라 확신해 본다.

5. 관혼상제(冠婚喪祭)에 대하여

정부에서는 가정의례 준칙을 제정하여 혼례(婚禮)·상례(喪禮)·제례(祭禮)를 이에 준하여 실천하도록 요구하고 있으나 쉽게 되지 않았다.

사람을 만물의 영장이라 자부하는 것은 예(禮)가 있기 때문이라 하겠다. 그러나 이 예도 사용하는 데는 조화로움이 가장 귀중하다고 논어에 적혀 있다.

이 조화야 말로 시대성에 맞추어 예를 예답게 실천하는 것이 관건이다. 예란 우리 생활에 불가결한 것이다. 그러므로 생활양식의 변천에 따라 예 또한 그 변천에 조화를 맞추어 나가야 한다. 우리의 예는 전통문화이다. 그 본질을 계승하여 참뜻을 알아 충효사상을 앙양해 나가야 하기 때문에 꼭 필요한 의미라 생각하고 편저하였다.

6. 풍수에 대하여

나는 생각할 때 후회가 되는 부분은 있어도 큰 잘못을 저지르지는 않았다.

까탈 부리지 말고 잡아 주었더라면 돈은 벌 수 있었을 텐데 내 양심으로는 그렇게 할 수 없었다. 어느 분야를 막론하고 나는 내 양심을 생각하며 싸게 받은 것이 나의 가치가 되어 도움이 되지 않았다.

풍수이야기에는 육관도사 손석우 선생을 거론하지 않을 수 없다.

사람들은 신비한 것을 좋아하는데 석관 도사가 도복을 입은 모습이 그렇게 신비하게 보였다.

손 석우씨가 하시는 말 "나는 대통령 셋을 만들었다. 이번 대통령 취임식 때도 옆에 앉으라 하더군, 그러나 자신이 왜 거기에 앉느냐 하며 사양하였다"고 했으나 내가 보기엔 거짓말 같았다.

애석한 것은 그 제자를 만나본 적이 없다는 것이다. 아마도 영감(靈感)은 전달이 되지 않으니 제자를 키우기가 어려웠을 것이다.

동네 사람들의 간절한 부탁에 의해서 墓자리를 몇 차례 잡게 되었지만 나는 사실 풍수에 관심은 없었다. 미흡한 지식이나마 최선을 다하여 墓자리를 잡아주었는데 좋다는 말도 나쁘다는 말도 하지 않았다. 즉 탈이 없었다. 그때는 납골당과 수목장에 대하여 반대의사를 가졌지만 자손들에게 조상의 묘를 부탁할 수 없었다. 무엇보다 내 자손들이 조상의 묘를 잘 보호할 것이라는 믿음이 없었다. 아마도 몇 십 년만 지나면 무덤에는 나무가 빽빽하게 자라던지 길이 없어지던지, 황무지로 변하던지 할 것이다.

그래서 고민 끝에 조상의 묘를 한데 모아 나도 납골당이 아닌 납골묘를 선택했다. 해놓고 나서 잘한 일인지 못한 일인지 모르겠다. 그러나 나로서는 조상을 위하는 일에 최선을 다했을 뿐이다. 그러하니 이제 와서 어찌 내가 풍수를 운운 하겠는가.

명당 같이 보이는 무덤들도 이 시대가 지나고 다음 시대가 오면 어찌 황폐화 없이 보관된다 장담하랴. 때로는 음택과 양택을 같이 두고 음택을 공부해야 양택도 할 수 있다는 말을 하지만 그렇지 않다. 물론 이것을 알면 저것을 배우는데 도움은 되겠지만 집짓는 사람이 무덤까지 볼 필요 있겠는가.

혈토(穴土)에 대해서는 굴빛이 좋다하지만 땅이 깨끗하고 습기가 없으면 기분이 좋고 지사의 체면은 서나, 꼭 그런 땅이라야 발복한다는 증거도 없다.

지나가다가 멋지게 쓴 산소를 보면 그 묘 주인공이 어떤 사람인지 짐작할 수 있다. 분명 재벌가나 세력가의 무덤일 텐데 어찌 거기서 무덤을 헐고 장난치고 함부로 하겠는가. 산사람도 이와 같거늘 죽은 영혼이 있다 하더라도 마찬가지일 것이다.

조금은 허튼 말 같지만 멋있게 웅장하게 묘를 만들면 설령 혈이 좀 좋지 않더라도 잡귀가 범하기 어려울 것이다. (혈이 나빠도 된다는 말이 아니니 조심해서 읽기 바람)

허물어져 가는 초가삼간 앞에서는 업신여기며 함부로 들어가기도 하지만 웅장한 대문 앞에서 어찌 쉽게 집안으로 걸음을 옮기겠는가. 인간 세상이나 잡귀 세상이나 어찌 보면 겉모습에도 힘이 있다는 것이다.

나는 풍수에 대해서 묘에 대해서 이야기 하면 다만 부끄러울 뿐이다. 풍수에 대해 누가 장담할 수 있으랴. 나도 운명을 달리하면 화장하여 납골묘에 묻으라 하였다.

어떤 건물 내에서 자살자가 생겼다거나 악질에 걸렸다거나 하는 일이 주로 생기면 옮기는 것이 좋다고 했더니 듣는 사람들이 모두 시인하였다. 이것이 양택법의 하나이다.

7. 기문 둔갑에 대하여

기문에 대한 책 서너 권을 주면서 출판사에서 의뢰가 들어왔다.

그것을 가지고 정리를 하였다. 나는 목차 정리 하나는 자신 있게 한다고 말할 수 있다. 목차 정리만 해놓으면 그다음 책 쓰기가 쉬워진다.

대체로 자신이 흔치않고 고급스러운 학문을 갖춘 사람이 되고 싶어 기문둔갑의 매력에 빠져들 수는 있다. 그러나 미래를 말하는 내용이 기문은 맞는지 안 맞는지 불분명하고 첫째 시대적 배경이 맞지 않다.

예를 들면 기문 응법에 아침에 나가서 노랑저고리 빨간 치마를 입고 지나가는 여자를 처음 만나거든 이러이러한 일이 있을 줄 알라라는 말이나 중이 삿갓 쓰고 지나가거든, 또는 상주를 만나거든 등 여러 가지 말들이 지금 시대에 맞지 않아 해석적 측면에서 애매모호한 점이 많다. 그래서 오늘날 학도들에게 기문을 권하기는 어렵다.

기문은 주나라 때 편성되었다. 강태공이 쓴 기문에 대한 시가 있다. 作水釣魚歌(작수조어가)이다. (시는 생략)

8. 자미두수에 대하여

자미두수는 중국 도가(道家)에서 비롯된 추명학으로 송대(宋代)의 진희이 선생으로부터 체계화되었다. 주로 궁중 안에서 비법으로 내려오면서 활용되어져 왔다.

그동안은 비인부전(非人不傳)으로 전수되어 특수층의 전유학(專有學)으로만 쓰여졌기에 널리알려지지 않았다.

자미두수는 중국 은(殷)나라 말기 주왕(紂王)시대부터 문왕으로 넘어 오면서 활약한 역사적 인물들이 전설적인 별이 되었다. 자미두수의 자미라는 별은 주나라 문왕의 장남으로서 은나라의 주왕에게 죽임을 당한 뒤 제일 먼저 하늘에 올라가 자미성이라는 별이 되었다.

그 별을 자미성이라 이름하고 자미성을 머리별로 14성계가 펼쳐지면서 인간사의 길흉화복을 주재한다. 그래서 명리학과 자미두수를 겸간(兼看)한다면 금상첨화라 하겠다.

자미두수에 대해서는 자미두수의 비결에 속하는 심곡비결(深谷秘訣) 다섯 권을 남긴 기인 김치(奇人 金緻 1577-1625) 선생의 이야기는 하고 넘어가야겠다.

김치의 호는 심곡(深谷)인데 백곡 김득신(栢谷 金得臣)의 부친이다.

젊어서부터 기학(奇學)인 역리(易理)에 통달하여 여러 가지 신묘한 재주를 품고 있었으므로 그의 일생동안 신비스러운 일화(逸話)를 많이 남겼다.

27세 때 문과에 급제하여 대제학까지 오른 광해군과 인조 때의 인물이다. 관직에 있을 때 일찍이 역리에 밝은 즉 불안하고 혼탁한 세상에서 자신의 수명이 오래지 않아 끝날 것을 알았고 물 수변(氵)의 성씨를 만나면

3년은 더 이을 것이라는 것을 알았다.

그는 광해조(光海朝)에 벼슬하여 홍문교리(弘文校理)가 되었다가 만년에 그 벼슬이 합당치 못함을 뉘우치고 마침내 신병을 핑계 삼아 벼슬을 내놓은 뒤 남산의 어느 한적한 곳에 들어가 은거하였다. 그러므로 두문불출(杜門不出) 세상일을 상관하지 않을 뿐 아니라 찾아오는 손님도 일절 거절하였다.

하루는 下人이 들어와 고하기를

"같은 마을에 산다는 심생(沈生)이란 사람이 어른을 뵙고자 찾아왔습니다."

하니 金公은 하인을 시켜 손님을 거절하여 일렀다.

"너는 그분에게 내 말을 전하라. 손님께서는 이 늙은이가 신병으로 손님을 맞이하지 않는 줄 모르고 찾아오신가 본데 이 늙은이는 사람을 만나지 않은 지가 이미 오래 되었으니 죄송하지만 그대로 돌아가시라 전하여라."

말하곤 돌이켜 생각해 보니 찾아온 그분의 姓이 심가(沈哥)라면 물수(물水-氵)와 관계있는 성이라는 것을 깨닫고 얼른 그 손님을 다시 불러 맞아들였다.

김 공은 심 생을 만나자 돌려보낸 실수를 사과하고 반갑게 맞아 정중하게 인사를 한 뒤 찾아온 연유를 물었다.

"소생은 일찍이 어르신을 뵈온 일은 없사오나 소문에 의하면 어른께서는 앞일을 추리하시는데 정통하시다는 말을 듣고 감히 외람된 생각으로 앞일을 여쭙고자 찾아 왔습니다.

소생은 나이 사십이 다되도록 한갓 궁색한 선비로 아직까지 뜻을 얻지 못하고 기구한 생애를 누리고 있습니다. 이에 어른의 신안(神眼)아래에서 길흉화복(吉凶禍福)의 가르침을 받고자 합니다." 하고 몇 장의 사주를 품속에서 꺼내어 놓았다.

김공은 이 사주들을 자세히 살펴보니 모두가 오래지 않아 귀히 되는 사주뿐이었다.

그래서 더 말할 필요 없이 모두가 부귀한 사주라 말하였다.

그 말을 들은 沈生은 마지막으로 한 장을 더 끄집어내어 보여주자 김공은 하인을 불러 깨끗한 자리를 깔게 하고 향안(香案)을 설치하고 사주를 서안(書案)위에 올려놓고 정중하게 재배(再拜)하였다.

심 생이 그 까닭을 물으니 김 공은 귀함이 한나라의 제일인 사주를 어찌 함부로 할 수 있겠냐며 귀한 사주라 말하였다.

그런 광경을 보고 돌아가고자 몸을 돌리는 심생을 김공은 손목을 잡고 하루 밤이라도 묵고 가기를 청한다. 그래서 심생은 마지못해 하루 밤을 김공의 집에 유하게 된다.

그날 밤 김 공은 자신이 조정에서 벼슬살이를 하였으나 지금은 벼슬을 그만두고 병을 핑계로 이곳에서 세상 사람들과 인연을 끊고 살아간다고 말하며 얼마 가지 않아 조정은 바뀔 것인 바 귀하가 찾아와 노부에게 묻는 까닭을 알고 있는 터이니 귀하는 솔직히 말해 달라 청하게 된다.

실은 그 당시 광해군의 행패가 심하여 모두가 숨을 죽이고 있던 때이다.

이 말을 듣고 깜짝 놀란 심생은 탄로 나면 큰일이 아닐 수 없어 전신에 땀을 흘리며 망설였으나 더 이상 속일 수는 없음을 깨닫고 자초지종 실토를 하고 만다.

金 公 즉 김치(金緻)는 일찍이 자기의 사주를 추명한 결과 늦게 큰 화를

당하게 됨을 알고 있었고 오직 물 수氵자와 관계있는 사람의 도움을 받아야만 능히 화를 면할 수 있다는 것을 알고 있었다. 심 생의 방문을 처음 거절한 뒤 문득 혹 나의 화(禍)를 구해줄 사람인지도 모른다는 생각에 다시 불러 들였고 심 생이 제시한 사주를 보고 또 거동을 보고 그들의 모사를 눈치채게 되었던 것이다. 이야기를 주고받으며 자신의 짐작이 틀림없다는 사실을 알게 되자 김 공은 그 큰일에 가담하여 자신에게 닥칠 후일의 화(禍)를 심 생의 도움을 받기로 작정하였다.

심 생은 어떤 사람인가. 인조 때 반정공신인 심기원(沈器遠)이란 사람이며 본관은 청송 심씨이다. 그는 이 귀, 김 유, 김자점, 장 유 등과 더불어 폭군 광해군을 폐하고 능양군의 아들을 세울 반정을 도모하고 있든 도중에 그 성사여부를 알고자 김 치를 찾아왔다가 속내가 탄로 난 것이다. 솔직한 이야기를 들은 김 공은 고마워하면서 그들이 3월 某일로 잡은 거사일은 좋지 않다며 김 공이 다시 3월 16일로 잡아 주면서 한 가지 청을 부탁하였다.

심 생은 마다하지 않고 김 공의 부탁을 들어주겠다며 기꺼이 듣고자 하였다.

"귀하는 만사에 성공하여 공신으로서 반드시 진귀한 자리에 오를 것입니다. 그러하오니 노부를 살려주겠다는 신표(信標) 몇 자만 써 주시면 고맙겠습니다." 하자 심 생은 흔쾌히 붓을 들어 김 치를 살려주겠다는 신표를 쓰고 서명까지 해서 주었다.

3월 16일 심기원과 거사를 함께 한 사람들은 광해군을 몰아내고 능안군을 임금의 자리에 오르게 하자 이가 바로 이조 16대 임금인 인조대왕(仁祖大王)이시다.

　그 후 반정공신들이 김 치도 광해군때 벼슬을 했다는 죄명으로 참형을 받게 하였으나 심생의 서명으로 살아났고 도리어 경상감사를 맡아 다스리게 되었다.

　예전에 일찍이 김 공이 중국에 사신으로 갔을 때 어느 자미두수 술사에게 자신의 사주를 본 일이 있었는데 그 술사는 김 치에게 〔華山騎牛客, 頭戴一枝花 - 화산기우객 두대일지화〕란 글귀만 적어 주어 받아 왔는지라 그 뜻을 해독치 못하였다. 그 뒤에 경상 감사가 되어 안동지방을 순시하다가 우연히 병(학질)을 얻었다. 좀체로 낫지 않으므로 이사람 저 사람에게 치료할 방법을 묻던 중 검정소를 거꾸로 타고 가면 낫는다는 말을 들었다.

　화산이라는 기슭을 지날 때 검정소(黑牛)를 거꾸로 타고 순행하다가 객관(客官)에 머물러 자리에 누우려 할 무렵 두통이 더욱 극심해 지기에 기녀(妓女)를 불러다가 머리를 안마하도록 하였다. 머리맡에서 안마하는 기녀의 이름을 물으니 一枝花라 하지 않는가. 김 공은 문득 중국에 사신으로 갔을 적에 자미두수 술사가 적어준 글귀가 생각나 홀연히 그 뜻을 깨닫고 자신이 이제 죽을 때가 된 것을 알았다. 사람이 죽고 사는 것은 命이 있는 바 命은 피하지 못함을 탄식하고 하인을 불러 자리를 깨끗하게 깔고 새로운 옷으로 갈아입고 자리에 반듯하게 누운 뒤 운명을 하였다.

　이러한 기이한 이야기는 우리나라에 최초로 자미두수를 소개한 김 치 선생이 사주와 자미두수를 뛰어나게 발현한 소이라 전해지므로 자미두수 하면 김 치 선생 이야기를 빼놓을 수 없는 것이다.

　김 공이 운명하던 날 밤에 삼척군수(三陟郡守) 이 某라는 사람의 꿈에 홀연히 김 공이 나타나 관복을 단정히 입고 문으로 들어오는 것을 보았다. 꿈에서 꿈인 줄 알아 괴이하여 무슨 일로 여기까지 오셨냐며 묻자 김 공은 자신이 이 세상 사람이 아님을 말하며 염라대왕 명을 받아 순찰을 다니고 있는데 새로 지은 복장이 없다고 말하였다. 살아 생전의 의를 생각해서 옷감 한 벌 주기를 청하기에 삼척 군수는 청하는 대로 상자를 열고 옷감 한 벌을 주고 깨어나자 신기하기도 하고 의아하기도 하여 안동 관아에 탐지를 하였더니 과연 김 공이 죽었다고 하여 크게 놀랐다 한다.

이런 일도 있었다.

구당(久堂) 박장원은 김 공의 아들 백곡(栢谷)과 절친하게 사귀던 사이였다. 그도 술수에 능하였는데 그가 평소에 자신의 운명을 추리한 바에 의하면 모년 모일에 죽으리라는 것을 알았다. 죽게 되리라는 년 초(年 初)에 백곡에게 자신의 죽는 날을 이야기하며 선친(先親-백곡의 아버지)에게 간곡히 빌면 목숨을 연장할 수 있으니 나를 위하여 자네가 선친께 편지로써 잘 부탁하면 나는 자네의 편지를 가지고 목숨을 빌어 보겠다고 하였다.

쓸데없는 생각 집어치우라는 말을 듣자 나더러 허망하다 책하지 말고 시험 삼아 나를 위해 부르는 대로 편지를 써달라고 부탁하자 그대로 받아 적어 주었다.

〔子之親友朴長遠 壽限將止於今年 伏望特垂矜憐 俾延其壽〕
자지친우박장원 수한장지어금년 복망특수긍련 비연기수

풀이하면 다음과 같다.

소자의 친구 박장원은 수한이 금년 모월 모일에 다하게 되었습니다. 엎드려 바라건대 특별히 그를 가엽게 여기셔서 그 수명을 연장시켜 주옵소서.

라고 써서 장원에게 주었다.

장원은 방을 깨끗이 치운 뒤 분향재배하고 득신의 편지를 불사르며 암축(暗祝)하였다. 그러고 나서 그는 과연 그 해를 무사히 넘겼다는 이야기가 있다.

이와 같이 김 공은 특이하게도 죽은 지 10년이 넘게 매일 밤 추종자에게 등불을 들게 하여 장동(長洞)에서 낙동(駱洞) 사이를 왕래하면서 혹 아는 벗을 만나면 말에서 내려 멀쩡하게 회포를 나누곤 하기를 평상시와 다름없이 하였다고 한다.

하루는 어느 소년이 밤중에 낙동을 지나다가 김 공을 만났다.

소년은 김 공에게 정중하게 인사하며 어디 다녀오시는지 여쭙자 김 공은 오늘이 자신의 제삿날이라 음식을 흠향(歆饗)하러 갔더니 제물이 몹시 불결하여 한 숟가락도 뜨지 않고 섭섭하게 돌아오는 길이라 하며 홀연히 사라져 갔다.

소년은 괴이한 생각이 들어 백곡의 집을 찾아 김 공을 만났던 이야기를 말 하였다.

백곡은 크게 놀라 하며 제사상을 아무리 살펴봐도 불결한 것을 발견하지 못했는데 고깃국에서 나오는 머리카락을 보고 까무라칠 뻔하였다.

이후로 온 집안 식구들이 제삿날을 맞이할 때는 정성을 다하였다는 신비로운 이야기를 비롯하여 김 치의 정령(精靈)은 신이(神異)한 일이 기록을 다 못하도록 많았다는 이야기가 서 경보 스님의 지혜의 샘에 실려 있다.

내가 여러분들에게 이런 이야기를 하는 것은 재미있으라고만 하는 것이 아니다.

전설 같은 이야기로 명확하지는 않지만 명을 공부하는 사람이라면 우리 나라의 토정선생과 김 치 선생의 이야기 정도는 알고 있어야 하겠기에 자미두수 이야기가 나온 김에 해 보았다.

9. 역학 대사전 (易學大辭典)에 대하여 (1994년)

易이란 원칙적으로 주역(周易)을 뜻하지만 일반적으로 육갑법을 위시하여 음양오행학과 주역 그리고 명리(모든 사주학, 점술학), 상법(相法), 지리, 성명, 음양택등 술학(術學)에 관련된 분야를 편의상 통칭 역학이라 말하고 있다. 그러므로 그 분야에 쓰이는 단어및 술어를 최대한 발췌해서 이해와 응용에 편리하도록 수록한 책이 역학 대사전이다.

내가 저술한 책들 가운데 그래도 가장 큰 업적을 둔다면 아마도 조성우(曹誠佑)선생과 함께한 '역학 대사전' 일 것이다.

역학의 모든 분야를 통찰하지 못한 필자로서 감히 사전(辭典)을 펴낸다는 것은 외람되고 건방진 일임을 알지만 그럼에도 불구하고 명문당 김동구 사장님의 격려와 삼공 조성우 선생의 동참으로 힘을 얻어 펜을 들었다. ㄱ부터 ㅎ까지 정리하면서 실력의 문제도 있겠지만 이 분야에 빠짐없이 고증할 만한 문헌이 없어서 사실상 부족한 부분을 많이 남겨 놓았다.

모든 분야가 세월의 흐름에 따라 교정(校正)되어 온 것과 같이 역학 각 분야도 전문가들이 대거 참여하여 연구 검토되고 미흡한 부분은 세월이 흐르면서 많이 보완되기를 간절히 바라는 바이다.

10. 만방생활역학전과(萬方生活易學全課) (2006년)

역학 분야의 책을 쓰기 시작하여 50여 권의 책자를 써내었지만 질적인
면에서 볼 때 나를 만족시킬만한 책은 단 한권도 없었다. 실용적이고 이해
하기 쉬운 내용의 글을 쓰고자 하였지만 쓰고 나서 보면 역시 내용에 아쉬
운 점이 많았던 것이다.

그래서 현재까지 학원을 십 수년간 운영하고 있는 유방현 원장과 같
이 서로의 우정도 표시할 겸해서 실용적으로 쓰일 수 있는 책을 함께
집필하고 싶은 마음이 있었기에 '만방생활역학전과'를 출판하였다.

역학에 관련된 글은 최소한 기초지식 정도는 갖고 있어야 수록된 내
용을 이해할 수 있다. 그러나 본 책자는 역학에 대한 기초지식이 없어
도 이해할 수 있도록 쉽게 쓰려고 노력한 책이다. 특히 취길피용(趨吉
避凶-좋은 것은 취하고 나쁜 것은 피함)의 방법을 한권으로 묶어놓아
누구나 활용할 수 있도록 하였다.

11. 꿈에 대하여

이사 와서 내가 꿈을 꾸고 방편을 쓴 적이 있다. 막내아들의 좋지 않은
꿈을 꾸었을 때와 구들장이 꺼지는 꿈을 꾸고 난 뒤에 아침 일찍 일어나
물 한 그릇 떠서 산으로 올라가 '악몽아 물러가라(惡夢去)'는 말을 세 번
외치는 방편을 쓴 일이 두어 차례 있었다.

어떤 부인이 나를 찾아와 꿈 풀이를 부탁하며 이야기하기를,

범 새끼 두 마리가 집으로 들어왔는데 한 마리는 죽었다며 무슨 꿈이냐

하기에 부인은 쌍둥이를 임신하였습니까? 하고 질문하였더니 그렇다고 대답했다.

아마도 쌍둥이를 낳아 하나는 잃어버리겠습니다. 그 뒤 소식은 모른다.

간 밤 꿈속에서 항아리에 벌레들이 모여 우글거리는 꿈을 꾸고 물어왔기에 아마도 질병이 있으신 것 아니신가요. 라고 말했더니 그렇다고 대답했다.

내가 황달 걸리기 전에 이런 꿈을 꾸었다. 노란색 용 두 마리가 나뭇가지에 걸터앉아 있는 꿈을 꾸었다. 잘못 생각하면 황룡 꿈이라 출세할 것으로 생각했으나 뒤에 보니 그것이 아니었고 황달로 용처럼 온몸이 누렇게 되어 죽기 이전의 상태에 있는 꿈으로 풀이할 수 있었다. 단 한 마리가 아니고 두 마리란 점이 지금까지도 의문이다.

꿈에 대한 이야기라면 프로이드를 빼놓을 수 없다. 그러나 우리네 꿈 해몽과 프로이드 꿈 해석은 완연히 다르다고 할 수 밖에 없다.

프로이드 꿈 해석은 심리 해석과 상징적인 측면에서 연구되고 해석되어 왔다면 우리의 꿈 해석은 氣 측면에서 길몽(吉夢)이냐 흉몽(凶夢)이냐 양갈래로 지금까지 해석되어왔다. 그러나 동 서양이 서로 매우 깊은 관련성이 있는 것은 상징성이다. 즉 프로이드 꿈 해석은 자신의 마음속에 무의식적이든 의식적이든 잠재되어 있는 요소가 꿈으로 떠오르는 상(象)들의 여할적 의미와 우리네 꿈 해석에서 꿈속에서 일어나는 현상이 현재 하고 있는 행위이든 아니면 평소 마음속에 갖고 있던 내면적 생각인 현실과 이어진 것이 꿈이라는 측면에서 맥을 같이 하고 있다고도 볼 수 있다. 여기서 내가 하고 싶은 이야기는 좋은 꿈이 그냥 꾸어지는 것은 아니라는 것이다. 평소 깨어있을 때 자신이 몸담고 있는 분야에서 열심히 노력하고 자신을 연마하고 단련시켰을 때 좋은 꿈을 꿀 수 있는 약속을 받을 수 있다.

우리가 자주 말하는 복권에 관한 부푼 기대감을 생각해 보면 언제나 복권을 사놓고 좋은 꿈꾸기를 기다려야 하는데 좋은 꿈을 꾸었다고 복권을 사는 예가 많다. 무언가 타임이 안 맞게 보인다.

내가 사람을 죽인다거나 자신이 죽는 꿈이 좋은 꿈이라고 해석하는 차원에서 말한다면 사람을 죽일 수 있는 용기를 잠재하고 있다는 의미와 기꺼이 죽을 수 있다는 의미가 용기로 나타나는 것인 만큼 그만큼 내공이 축적되어 있다는 것이다.

꿈은 매우 이기적이라 도덕, 윤리적으로 해석하지 않는다. 꿈속에서 배우자의 친구와 섹스를 했다고 해서 도덕, 윤리에 어긋나는 사람으로 생각하고 자책할 필요는 없다. 단 이렇게 해석되는 점이 있다. 누구와 하던 섹스가 이루어지는 꿈은 길몽에 든다. 즉 성취했다는 의미가 섹스에 반영되는 것이다.

섹스는 엄청난 용기와 에너지 그리고 마음의 준비가 필요한 행위이다. 본능적으로 억눌러 왔던 부담을 시원하게 해결 하였으니 좋지 않을 수가 없다. 예를 들어 배우자의 친구와 섹스를 하려면 엄청난 심리적 부담을 감당해야 하는 용기가 필요한데 본인이 그것을 이루었다는 것은 배짱과 용기를 겸하고 있음을 말하고 있을 뿐이다.

용기는 작은 용기가 축적되어 큰 용기로 발휘된다. 찍힌다는 의미, 찍는다는 의미 두 가지가 동시에 작용하는 것이다. 맞선을 보러가는 날 자동차 접촉 사고를 내는 꿈을 꾸었다면 그것은 불길한 꿈이라기보다는 서로가 서로를 찍었다는 의미로 해석될 수 있다.

그렇다고 차가 높은데서 굴러 떨어지는 꿈이 길몽이라는 뜻은 아니다.

이럴 수는 있다. 차나 사람이 높은 데서 떨어질 때 즐기면서 떨어져 지상에 사뿐히 내려앉는 꿈을 꾼다면 그것은 떨어지는 꿈이라도 목적을 성취하는 꿈이 될 것이다.

즉 어떻게 보면 같은 꿈을 깨고 난 뒤에 따라오는 압박감이나 공포감 또는 아쉬움 없이 가뿐한 쾌감이 드는 꿈이라면 나쁜 꿈은 없을 것이다.

돈이나 물건이 들어있는 가방을 잃어버리는 꿈이 좋은 꿈이냐 나쁜 꿈이냐를 가른다면 일단 돈이나 물건을 근심 덩어리로 보느냐, 재물로 보느냐에서 길 흉이 달라질 것이다.

근심 덩어리를 잃어버렸으니 좋다고 할 수 있고 돈이나 물건이 든 가방은 내가 피땀 흘려 번 것으로 자신의 일부라고 보았을 때는 흉몽이 된다.

그래서 꿈은 해석하기 나름이라 하고 꿈보다 해몽이 좋아야 한다는 말도 있는 것이다.

재물이나 돈은 계속 관리하고 불려 나가야 되므로 자신을 시달리게 하는 요인도 될 수 있고 자신이 하고 싶은 것을 할 수 있게 하므로 기분 좋은 물질도 될 수 있다. 이 말은 그런 두 가지의 의미를 동시에 짊어지고 있는 것이 재물이다. 하여 두 가지 의미를 동시에 해석하는 것이 합리적인 꿈 해석법일 것이라 생각한다. 여기서 간과해선 안 될 것은 재물은 자신의 氣가 살아있을 때는 길몽이요 기가 살아있지 못할 때는 흉몽이 되기 십상이라는 의미이다.

우리의 삶에서 현실이든 꿈속에서든 반드시 氣가 살아 있는 삶을 살아야 한다.

아이들이 이부자리에 오줌을 싼다는 것은 氣가 살아 있지 못하다는 의미에 해당되므로 아이들도 氣를 죽이면 안 된다. 어른이든 아이든 氣가 죽는 삶을 살지 않도록 해야 한다.

그래야 좋은 꿈을 꿀 수 있고 좋은 꿈이 현실로 다가오게 된다.

꿈뿐만이겠는가? 모든 것이 자신의 생각을 성사시키고 일깨워주는 원인이 된다.

어느 때인가 아내와 싸움을 하면서 의사 충돌이 되어 무척 괴로워하였다. 당시 누구에겐가 소크라테스는 악처를 만나 철학가가 되었다는 말을 듣고 나는 무릎을 쳤다.

위대한 철학가도 악처를 만났다는데 하물며 나쯤이야 하고 깨닫게 되니 그 뒤로는 아내의 트집을 소화할 수 있었다. 나에게는 매우 고마운 이야기이다.

하기야 노예를 해방시킨 링컨도 그 부인이 말하길 당신은 뭐를 잘하느냐며 했다기에 내가 보기에 위대한 정치가인 링컨도 부인에겐 점수를 받지 못했는데 잘 하는 게 아무것도 없는 나쯤이 이렇다 저렇다 말을 할 수 없었다. 그 뒤에는 마음이 편했다.

상대가 내 마음에 들게 해달라기 보다는 내가 상대의 마음을 깨달아 역지사지로 생각하면 가정에도 전쟁이 아닌 평화가 지속될 것이다.

나는 그렇게 살도록 노력은 하고 있으나 실은 그리 쉬운 일은 아니었다.

몸을 꼼짝도 못하게 하는 병이 들어 아내의 수발을 받게 되었으나 처음 얼마동안은 그 수발이 탐탁지 못해 분노를 발하였다. 그런데 지금에 와서는 아내의 존재가 소중함을 깨달아 바라볼 때마다 고맙고 시원하고 그야말로 미안하기 짝이 없다.

아파서 누워 있는데도 아내는 옛날 말을 끄집어내어 내 복장을 지른다. 장모님이 우리 집에 다섯 번도 오시지 않았다. 그때마다 머리에 무겁게 이고 양 팔에는 기운 빠지게 들고 들어오셨지만 산뜻한 대접 한번 해드리지 못했으니 아내의 마음이야 오죽했으랴. 그저 미안한 마음뿐이다. 이래저래 생각하면 나도 떳떳한 인간적 도리를 다하지 못하고 살아 왔다. 그렇다고 해서 내가 나쁜 놈인가 하면 그것은 아니다. 내 성격과 내 형편과 내 사정이 그렇게 되어 온 것이니 내 잘못도 누구의 잘못도 아니라는 것을 우리는 깨닫고 자신감을 잃어버리지 말자는 것이다.

나는 종교가 없다. 유·불·선 세 가지 종교를 슬쩍 거쳐보았으나 모두 진리 가운데 있는 말이지만 내가 탐닉할 만한 종교는 만나지 못했다.

꿈이든 철학이든 종교이든 모든 것은 일간(日干) 즉 자신이 주체가 된다는 말 잊지 말기 바란다.

12. 풍류(風流)

1). 슬롯머신에 대한 추억이 있다.

원래 집이 양평이었을 때 서울에서 볼일이 있으면 청량리서 자게 되었다. 그때는 술도 못 먹으니 슬롯머신으로 시간을 보낸 적이 있다.

맞기도 하고 안 맞기도 했지만 손해 봐도 다른 사람에 비해 적게 봤다고 말하고 싶다.

어느 날 지하철을 탔더니 마주 앉은 부인의 쇼핑백에 끝 번호 444 전화번호를 보고 오늘의 내 재수 수로 취했다. 444는 진위뢰 4효동이 아니겠는가. 그 의미가 꽝하고 천둥처럼 내 머리를 울렸다. 시험 삼아 오락실에 들어가 봤다. 오늘은 틀림없이 큰 거 대박 하나 터질거라 생각했는데 11(밤)시가 되어도 소식이 없었다. 그러자 11시 40분에 큰 것이 터지는 것이 아닌가. 우리의 눈에 보이는 전화 번호·차 번호·기타의 징조를 가지고 점을 칠 수 있다.

그날의 일진과 합이 되거나 충이 되는 숫자를 선택하여 보았다. 장난삼아 갑인일이면 33번을 택하고 子일에 7수를 택하면 子午 冲이 되어 7번 말이 日辰의 충을 받아 기적적으로 힘을 발휘할 수 있을 것이다. 해본즉 공교롭게 일치되는 경우가 많았다.

여러분도 시험 삼아 응용해 보라. (도박을 즐기라는 뜻이 아니니 조심하시기 바람.)

2). 해학(諧謔)적 유머를 좋아한다.

충청도 사람의 해학적인 면을 한 가지 이야기해 보겠다.

아버지가 편찮으신 어느 집이 있었다. 아들더러 약을 좀 지어 오라고 보냈더니 약은 짓지 않고 그냥 돌아왔다. 그래서 왜 그냥 돌아 왔느냐고 물었더니 그 약국집 주인이 두건을 쓰고 있었더란다. 그리고 하는 말이 제가 그렇게 용하게 약을 잘 지으면 왜 저네 아버지가 죽겠냐는 생각이 들어 실력이 없다는 생각에 그냥 돌아 왔단다.

세상 이치가 그렇다. 그 말도 틀린 말은 아니다. 그러나 큰 것을 볼 줄 알아야 된다는 것이다

우리의 옛 선조들은 원색적인 남녀상열지사도 시조로 멋있게 대화를 하였다.

玉이라는 기생과 송강 정철 사이에 오고간 시조를 소개하겠다.

玉이 玉이라 커늘 火番 玉으로만 알았더니
이제야 보아하니 眞玉일시 적실하다.
내게 살 송곳 있으니 뚫어볼까 하노라.

濕이 濕이라 커늘 섭철로만 여겼더니
이제야 보아하니 正濕일시 분명하다.
나에게 골무풀 있으니 녹여볼까 하노라.

위의 내용은 독자들의 이해를 돕기 위한 더 이상의 해석은 필요하지 않
으리라 여겨지므로 생략하겠다. 역시 크게 생각할 줄 알아야 할 것이다.
　옛날에 궁녀들은 왕의 사랑을 받기 위하여 여우 생식기(벌바)를 주머니
에 차고 다녔다 한다. 오늘날 여성이면 남편이 반한다는 것이다. 그냥 내
려오는 이야기를 소개한 것뿐이니 집착하지는 말기 바란다. 왜냐하면 소
지하고 있는 사람을 나는 한 번도 만나 본 적이 없었기 때문이다.

학도들

개인지도 30년에 30명 정도 된다.
　아쉬운 것은 내 짧은 지식이나마 마음껏 전수받은 자가 없었다는 것이
다.
　제자들 모두가 한학에 능숙하지 못하여 가르치는 데 한계가 있었을 뿐
이다.
　수재를 만나면 제자를 닮고 싶은 마음은 항상 있었다. 그러나 경제시대

이고 보니 상대는 많은 세월을 소비하여 학습할 수 없었음을 이해한다.

　그 전서부터 학생들이야 늘상 왔다갔다 하면서 지낸 분들이 많았지만 그래도 이 자리에 글로 남길만한 사람은 흔치 않다. 나에게 배운 학도는 아니었지만 그 흔치 않은 몇몇 사람 중 박 청화 선생과 동생 박청현씨는 천정만 쳐다보며 덩그러니 누워서 추억만이 넘나들던 건조한 내 마음을 언제나 촉촉하게 적셔주었다. 내 생애 최고의 환대를 받은 지나간 丙戌年 초가을의 접대는 난생 처음이었다. 나는 옆에 앉아 있던 최 인영선생에게 이러한 즐거운 날은 두번 오지 않는다는 말을 한적이 있다. 그래서 더욱 값진 환영 파티가 되었던 것이다. 오성급 호텔 나이트 바에서 고급 양주 살루트 로얄 21년산을 따르고 다니며 진정으로 극진히 마음을 다하던 그 순간 따로 말은 하지 않았지만 박 청화 선생의 큰 스케일을 알 수 있었다. 역시 이름 있는 사람은 이름값을 한다는 것을 인정하지 않을 수 없는 시간 이었고 더불어 우리 역학의 미래를 볼 수 있었다. 나는 모여든 여러 사람 들과 '고향설'을 불렀고 유방현 원장은 '향기 품은 군사우편'을 불렀다. '돌아와요 부산항에'를 부르며 다시 한번 오시라는 박청화 선생의 친절한 말은 진심이 담긴 말이었지만 여차여차 어찌하다 보니 무심하게 세월만 흘렀고 그날이 마지막이 되었다.

　일일이 한사람씩 실어 나르며 친히 보살펴 주던 부산에서의 하룻밤. 밝은 달빛과 몽환적인 가로등 아래 펼쳐진 검은 바다와 바다 위로 뻗어 달리는 다리는 풋풋한 젊음을 상기시켜 주었고, 널찍한 창문 사이로 새어드는 파도소리와 물새소리가 귀를 울리던 호텔에서의 하룻밤은 이후 억울한 인생 여정을 부드러운 케익처럼 보듬어 주는 힘이 되었다. 매사에 온 정성을 다하는 박청화 선생의 집념을 보게 되는 계기가 되었다.

따라서 역학계가 앞으로 어떠한 지탄의 대상이 된다 할지라도 젊은 분들의 왕성한 활동과 연구가 있는 한은 끊어지지 않고 영원히 이어 나갈 수 있을 것임을 확신할 수 있는 시간이 되었던 것이다.

또한

戊子年 서라벌 대에 강의 나갈 당시, 그때 인연을 맺은 몇 명 학생들과의 우정은 지금까지도 오랫동안 끈끈하게 이어 오고 있다

서라벌대 학생들로 구성된 이 제자들은 나를 위한 모임을 만들어(한중수 선생님 제자들 모임' 이란다) 해마다 명절이나 나의 생일과 스승의 날이면 잊지 않고 방문하여 함께 둘러모여 식사와 담화를 나누며 즐거운 시간을 갖곤 했다.

남자다운 배짱의 권오삼, 성실한 열공맨 김덕동, 아름다운 시를 쓰던 이광훈, 풍수 이야기만 나오면 언제나 열심히 진지하게 귀 기울여 듣던 류호기. 이쁜이 김동숙님, 그리고 건강하지도 못한 몸을 추스르며 어디든 나와 함께 동반하려 애써 준 노승호, 학생회장 정경숙님, 재무 박순옥님, 사랑스러운 내 제자들, 잠들지 못하는 밤에 홀로 누웠노라면 자주 보면서도 항상 그립고 정겨운 얼굴들이다.

한번은, 어떤 일에건 정확하고 분명하며 칼 같은 성격과 카리스마로 같은 반과 내 학생들을 이끌던 학생회장 정경숙님과 그리고 언제 보아도 착하기만 한 박순옥 재무가 자신들의 고향인 통영으로 유방현 원장과 나를 초대하였다. 수십 년 동안 스승과 제자로 인연을 이어오고 있던 그들의 스승인 시인이자 통영문학 회장님이던 박동원님과 함께 모여 술을 앞에 놓고 담소하며 각종 해산물과 통영의 활어 회를 실컷, 정말 실컷 즐겼다.

식후엔 차와 함께 북과 장구가 들어왔고, 곧이어 판소리 춘향가 중 사랑가 일부분을 감상하였는데 참으로 놀랍고도 특이한 경험이었다.

통영 관광은 충무부동산 이두승 사장님이 손수 운전하며 통영 곳곳의 경치와 유래를 하나하나 상세히 설명해 주셨다. 그중 산양면 소재 달아공원의 일몰은 그야말로 장관이었다. 전망대에서 바라보는 일몰 광경은 바로 눈앞에서 용암이 분출하는 장면을 보는 것 같아 탄성이 저절로 나왔다.

국내 최고의 일몰을 자랑하는 곳이라 하였다. 그날 밤 콘도에서 하룻밤을 지내고 보니, 뛰어난 건 달아공원의 일몰만이 아니라 숙소였던 마리나 콘도의 일출 또한 장관이었다.

아침 바다에 반사된 일출은 눈이 부셔 눈을 못 뜰 정도로 가히 일품이었다.

또 하나 그리운 것은 콘도 앞 바다를 힘차게 가르며 이른 새벽에 고기 잡으러 나가는 통통배들의 기관 소리는 아직도 귓가에 꿈인 듯 아련하다.

그날 통영 관광은 쳇바퀴 돌 듯한 일상을 떠나 새로운 사람들과 아름답고 흥겨운 만남으로 인해 내게 삶의 크나큰 활력소가 되었다.

본인의 일정 관계로 통영 8경을 다 보지 못한 것이 아쉬었다. 후일 서라벌대 정경숙 회장과 박순욱 재무, 류호기 선생은 각자의 난관을 무릅쓰고 열심히 공부하여 결국 일반 대학원에서 문학 석사 학위를 받았고, 이들이 인사차 방문하였을 때, 나는 기쁜 마음으로 이들의 노고를 치하하며 진심으로 축하해 주었다.

설날이고 추석이고 스승의 날이고 찾아오는 것도 쉬운 일이 아니건만 저마다 바쁜 일도 미루고 찾아 주던 분들, 정말 반가운 마음을 억누르고 누워서 만날 때마다 초라한 모습을 하고 있는 나 자신에 미안한 마음만 들었다. 병들어 누워 있는 사람을 잊지 않고 찾아 주는 것만 보아도 보이지 않는 심성이라 하여 어찌 모르랴!! 부족한 나를, 그렇다고 나에게 많이 배운 관계도 아니건만 스승이라 생각해주는 아름다운 심경, 칭찬어린 찬사의 말을 아꼈다 하여 모를 것이라 생각지 말기 바라오. 부디 건강하고 활기찬 인생을 살아가기를 기원하는 마음뿐임을 전하고 싶다.

또한 항시 염려하고 챙겨 주던 사람 최해성 선생, 잘 생긴 얼굴처럼 마음씨도 남자다웠다. 먹음직스럽게 쌓아올린 유과를 가슴에 한가득 안고 들어서는 그의 목소리에 자던 잠도 깨곤 하였다. 본인이 일구어 나가는 철학관도 잘 될 것이라 의심의 여지가 없다,

동방대 명리학 지도과정 이태웅 선생, 큰 덕을 지니신 그대여 오래오래 건강하게 잘 살길 바랍니다. 그대와 내가 이야기는 별로 나눈 적이 없지만 어딘가 닮은 것 같은 정겨움이 묻어 나오는 것은 왜인지 모르겠소.

요즘 있었던 일로 어느 부인에게 어느 여성이 소개받아 우리 집을 찾아왔다.

와보니 집도 초라하고 내 모습도 잘나 보이지 않아서인지 실망하고 돌아갔다. 3개월 후 찾아와 공부하겠다고 하니 그동안 나름대로 나의 신상을 꼼꼼히 조사해 보고 왔던 것이다.

그때 비로소 나에게 공부하기를 청해 왔지만 때는 늦었다. 나는 이미 건강이 나빠질대로 나빠서 가르칠 수가 없었다. 생각컨대 모든 것은 때가 있다. 때를 놓치면 두 번 다시 기회가 오기 어렵다. 머리도 총명한 것 같은데 안타까울 뿐이었다.

머리가 총명한 사람을 만나면 욕심이 생기고 반갑다. 역학이란 口傳보

다는 심전으로 이어받아야 한다. 누가 심전을 쉽게 깨달을 수 있겠는가. 아쉽다면 心傳한 제자가 없다는 것이다. 학도 중에는 이런 사람도 있었다. 새벽 두 시에 자신이 아는 사람 사주를 감정하러 우리 집을 찾아왔다.

불필요한 감정(鑑定)은 해주지 말라고 당부하고 싶다. 맞으면 좋지만 맞지 않으면 몇 배의 손해가 온다. 사적인 내용은 잘 모르지만 쓸데없이 허풍치며 돈쓰고 돌아다니다 경제적으로 쪼달리니 부인과 이혼하고 비어진 것을 채우려니 허튼 짓을 하고 다닌다는 것을 알 수 있었다.

이 사람은 젊은 나이에 세상을 뜨고 말았다. 김 모(某)씨를 말한다. 유원장과 나를 끔찍이도 좋아하고 따라 다니던 사람이다. 함께 빠찡고에도 가고 으리으리한 식당에도 초대하여 갔다. 그러나 같이 다니는 내 마음은 언제나 편하지 못했다. 무언가 빠진 듯한, 진심으로 중요한 것은 외면하는 듯한, 앙꼬 없는 인생과 같았던 것이다. 몇 번인가 말렸다. 몇 번인가 타일렀다. 아들과 같고 동생과 같아서 안쓰러워 가만히 있을 수가 없었다. 유원장도 최선생도 김 모(某)씨를 보면 그냥 둘 수 없다고 했다. 제정신이 아닌 냥 헤집고 다니는 모양새가 일이 생길 것 같은 불안감을 떨쳐 버릴 수가 없었다고 했다. 직접 수제비를 떠 넣고 매운탕을 끓여 상에 올리는 솜씨는 누워있는 지금도 군침이 돌게 한다.

그는 양 눈썹이 붙어 있었다. 최 선생이 인당 부위를 2년만 뽑아 깨끗하게 하라는 말을 듣고 열심히 뽑고 다닌 사람이다. 약 6개월 정도 뽑고 다니더니 애석하게도 못 참고 좋은 세상으로 먼저 간다는 휴대폰 속의 말만 남기고 큰일을 저지르고 말았다.

유방현 교수와 내가 처음 만나 알게 된지 아마 20여 년 정도는 족히 흘렀을 것이다.

내 성격도 원만하지 못하여 한사람을 오래 사귀지 못한다. 그러나 유방현 교수를 내가 가장 좋아했던 것은 첫째는 겸손이요 둘째는 친절이었다. 둘이 시간 가는 줄 모르게 이야기 하다 빗소리가 들리면 어느 사이 보이지 않았다. 화장실 다녀온 줄 알았건만 두 손에는 어김없이 우산이 들려 있는 것이 아닌가! 그 사이 편의점으로 쏜살같이 달려가 나에게 우산을 들려 주던 유선생은 보기보다 참으로 민첩한 분이셨다. 추운 겨울 이야기 하다 집에 가기 싫으면 한사코 학원 뒷방에서 자고 가라고 끈질기게 권유하기에 마음이 사르르 녹아들며 다리를 이불 밑으로 뻗으면 따끈따끈하게 전해오는 온돌방의 온화한 기운은 나를 붙드는 묘한 매력이 있었다. 정말이지 유 원장과 같은 세컨드만 하나 있어도 얼마나 좋을까라는 말을 하며 웃은 적도 있었다.

다만 이 두 가지만으로 나에 대한 그분의 마음을 알 수 있어 나는 그 분을 존경하였고 진심으로 좋아했을 뿐이지 선악에 대해서는 나는 모른다. 이 세상에서 그 분만큼 나를 알아주는 사람은 없었지만 마음뿐이지 보답할 길을 찾지 못했다. 나를 대학교에 교수로 추천한 분도 유방현 교수다. 아니었더라면 나는 도저히 교정에서 강의를 할 수 없었을 것이다.

나를 나타나게 해 준 사람도 유 교수이므로 유 교수가 아니면 나는 무척 쓸쓸한 세월을 보냈을 것이다. 본인이 투병생활하고 있을 때도 어려운 때가 있었겠지만 여러 차례 찾아온 고마운 마음을 표현할 길이 없다. 이러쿵저러쿵 하는 잡음이 들려오지만 내가 유 교수 입장이 되어도 그렇게 했을 것이다. 나는 이해한다.

최인영 교수는 무엇보다도 그 총명에 탄복한다. 솔직히 말해서 좀 넘칠까 걱정이다. 하지만 역시 겸손하고 가장 나를 잘 이해해 주는 사람으로 생각되어 기쁘다. 이런 말이 있다. 선비는 나를 잘 알아주는 자를 위하여 목숨을 바치고 열녀는 자기의 미모를 알아주는 사람을 위하여 거울 앞에 선다고 한다.

어쨌든 세상에서 나를 가장 잘 알아주는 사람은 유방현 교수와 최인영 선생이었을 것이다. 거듭 말하지만 선악은 논하지 않겠다.

이상의 내용 중 손톱만큼도 거짓은 없다.

최인영 선생의 간곡한 질문으로 기억나는 대로 답했을 뿐이다.

남들은 성공한 사람만이 자서전을 썼으나 나는 성공도 실패도 아닌 회백색 인생이라고 나 자신이 평가하고 싶다. 고기가 흙탕물에 놀 듯 탁한 환경도 마다하지 않고 두루두루 경험하였다. 다 밝힐 수 없는 부분이 있어 아쉬우나 장성한 자녀들이 있기에 말을 줄인다.

답십리에서 금호동, 금호동에서 옥수동, 옥수동에서 망우리, 망우리에서 동숭동, 동숭동에서 창신동, 창신동에서 돈암동, 돈암동에서 두 차례 옮기고 그 곳에서 정릉, 정릉에서 양평으로 처남댁 있는 셋방 얻어 온 이후 포도밭으로 갔고 포도밭에서 창대1동(18년 살았음), 창대에서 여기 금정에 온지 25년, 이사를 도합 13번 이상을 하였다.

정말 바쁘게 내달린 삶의 여정이었다.

2부 日記와 詩

잊어야지

추억도, 미련도, 과거지사도 모두 다 잊어야지.

잊어야지, 잊어야지.

슬픔도 즐거움도 사랑과 미움도 분노도.

인생만사(人生萬事)를 다 – 다 – 잊어야지

오직

불덩이 같이 뜨겁고

어둠 쪽 같이 차거운

현실만을 위해 잊으리. 잊으리.

군영 생활 중 1959년 4월 某日

파랑새의 꿈

내가 두 나래가 돋힌 파랑새가 된다면
마음 내키는 대로 무한정(無限定) 훨—훨 날으오리다.

산 넘어 바다건너 지치도록 날아가 보오리다.
날으다, 날으다 외로운 파랑새는 찾든 꿈을 나래에 싣고

어느 고도(孤島)에 나리었지요.
아무도 없는 독도(獨島)
적막과, 공포와 전율에 휩싸인 외롭디 외로운 곳.

그러나
여기 바로 내가 찾던 꿈의 나라
한 마리 파랑새는 영원히
발길을 머므르렵니다.

1958년 8월 군막에서 자유를 그리며

단기 4293년 서기 1960년 5월 22일 일요일 맑음

　제대할 때가 다 되어 가던 중 철원 땅에서 신철원 교회에 나간지도 3개월이 넘었다.

　전 교인이 야외 예배를 보기 위하여 교회에서는 아침부터 서둘러 대기 시작했다. 나는 야외로 나가는 것이 별로 마음에 내키지 않았으나 그대로 따라 나섰다.

　수십 인이 삼삼오오 행렬을 지어 가고 있다.

　나는 이들 틈바구니에 끼어 목적지인 수도원까지 걸었다.

　이곳은 얼마 전에 전우들과 다녀간 경험이 있었던 곳이다.

　명승지라고 하기엔 과할지 모르나 그래도 가는 길목마다 산경이(山景) 준엄하고 수풀이 우거져 있다. 깎아 세운 듯 한 바위틈이며 바위틈으로 흐르는 한탄강의 물줄기는 고금(古今)을 쉬지 않고 흘러내린다.

　원내(圓內)로 들어가는 조그만 표찰이 붙어 있기에 나는 우선 읽어보았다.

　금주(禁酒) 금연(禁煙) 고성방가금(高聲放歌禁)이라고 쓴 것을 보아 이곳 일요일마다 밀려오는 유객(遊客)들에게 정중(正中)을 요하는 것이리라.

　그곳은 우선 원내로 들어서면 웅장한 교회당이 석벽으로 세워져 있다.

　유람지보다는 유객들의 모임을 이용하여 전도 사업을 목적으로 하는지도 모르겠다.

　우리들이 이곳에 전부 모인 것은 오전 11시쯤이나 되어서였다.

　엄숙한 분위기속에 예배를 마친 뒤 즐비하게 차려온 음식을 웃으며 먹었다.

　나는 문득 고독감을 맛보고 싶은 마음에 여기저기 조용한 곳을 찾아 다

넀으나 곳곳마다 사람들이 차 있었다.

어느 듯 교인들은 동그랗게 둘러앉아 여러 가지 재미있는 놀이로 흥겹게 놀고 있었다.

친구들이 노는 장소로 이끌었으나 노는 데는 원래 소질을 지니지 못하여 멀찍이 물러앉았다. 같이 노는 것보다 그들의 웃는 모습을 바라봄이 더 흥미로울 것 같았기 때문이다.

벗들은 이러한 나의 태도에 혹시 기분이 상했나 하고 의심도 하는 것 같았다. 그러나 나는 절대로 그렇지 않다. 나는 기분이 특별히 좋고 나쁜 때가 없다.

언제나 이 삶의 향유(享有)를 무미건조하게 생각하는 나였기에 오늘이라서 특별히 흥을 낼 수는 없었다. 한편 생각하면 외로운 마음도 없지 않으나 나는 이 외로움이 당연히 느낄 수 있는 것이라 생각한다.

그리고 이 외로움을 동경한다. 더 외로웁게 지낼 수 있었으면 한다.

석양이 깃들 무렵 교인들은 하루의 놀이에 미련이 남은 듯 서운한 얼굴들을 하면서 발길을 돌렸다. 아침에 걷던 그들의 모습은 퍽 활기 있게 보였으나 지금 돌아가는 그들의 발걸음은 퍽 피곤과 쓸쓸함을 금치 못하는 듯하다.

아 – 하루 동안에도 처음과 끝의 다른 기분이여!

6월 10일 금요일

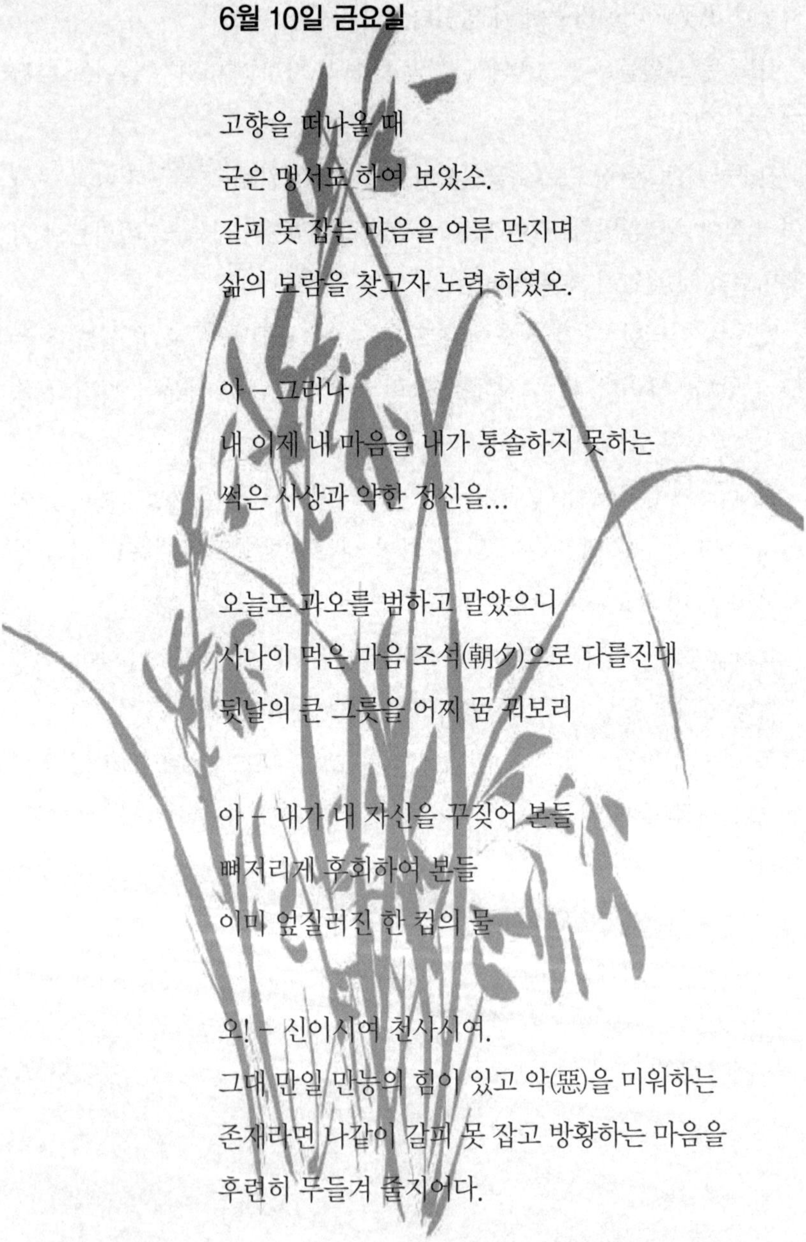

고향을 떠나올 때
굳은 맹서도 하여 보았소.
갈피 못 잡는 마음을 어루 만지며
삶의 보람을 찾고자 노력 하였오.

아 – 그러나
내 이제 내 마음을 내가 통솔하지 못하는
썩은 사상과 약한 정신을...

오늘도 과오를 범하고 말았으니
사나이 먹은 마음 조석(朝夕)으로 다를진대
뒷날의 큰 그릇을 어찌 꿈 꿔보리

아 – 내가 내 자신을 꾸짖어 본들
뼈저리게 후회하여 본들
이미 엎질러진 한 컵의 물

오! – 신이시여 천사시여.
그대 만일 만능의 힘이 있고 악(惡)을 미워하는
존재라면 나같이 갈피 못 잡고 방황하는 마음을
후련히 무들겨 줄지어다.

6월 11일 토요일

지향한 목표도 없고 가야할 이유도 없이 다만 시간의 여한을 메꾸고자 어디로 가는 버스인지도 살펴보지 않은 채 몸을 실었다.

차안의 손님이 좌석에서 몇 번이고 바뀌면서 차는 어디로인지 달리고 있었다.

어느 듯 종점, 차안의 손님이 다 내리자 나도 따라 내렸다. 알고 보니 여기가 바로 뚝섬인가 보다. 서울시민들의 놀이터중 하나이지만 이곳 역시 시간을 보낼만한 구실도 없이 몇 순번 뚝섬 다리 위를 거닐다가 귀로(歸路)의 차에 다시 올라 앉았다.

정착할만한 곳도 없으면서 가벼운 마음으로 그저 명랑한 기분이 치밀어 오른다. 아마도 객창의 외로움이란 이를 두고 일컬을지도 모른다.

6월 26일 맑음

온갖 메말랐던 야생초들은 지난밤까지 내린 비에 흠뻑 젖어 싱싱히 활기를 띄고 있다.

얼마나 계속 되었던 가뭄이었는지 모른다. 뿌리마저 말라서 시들대로 시들은 초목, 한모금의 생명수를 그 얼마나 기다렸으리. 조물주의 섭리는 이렇듯 시들은 생명들에게 주(週)하고 법칙은 이 미생물에게도 생의 굳셈을 위한 시련을 가하는 것일까.

아직 오지 않은 삼복(三伏) 더위를 느끼게 하였다. 더위가 심하여 더 걸어 다닐 수 없었다.

호흡이 급해지고 전신에 땀투성이가 되었다.

참고 삼부까지 가리라 하였다. 나는 갑자기 엉뚱한 생각을 하였다. 이토록 고통을 겪으며 삼부연까지 가서 무엇하지? 가던 이 길로 접어든 첫 계산을 후회하였다. 나는 발길을 돌려 부대로 향했다. 독백(獨白)을 맛보려든 마음도 사라지고 말았다.

7월 11일(음 - 6월 18일) 맑음

요즈음 매일 지포리로 나가는 셈이다. 뭐 다른 이유는 없다. 영내(營內) 생활에 질려버린 나머지 그저 바람이라도 쏘이며 밤거리를 걷고 싶음에서였다.

지포리 문화관에서 영화를 상영하였다. 나는 Y, B, K와 같이 입장하였다.

7월 12일 화요일

종일 쉬어볼 시간 없이 차-트를 작성하였다. 몸이 피곤하여 그만 쉬고 싶은 마음뿐이다.

일거리가 몇 배 늘었다. 밤이 새어도 끝내지 못할 것 같다. 마음마저 피로하다.

그러나 군인생활이란 명령을 어기지 못하는 명령생활이라 참고 끝까지 노력할 수밖에 별 항의는 못하는 것이다.

너에게 어떠한 분노와 참기 어려운 고난이 미치더라도 너는,

이것을 인내할 수 있는 장부다운 용아(勇兒)가 되라.

너에게 어떠한 역경과 불가위의 시련이 다가와도 너는 침착하게 처리할 수 있는 장부다운 이지(理智)를 기르라.

※ 참기 어려운 것을 참음과 난관에서의 태연함이 내 인생의 교훈이다.

7월 13일 (음 - 6월 20일) 水요일

평화한 아침에 비치는 태양의 물결

녹음(綠陰)의 칠월은 모두 푸르르게 보인다. 산도 푸르고 들도 푸르다. 대지를 장식한 초목들은 푸르름의 황금시대다.

인간의 푸르름이란 곧 청춘이다. 혈관이 뛴다. 맥이 뛴다. 청춘은 인생의 황금시대다.

꿈을 실현하는 청춘이다. 이상과 희망을 창(創)하는 인생의 봄이다.

청년불경래(靑年不更來)

청춘은 반드시 가고 마는 것이다. 두 번 오지 않는 것이 청춘이다.

오 – 청춘이여 ! 그대들이여 ! 꿈을 실현할 지어다. 굳게 이길 지어다!

7월 14일 (음 - 6월 21일) 木요일 비

비가 내린다. 일기는 음울하고 기분도 우울하다.

오늘이 이 지구상의 변동으로 인하여 많은 희생자가 난다는 날이다.

서양의 예언자가 주장한 말이다. 인류의 대다수는 멸망하리라고...

나는 이것이 사실이 되기를 바랐다. 이유는 없다.

그저 바라고 싶을 분이다.

一生 一死는 생물의 본질

살아있는 동안 무엇을 하려는고. 질투냐 싸움이냐 폭력이냐 善이냐 惡이냐

너의 삶이란 무엇을 위함이냐

우리는 감정이 있고 사상이 있고 이지가 발달한 만물(萬物)의 영장(靈長)

무엇으로 삶에 남겨둘 비명(碑銘)을 쓰겠는가?

7월 15일 (음 - 6월 22일) 금요일

나는 요즈음 육체 일부분에 이상(異常)이 생겼다. 고민이 아닐 수 없다.

내가 저지른 죄과의 응보인가?

주린 자의 배고픔, 병든 자의 괴로움, 외로움, 슬픔, 분함, 절망 등

괴로움만이 얼키고 얼킨 이 세대. 나는 기쁨을 몇 번이나 만나 보았더냐?

괴로움으로 나서 괴로움으로 돌아가는 우리 인생의 삶이란 결코 암담한 지옥이 아니고 무엇이랴.

7월 16일 (음 - 6월 23일) 토요일

나는 그믐달을 좋아한다. 그믐달은 날카롭고 싸늘하여 예쁜 계집애 같은 달인 동시에 가슴이 저리고 쓰리도록 처량한 달이다.

어쩌면 羅 彬(稻香-도향)의 심정이 나와 흡사할 지도 모르겠다.

그도 퍽 고독한 삶 속에서 몸부림 쳤던 것이다.

그는 풀지 못한 원한을 품고 한많은 이 세상을 청춘에 가고 만 것이었다.

나 역시 한 많고 눈물 많은 사람이다.

생의 첫걸음부터 불행으로만 지나온 나는 인생을 낙관적으로 보지 않고

비관적으로 본 것이다.

사람은 슬픔으로 태어나서 슬픔으로 가는 것이리라.

내가 눈물어린 삶을 체험하지 않고서 어찌 나만의 詩 한 구절을 동경할 수 있겠는가.

이 세상에는 행복해 보이는 이도 많고 인생을 낙관적으로 보는 이도 많다. 그러면 나는 왜 이다지 처량한 느낌만 맛보며 울어 간단 말인고. 나도 다 모를 일이다. 무슨 이유인지를…

남이 화려하고 찬란한 것을 좋아 한다면 나는 청초하고 검소 담박함을 좋아한다. 남이 모란꽃같이 웃는 듯 한 모습을 좋아한다면 나는 이슬 머금은 해당화의 처량한 모습을 좋아한다. 이것이 모두 그 어떤 영향에서 일어나는 동기인지, 그렇지 않으면 나의 타고난 창의(創意)가 이렇듯 비극적인지…

7월 22일 金요일

요즈음에 와서는 별로 한가한 시간이 없고 매일 분주한 나날 뿐이다.

한동안 부대에 별고 없이 지내다가 갑자기 이것저것 할 일이 많아져서 야근까지 하는 실정임에 이 군 생활이 점점 권태증이 나기 시작해 온다. 하지만 이 생활도 얼마 남지 않은 것 같다. 마지막 복무하는 그 시간까지 더 좀 참이야 할 것이다.

나는 바쁜 가운데서도 시간의 여유를 타서 영배와 같이 그림을 그린다. 예술을 좋아하는 마음은 수양생활에 있어서도 큰 도움이 되는 것이다.

나는 밤을 좋아한다. 밤은 나의 사색을 허락하는 존귀한 시간이다.

지난날의 서글픈 추억을 회상하고 꿈을 그리며 내일의 희망을 동경하는 시간이다.

낮에는 시야에 보이는 것이 많고 들리는 것이 많은 소음속의 풍진(風塵)이다.

목불인견(目不忍見)의 순간도 보아야 하고 악담과 난설(亂說)도 들어야 한다. 물(物)外 인간의 존재를 불허하는 번화하고 복잡한 시간이다. 그러나 밤이 오면 그렇지 않다.

보이는 형적(形蹟)이 없어지고 들리는 소음도 멎어지는 고요만이 존재한다.

다만 보이는 것이 있다면 창공에 수놓은 별의 반짝임과 초옥(草屋)잔등의 불빛뿐이다.

들리는 것이 있다면 주야로 흐르는 여울의 발걸음과 산새들의 울음소리 객수(客愁)의 유한(有恨)을 울리는 벌레의 울음소리뿐이다. 밤은 창조력이 있는 무형체(無形體)이다.

인류의 역사가 이 밤으로부터 창조되었다.

내일을 위해 내딛는 걸음도 이 밤으로부터 시작한다.

고달픈 인생의 안식을 허락하고 태평연월의 단꿈을 불러주는 능력이 있다.

온갖 원망과 저주도 네 가운데서 일어난다. 악령의 범람과 인생의 비밀을 숨겨주는 불언자(不言者)이기도 하다.

밤 너는 말하지 못하는 공간이다. 움직이지 못하는 형체이다.

하나 너는 인생의 무상함을 말하여 주고 수많은 詩를 읊어주고 있다.

밤, 너는 또 하나의 이적(異蹟)을 발견하게 한다. 『달밤』그것이다.

이것은 감회 깊은 사람의 마음을 한없이 사로잡는 위력이 있다.

내 마음을 가득 채우는 너의 창조력이다. 선악의 무리가 어둠을 타고 활보하고 있지만 어느 곳 어느 장소에서는 너의 이름을 부르며 감회깊이 사색하는 고독한 삶의 무리도 많이 있으리라. 낮이 행복한 사람을 위하여 존재한다면 밤, 너는 불행한 사람을 위하여 존재하였으리라. 더우기 나는 지금 자유의 일부를 상실한 몸. 네가 찾아와 줌으로써 구속된 육체에서 벗어나 자유로이 활동할 수 있으니 내 어이 너를 동경(憧憬)하지 않을 손가.

7월 23일 토요일

더운 날이다. 더위를 무릅쓰고 차트를 작성해야 했다. 검열을 앞둔 근일엔 쉴 날이 없다. 이따금 신경질이 났지만 참아야 했다. 내가 하고 있는 일은 다른 이가 대신 해 줄 수 없는 중요한 일이었다.

『이름 없는 별들』이란 영화를 감상하였다. 왜정시대의 우리 민국의 처절한 압박을 묘사했고 자유의 길을 찾고자 하는 구국 청년들의 활동장면이 있었다.

7월 24일 일요일

어느 휴전선 이색 지대에 언덕 위 높이 솟은 하느님의 제단.
나는 성전 안 이층 창가에 몸을 기대었다.
왼쪽귀와 오른쪽 눈 (들어보고 굴려보고)
고독(孤獨)한 소녀의 목매인 기도
물결치는 찬송의 음향 – 이것은 왼쪽귀의 청각.
푸른 하늘 파란 들 굽이치고 겹친 山 山 山
올망졸망 잇닿은 신 구형 가옥

가는 사람 오는 사람 장난치는 소년소녀 ― 이것은 오른 눈의 시각.

열등 인간이라고 언제나 스스로를 비웃는 나는, 나의 열등 인간적인 내막을 반추해 본다.

어머님의 품안에서 물러난 후로부터 성질이 명랑하지 못한데다 가정의 환경조차 불우하고 보니 그때부터 우울증이 일어났으리라.

초등학교 밖에 나오지 못한 환경에서나마 배움의 길을 찾겠다고 마음 다짐한 뒤로는 약간의 생에 대한 자신도 가져 보았다.

험악할 대로 험악해진 인간 사회에서 존속한다는 것이 쉬운 일은 아니다.

환경과 처지가 가장 불행한 탓으로 인간상대가 두려워지기 시작했다.

그들에게서 조소와 멸시만이 받고 있는 것만 같았다.

사실상 멸시와 천대를 받아 본적이 한 두 번이 아니었으니까.

이것이 오래 지나고 보니까 내가 내 자신을 멸시하는 습관마저 되어 버리고 만 셈이다.

차라리 거추장스러운 삶을 포기하려는 마음도 몇 번이고 일어났다.

다만 인간사회에 대한 보복관념만이 뿌리 깊이 박혀서 어떠한 수단과 방법으로라도 내가 받은 타격 이상의 복수를 하겠다고 결심하였다.

그러자면 나는 어떠한 방법으로 나갈 것인가. 그것은 내가 성공하는 그날까지 기다리는 수밖에 없었다. 비록 지금에 하잘 것 없는 자신이나마 피눈물 나는 노력을 하여서라도 성공하겠다는 것이었다.

나의 이 성공관념은 나 일신의 영달보다는 보복관념이 강한 것이었다.

그러나 사람이란 마음대로 되지 않는 것이 역시 인생인지 가까스로 헤

쳐 나가려는 나의 앞길엔 너무도 큰 장애물이 많았다. 자신감이 상실되고 마는 것이다.

나는 이럴 바에야 차라리 길을 달리 택하여 제멋대로 살아 보리라 하는 것이 지금 나의 사상인지 모른다. 이 사상이란 인간 사회의 정 반대되는 길을 택하여 가리라고, 더 좀 멸시를 받고 천대를 받는 그 가운데서 쾌락을 느끼며 생의 본질을 연구해 보리라는 것이다.

나는 대중(大衆)과의 자리를 떠나 언제나 나의 몸을 홀로 두기를 좋아한다.

나 혼자 만이 외로움과 괴로움을 씹으면서 스스로 위로하며 살고 싶다.

이제 막상 뭇 인간들과 같이 어울려 봤던들 도저히 혼합될 수 없는 것을 깨달았다.

사상의 일치점을 벗어나서 내 멋대로 행하고 싶음도 있음이다.

나는 내 자신을 위한 나의 세계에서 자신을 발견하고 스스로의 향락을 맛보며 독자적인 입지에서 삶을 영위하리라 한다.

인간들에게서 모멸과 조소와 멸시를 받아 가며 사는 것 보다 내가 먼저 깨달아서 그 환경을 피하며 대인접촉을 삼가고 과실 없는 행위를 타에 노출치 않으려한다.

누구와 맞붙는 경쟁에도 필승의 자신이 없을 바엔 아예 맞서지 않으려 한다.

뜻 없는 행동, 이래(以來) 없는 일에 관하여는 애당초 가담하지 않으려 한다.

나는 오직 내가 나를 꾸려 나갈 수 있는 자신지책(自身之策)을 해결에 나가는 것만이 목적이다. 누구에게 무엇을 구할 필요도 없고 바라지도 말아야 한다. 내가 베풀지 않은 은혜나 동정이나 사랑 같은 것은 바라지 않는다.

인간의 평로(平路)를 벗어난 지름길로 가고자 한다. 지름길은 모험의 길이며 투쟁의 길이다. 험한 파도 속에 파묻혀 항해하는 조각배의 앞 길 과도 같다.

정착지도 없고 쉴 곳도 없으리라. 이 길로 접어든 나는 물론 헤아릴 수 없는 고초 역경 속을 헤매고 있는 것이다.

그리고 이 길이 광명의 빛을 볼 수 있으리라 상상치도 않는다. 하지만 어찌하랴.

이것도 나의 운명이고 숙명인 것임에. 차라리 가다가 실패할지언정 사나이답게 걸어가리라.

1960년 7월 25일 월요일

오늘도 야근의 고경(苦境)을 겪어야 했다.

연일 밤을 드새다 시피 한 탓이어서 몸과 마음이 피로할 대로 피로했지만 내가 맡은 책임상 어쩔 수 없이 참고 일을 잘 마쳐야 했다. 전우 형기가 와서 같이 일을 거들어 주고 위로도 하여 주어서 별로 지루하지 않게 시간을 보냈다.

밤은 삼경(三更)이 깊었건만 일거리는 아직 남았다. 짖궂은 비는 지붕을 흥겹게 두드리며 고요한 적막을 울리고 옆의 상황실에선 전우들이 잠을 자는 음향이 유혹한다.

군복을 벗고 나가는 때까지 명령생활에 쌓여서 구속 생활을 면치 못하는 부자유한 몸.

얼마 안남은 임기지만 그때까지 참아야 할 일을 생각하니 지루한 생각이 든다.

교회

어느 휴전선 이색 지대에
언덕 위 높이 솟은 하느님의 제단(祭壇)
나는 성전(聖殿)안 한 귀퉁이에
조용히 앉아
포근한 찬송 음향을 듣고 있었다.

고독한 소녀의 목매인 기도(祈禱)
J 목사의 우렁찬 설교
마음의 귀와 마음의 눈으로
온 누리 정신을 하나로 가다듬어
감명을 받으리라 다짐 두어도
아 아 아
마음은 어이 이렇게도 산란하기만 하나.

이층 다락에 올라 창가에 몸을 기대고
무한한 자연을 창문 통해 바라보오니

푸른 하늘 푸른들 구비치고 겹친 산과 산, 산
올망졸망 맞대 앉은 신 구형 가옥
가는 사람, 오는 사람, 꼴 먹이는 목동

7월 26일 화요일

촛불을 밝히고 책을 보고 있었다.

수많은 불나비 떼가 촛불에 엉켜 댄다. 불나비들은 촛불에 끄슬려 죽고 또 죽고 한다. 나는 불나비의 이 심상치 않은 소작에 의아스러웠다. 확실히 비극을 지니고 있는 미물(微物)임에 틀림이 없으리라.

내가 어릴 적 마을 방에 가서 전해들은 이야기가 생각난다. 불나비에 대한 일화(一話)다.

『오래 전 옛날 친 어머니를 여읜 불쌍한 소녀가 있었다. 그는 곧 계모를 맞이했다. 계모는 이 어린 소녀를 몹시 학대하였다. 소녀는 매일 꾸지람을 들으며 뼈아픈 매질에 시달려야 했다. 어느 추운 겨울이었다. 산과 들에는 흰 눈이 소복이 쌓였다. 살을 에이는 추위는 계속 되었다. 계모는 이 어린 소녀에게 모진 명령을 내렸다. 활짝 핀 꽃송이를 꺾어다가 자기 방에 꽂아 놓으라는 너무도 어이없는 명령이었다. 청천의 벽력이었다. 서릿발보다 매서운 명령이 소녀를 재촉하였다. 만약 꽃을 꺾어 오지 못하면 영영 돌아오지 말라 하였다. 소녀는 눈앞이 캄캄하였다. 돌아가신 어머님 생각이 간절하였다. 소녀는 다 헤진 옷을 입고 있어 찬바람이 떨어진 틈사이로 스며들었지만 결심한 듯이 집을 나셨다. 어디로 갈 바를 모르고 이리저리 산중을 찾아 헤매었다. 찬바람은 더욱 세차게 불어 왔건만 소녀는 그냥 꽃만 찾아 헤매었다. 꽃이 피어 있을 리 만무하다. 소녀는 춥고 굶주림에 시달린 나머지 어느 산 눈길에 쓰러져서 다시 못 오는 길로 자기 어머니를 부르며 찾아가고 만 것이다. 이 소녀의 죽은 영혼이 곧 불나비가 되었다.』는 슬픈 이야기이다.

이 불나비는 지금까지 계모의 명령을 이행코자 밤마다 꽃을 찾아 다녔다. 불빛을 꽃으로 오인한 것이리라. 나는 이렇듯 불쌍한 소녀의 영혼이라는 불나비에 대하여 무한한 동정이 가해져 마음을 어떻게 주체할 수 없었다.

7월 27일 수요일

수요일은 기도회에 나가는 날이다.

나는 병기가 와 영수와 같이 부대 정문을 나섰다.

부슬비가 내렸다. 우리는 비를 맞으며 걷는 것이 싫지 않았다. 길 옆 밭에 자라는 콩이며 잔디 벼이삭들은 더욱 싱싱히 너울댄다. 산을 휩싼 안개는 자연의 풍치를 자아낸다.

어떻든 기분이 좋은 풍경들이다. 병기는 이렇듯 비를 맞으며 걷는 것을 무한히 좋아하였다. 흐뭇하고 느긋한 마음이 일어난다 하였다. 나 역시 그와 흡사한 기분을 느끼며 걸었다.

예배를 끝마치면 우리는 찬양연습을 하는 것이 늘 일상이다. 나는 찬양대석에 앉은 지 얼마되지 않았으나 그다지 어색한 줄을 모르고 취미를 붙였다.

7월 28일 목요일

『잘 살아도 이 한 삶에 살아야 하고 못 살아도 이 한 삶에 살아야 한다.』
함석헌 선생의 글이다. 나도 나의 생애가 잘 살기 위해서만 사는 것은 아니다.

행복하리라는 신념에서 삶을 지속하는 것은 또한 아니다. 어차피 태어난 이 몸 어쩔 수 없이 살아야만 하는 생명이라서 잘 살거나 못살거나 죽는 날까지 견디며 살으려 한다.

다만 나에게 욕망이 있다면 삶의 짧은 순간이나마 인류의 등불이 되고 싶다는 것이며 인생의 진실과 생의 진리를 알고 싶음이다.

『朝聞而夕死可-조문이석사가』 그렇다! 지금 이 시각에 모든 것을 깨달았다면 지금 죽어도 여한이 없으리라. 헛된 욕망과 망상으로 귀한 시간을 허비하는 우리 무리들 좀 더 진실하고 가치 있는 길을 찾아야 할 것이다.

7월 29일 금요일

부자유한 세계에서 존속한다는 것은 무척 지루한 것 같지만 그래도 지나고 보면 빠른 것은 역시 세월인가 보다. 훈련소로부터 금일에 이르기까지 사병생활로써 무수한 역경을 지내왔지만 지나버린 것은 한갓 깨고 난 뒤의 꿈과 같아 희미해지지만 그래도 아름답던 추억의 미련만은 되살아오는가 보다.

앞으로 몇 개월 더 참아야 할 판이니 후일의 후회 없는 열매를 거두기 위하여 깨끗이 참고 견디어야 할 것이다.

7월 30일

오늘도 일거리는 많았으나 침착한 마음으로 하나하나 정리해 나갔다. 해가 서산마루에 넘어갈 무렵 오늘에 지워진 나의 책임을 마쳤다. 일을 끝마친 뒤의 가벼운 마음 내일은 또 무엇이 닥쳐올지 모른다. 다만 오늘에 할 일을 오늘로 해결하고 내일 할일은 내일 해결하는 것이 가장 적합한 방도라고 나는 생각한다.

모든 것이 한꺼번에 닥쳐올 때 우리는 거기에 대하여 공포감을 느낀다. 침착하고 안정된 마음으로 하나하나 해결해 나가면 풀리지 않는 일은 없는 것이다. 또는 오늘 해결되지 못한다 해도 오늘이라는 시간이 지나고 보면 해결되는 일도 있다. 모든 것을 정확하게 해결해 주는 것이 시간이다. 우리는 시간의 흐름에 애석한 감도 있으나 시간은 우리에게 얼마나 유리한 조건을 주는지도 모르겠다.

오늘은 왠일인지 日氣마저 변화가 많다. 개었다가 비가 나리고 비가 나리다가 또한 멈춘다. 하루에도 몇 번을 거듭하는 일기의 변화 하늘의 원대한 섭리로도 변화가 많거든 하물며 우리 조그마한 인간임에랴. 오늘의 행복이나 영달을 어찌 내일까지 미친다 증명할 수 있으며 오늘의 고초가 또한 어찌 후일까지 미친다 할 수 있으리오. 흐르는 건 세월이요 무상한건 인생이다. 순간적인 이 생애에 일획(一劃)을 허송하며 무의미하게 지낼 수 있는가?

7월 31일 일요일

주일 예배를 보러 지포리에 나갔다. 석양의 노을이 물들 무렵 박용순 송병기 왕양과 더불어 지포리앞 원두막으로 향했다.

참외를 깎아 먹었다. 우리들은 어두울 무렵까지 앉아 있었다. 바람이 시원하게 불었다. 들판에 자라나는 곡식은 진록색으로 장식했다. 고향이나 여기나 농촌 풍경이란 매 한가지였다.

향수에 젖어본다.

8월 5일 금요일

식사시간만 되면 나는 스푼을 들고 2백리나 됨직한 식당으로 내려간다. 하루에 세 번을 오르내리는 정상적인 과업의 하나다. 국 한그릇·밥 한 그릇 그나마 설고 쓰고 구미에 맞지 않을 때가 늘상이었다. 이 계단을 몇 백 번이나 더 오르내려야 만이 하는지 모르겠다. 하루에 세 차례만 오르내리면 하루가 가고 이렇게 하루하루가 지나서 달이 가고 해가 갈 것이다. 나는 이 계단을 왕래할 적마다 또 한 가지의 습성을 잊을 수 없다.

멍하니 하늘 바라보며 공상에 잠기곤 한다. 매일을 되풀이 하는 일과여서 지루하기도 하지만 그래도 때로는 즐거운 시간도 가지려 노력해 본다.

8월 6일 토요일

아침부터 비상 훈련을 한다고 부대가 시끄러웠다. 더욱 아침에는 각 서류를 결재에 대비키 위하여 가장 바쁜 시간인 것이다.

검열을 앞둔 부대 사정에 어느 누구 편한 사람은 없다. 전우들의 입에선 불평이 끊일 줄 모르고…

저녁을 마치고 교회로 나갔다. 그 곳 청년회에서 일간지를 창간하는 것이다. 용순과 나 두 사람은 오늘 이 월간지가 완성을 볼 때까지 서둘러야 했다.

8월 7일 일요일

예배가 끝났다. 나는 어제 밤늦도록 편집한 교지를 나누어 주었다. 성가연습은 오늘도 빠질리 없다. 날이 심히 더워 교회 안에서 시간을 보내다 전우들과 원두막을 찾아갔다.

생각난다.

참외서리

나 어린 그 시절엔
체면도 몰랐던저
동무들 모여앉아 쑥덕공론 할 적에

뉘집의 참외가
더 크고도 달으냐고
어두운 밭길따라
숨죽여 발디디며
참외밭 찾아가서

아 —
그리워라
즐거웠던 옛날의 동심(童心)이여

8월 8일 월요일

전우 영배와 더불어 72부대로 향했다. 몹시 더운 날이다. 길이 꾸불꾸불하고 험했다.

길옆 흐르는 개울에 이따금 땀을 씻곤 하였다.

72부대는 우리 부대보다 건물시설이 좋았다. 나는 그 부대의 작전과 교육상황실로 찾아가 괘도 초안을 복사했다.

우리들은 11시경 그곳에서 나왔다. 이번엔 들 가운데 논둑길을 타고 걸었다.

벼가 무성히 자라고 이삭이 나온 것도 듬성듬성 있었다. 고향의 풍경이 또 연상된다.

둘이는 원두막을 거쳐 부대로 돌아오고 말았다.

8월 12일 (6월 20) 화요일

눈이 불편하여 MD에 가서 치료를 받았다. 붕대로 불편한 눈을 가렸다. 감감하고 침울해진다. 한눈의 불구에서 오는 영향이란 이토록 큰 것이다.

8월 14일 (6월 22일)

본 교회 청년들의 친목회가 시작되었다.

사회 일반인들의 노는 것에 비하여 차이가 많음을 발견하였다. 그것은 어디까지나 신앙 본위인데서 떠나지 않는다. 그들에게는 유쾌했는지 모르지만 나에게는 무의미한 친목회였다.

나는 병기 군과 같이 신장 원 앞개울을 찾아 걸었다. 개울 앞 밤나무 그늘에 가즈런히 앉았다. 녹음 속으로 불어오는 바람은 시원하다, 둘이는 말

없이 얼마간이고 앉아 제각금의 사색에 도취되어 있었다.

개울을 바라보며

우리는 나무 그늘에 앉아 무한한 생각에 잠겨 있다.
나뭇잎이 휘날리며 내 앞을 지나갈 때
생의 허무함을 느껴본다.

내 마음이 공허해 짐은 객수(客愁)의 외로움이리라.
눈을 들어 개울을 바라보니 잔잔한 물결이 고요히 흐른다.
소녀 소년의 무리 중에는 운심이란 소녀가 빨래하고 있었다.
그녀를 몇 번이고 불렀으나
그는 이쪽엔 관심이 없는 냥 제 할 일만 하는 구나

8월 15일 월요일

광복절은 휴식일이 정당하겠지만 우리 부대는 평시와 다름없는 일과가 계속되었다. 나는 휴가특명이 났음에도 불구하고 중대 사정에 의하여 머물러 있어야만 했다.

밤이 어지간히 깊을 무렵이다. 우리 과원들은 배급받은 세탁비누를 모아서 참외 수박과 교환해 왔다. 20여 인 과원이 즐겁게 나누어 먹었다. 이런 생활이 우습기도 하지만 같은 전우끼리 시간을 타서 소담한 회식을 베푼다는 것이 군 생활에 있어선 의의 깊은 일이다.

8월 16일 화요일

복잡한 일과 시간이 끝나고 어두움이 찾아오면서 부터는 자유시간이다. 전우들은 제각금의 취미대로 시간을 보내는 것이다. 낮 시간은 일과에 부대껴서 피로하겠지만 평균 12시경까지 갖은 잡담으로 떠들다가 자곤 하는 것이 우리 과원들의 생태다.

8월 17일 수요일

여름철이면 우리들은 부대 앞 냇가에 나가서 목욕하는 것이 가장 기분 좋은 일이었다.

나는 세면도구를 끼고 냇가에 나갔다. 온종일 찌들은 몸을 씻으니 홀가분해진다.

요즈음 하루에 한번 이 냇가를 찾지 않고선 못 견딜 것 같다.

9월 4일 일요일

내일 부대 가는 날이기 때문에 고향에서 출발하였다. 앞의 정류소에서 마침 서천으로 가는 차가 있었기에 서천역까지 도착하였다. 거기에서 훈련을 같이 받은 전우를 만났다. 열시 넘어서 열차에 올랐다. 일요일이라서 그런지 열차 안은 대만원이었다. 노량진에서 벗과 헤어졌다. 자유극장에 늘렀다.

9월 5일 (7월 15일) 월요일

부대로 가는 시간이 일렀기에 탑골 공원에 가서 시간을 보냈다. 많은 사람들이 모였다.

장기군, 바둑군, 가지가지의 놀음꾼들이 군데군데 모여 앉아있다.

나는 용산역으로 갔다. 군인 대합실 밖으로 다녀 보았다. 소년들이 매음 굴로 이끈다. 나는 그들을 뿌리치고 부대에서 나온 휴가 버스를 타고 부대로 돌아오니 오후 4시경이나 되었다. 부대에는 지휘 검열 준비에 바빴다.

9월 6일 (7월 16일) 화요일

여름도 한고비 지난 모양이다. 달빛을 싸고 도는 저녁바람이 선선하다.

군에서 가을맞이도 세 번, 언제고 느껴보는 마음이지만 가을이 오면 무엇인지 쓸쓸한 마음이 들곤 한다. 달빛 아래서 애수에 잠겨본다.

9월 7일 (7월 17일) 수요일

꿈자리가 어수선하니 정신을 흔들어 놓았다.

다가오는 세월이란 어찌 어찌 흐르기 마련이련만 그리고 지나쳐 버린 과거를 찾아보려면 덧없고 속절없는 순간이언만 내일이라는 기대를 두고 그 미지의 날을 기다려 보는 심정이란 안타까울 뿐이다.

9월 8일 (7월 16일) 목요일

영내 생활의 하루는 오늘도 저물었다.

상황실뒤 무전 차는 이따금 우리들의 이야기 터가 되어 주었다. 그곳은 특별히 조용한 곳이어서 나는 이곳을 찾는 일이 많다.

9월 9일 (7월 19일) 금요일

잠자리에 임하여 쉽게 잠들지 않음도 고통이다.

벗들은 만담설화를 늘어놓고 있다. 나는 듣고 싶지도 않아졌다. 잠을 청하여 몸을 뒤틀 뿐이다.

9월 10일 (7월 20일) 토요일

토요일 오후는 자유시간이다. 나는 과원 영배와 더불어 정문을 빠져나왔다.

삼부연 폭포 가는 길로 발길을 옮겼다. 태양의 열이 싫지 않을 정도로 일기는 변하였다.

벌써 산과 들에는 붉은 빛으로 변하여 간다. 세월의 흐름이여!! 무상함이여!!

가는 길옆으로 개울이 따라 흐른다. 동해 골짜구니에서 흐르는 물줄기다. 나는 폭포수 물을 배회하였다. 조그만 시상이 나올듯한 기분이다. 폭포수 변두리 꼬부랑 길을 타고 등 너머로 넘어갔다. 산이 준하고 물이 깊다. 시원한 바람이 산위를 스치며 지나간다.

이름 모를 산새의 울음도 들린다.

나는 골짜구니로 내려갔다. 바위를 찾아 영배와 더불어 앉았다. 마음껏 소리 지르고 싶은 충동이 일어난다. 강원도 산골짜기란 말은 어려서부터 들어왔지만 막상 눈으로 보니 명불허전(名不虛傳)이다. 흐르고 내리는 여울 소리는 더한층 요란스레 들린다. 고금 없이 흐르는 시냇물이여!! 저 물은 흘러 흘러 태평양까지 갈지도 모른다. 사람의 삶이 흐르는 물과 같다면 구태여 애쓸 필요도 없건만…

혼자 공상도 하여 본다. 온갖 사념(思念)이 엄습해온다.

9월 15일 (7월 25일) 목요일

나는 때때로 일어나는 잡념만 사라진다 하여도 비교적 안정된 날을 보낼 것 같다.

사념이 뇌리에서 얽혀질 때 골수의 피가 마르는 것 같다. 특별히 오늘에 떠오르는 불안감은 온종일 갈팡질팡하다시피 하였다. 내 자신의 수양이 부족한 탓이리라.

가정환경의 불우함은 군에 있는 자신에도 그 영향이 미치는 것이다. 오늘 나의 마음을 괴롭히는 유혹이 많았다. 그 유혹에 넘어가지 않으려고 마음 다짐을 하였건만 그 유혹을 참기란 힘이 드는 일이었다. 공상으로 세월 허비해도 이루지 못할 건 이루기 힘든 것이다. 다만 마음의 안정으로 많은 유혹을 물리쳐 버리는 것만이 옳을 것이다.

남자가 되려면

남자가 되기 전
너의 마음은 갈대의 마음
바람이 불어도 흔들리우고
새가 날아도 허느적 거리는…

아 차
나의 마음이 바위와 같았을 때
인간 칠정의 큰바람 속에서도
분수를 지키는 남자가 될 것을…

9월 16일 금요일

얄궂은 나의 생을 한하여 본다. 인간 오욕의 괴로움에서 벗어나지 못하고 간사한 마음의 차별이 발작하는 것이다. 나보다 더 불행한 사람이 없다고 생각하여 본다. 나보다 더 못난 사람이 없다고 생각하여 본다. 세상이 모다 염세저이고 비관적으로 보인다.

9월 24일 토요일

머리가 무겁고 열이 심하다 감기에 든 것이다. 부대 근무하는 중에도 몹시 괴롭다. 저녁에는 몸이 더 괴로웠다. 나는 괴로운 몸을 가까스로 일으

커 교회로 나갔다. 내일이 성가대 음악예배 보는 날이다. 일주일 전부터 매일 밤 성가연습을 계속하였던 것이다.

9월 25일 일요일

어제의 괴로움은 씻은 듯이 사라지고 정신이 상쾌하였다. 햇볕도 맑았다.

지포리 교회로 나갔다. 예배를 마친 후 나는 교회에 머물러 저녁 음악예배에 임할 준비를 하였다. 글씨도 쓰고 그림도 그렸다. 전 회원들이 한자리에서 점심을 나누었다. 음악예배에 대한 의논도 하였다.

기다리는 음악예배는 시작되었다. 음악으로 시작하여 음악으로 길을 잊었다. 나는 이 예배에서 송병기 · 강향숙 · 서미자 · 나 四人이 혼성 사중창을 부르게 되었다.

예배 끝나자 우리 대원들은 창립 기념 사진을 찍었다. 연이어서 다과회를 열어서 대원들은 동그랗게 둘러앉아 오늘 하루의 결과를 이야기하였다.

10월 1일 토요일

이날을 「국군의 날」이라 한다. 휴무일임은 말할 것도 없다. 군단으로 영화 관람을 가려하였으나 벗 모군이 이끌므로 지포리로 갔다. 사우록(思友錄) 긁은 것을 그곳에서 등사하려 함이다. 교회 앞에 이르니 풍금소리가 들린다. M양과 H양이 타는 풍금소리다.

우리는 교회 안에 들어갔다. M과 H는 얼마 후에 가버렸다. 우리들을 피하고자 함이었으리라. B군은 그들이 나가자 M양과 H양이 피하여 가는 태도에 의아스러워 했으나 나는 그럴 법도 하다고 생각하였다. 뜻밖에 Y군과 황군을 만났다.

10월 2일 일요일

교회에서 예배가 시작되기 30분 전부터 성가대원들은 오늘의 찬양을 하기 위하여 연습하는 것이 보통이다. 검은 가운을 입고 찬양을 하며 예배를 마침도 싫지 않은 일이다.

나는 박군과 더불어 지포리 거리를 거닐다 중국집으로 들어갔다.

그가 호의를 베풀어 준다. 박 그는 요즘 정양이란 여자와 연애중이리라. 그는 나에게 그들의 애정관계를 숨김없이 고백하였다.

10월 5일 수요일

군에서 세 번째 맞는 한가위 날이다. 나는 부대에서 놀 마음이 없고 또 약속한 곳도 있고 해서 B군과 같이 지포리에 나갔다. 걸핏하면 뛰쳐나가는 지포리다. 우리는 우선 교회에 들렀다. 나는 올겐을 눌러보고 B는 라디오를 듣는 모양인지 명랑한 음향이 들려온다. C양과 K양이 와 있었다. 우리들은 조장 댁의 부름을 받고 그곳으로 가서 동료 W(부인)등과 같이 교인이 내놓은 음식을 즐겁게 대하였다. 사람들이 더 찾아왔다. 강대위, 그의 W 김동환, 그의 W 조장노, 그의 딸 K양·C양, 二中박격부대의 이인망 등 여러 사람이 강대위 집을 찾아 갔다. 오늘은 먹기에 여념이 없었다. 나는 B군과 K양·C양과 같이 군탄리 송의 집을 향하여 걸었다. 벌써 붉은 노을이 물들기 시작한다. 철 이른 강원도는 벼를 벤지도 오래다.

우리들은 논둑길을 타고 걸으면서… B군은 감개무량한 듯 지껄이고 있었다.

　나는 우울한 기분이 또 일어남을 금치 못하여 말없이 그들의 뒤를 따랐다. 길가에 나섰을 때 우리가 찾아가려는 송 군을 만났다. 그는 신대생(신학대생)이다. 그는 마침 서울에 내려가는 참이었다. 우리는 송을 붙잡고 말았다. 그를 이끌고 그의 가정으로 향했다. 마침 오늘이 수요일이어서 저녁 후 줄곧 교회로 걸었다. 오늘의 예배가 끝난 후 대원들의 친목회가 있었다.

10월 7일 금요일

　보통 20대 청춘들은 애정이니 무어니 하고 이성을 사모하고 있는 것이다. 각자가 자기의 이상에 따라 흡족한 애인이 나타날 것을 희망하며 장래의 설계를 꿈꾼다.

　나는 25년이라는 현 나이에 처하여 스스로의 입장을 살펴보건대 나 역시 그러한 꿈을 꾸어본 일이 한 두 번이 아니기도 하다. 그러나 지금껏 살아온 경험을 돌아보면 너무도 어처구니 없는 이상주의자였다.

　못났으나마 나대로의 자존심을 가지고 삶을 영위하면서 어느 시기를 은근히 기다려 온 것이다. 허무한 꿈이었다. 분수에 맞지 않는 이상을 가진 것이다.

　이제는 자존심 따위 보다는 맹렬한 열등의식이 사로잡히는 것이다. 이 세상에 나보다 더 못난 사람이 없는 것이다. 그간에는 자신을 그래도 평범 이상의 인간으로 취급하여 타인에 유쾌하지 못한 인상도 주었고 심한 생각이 미칠 경우엔 뭇 인생들이 가엾기도 하였지만…

　나보다 가엾은 인간이 또 어디 있으며 열등 인간이 어디 있단 말인가.

나는 평범한 인간이 얼마나 부러운지 모르겠다.

이 세상에 타고난 이 모습부터 평범하지 못하고 이 모양의 졸렬한 육체와 우매한 두뇌…

애당초 잘난 사람 노릇하기는 어려운 일이 아니던가?

구렝이(구렁이) 제 몸 추는 격으로 여지껏 나 자신을 깨닫지 못하고 사회 인물들과 같은 걸음을 걷고자 하였으니 가소로운 일이 아닐 수 없다.

벗을 사귀는 것이나 사랑을 맺는 것이나 이런 마음은 털끝만큼도 먹지 말아야 할 것이다.

못난이는 못난이로서의 분수를 지킴이 본분인가 한다.

내가 분수 이외의 다른 마음을 지닌다면 조물주가 노하여 꾸짖을 것이다.

조물주가 내라는 인간을 창조할 때 하나의 흥미 본위로 만들어 놓고 나의 삶의 행적을 비웃고 있는 것인가도 한다. 그러나 나에게도 결심한 바는 있는 것이다. 이 이상 못난이의 구실을 노출시키지 말고 타인의 조롱 거리는 되지 말자는 것이다.

사람이 영리한 두뇌로 잘 생겨서 태어난 것이 운명이라면 나같이 그와의 대립으로 태어난 것도 역시 어쩔 수 없는 운명이리라. 이것이 몇 만겁을 굴러온 나의 업보, 당연히 받아야 할 형벌이리라. 그저 운명의 신에게 순종하면서 내 직분이나 지키다가 가버리면 그만이다. 행복이라는 그림자는 나와의 거리가 먼 아득한 그림속의 환영…

불행 가운데서 온갖 고초를 받으며 사는 것도 도리어 낙이 아닐지?…

10월 8일 (8월 18일) 토요일

나는 벗 具와 같이 얼르고 달래며 찾아 골자구니(골짜기)를 헤매었다.

11월 30일

나는 M이라는 소녀를 그리워한다. 지금 나에게 하나의 소녀를 그리워하는 마음에 맹랑한 충동이 일어난다.

여지껏 하나의 여성에 대하여 이토록 그리워 번민한 적은 없었다. 그러나 M을 만난 후부터는 그에게 이끌려 가는 나의 영혼을 깨달았다. M 그녀는 특이한 성격의 소유자다. 냉정하면서도 지성적인 미를 발견할 수 있다. 그 두 눈에는 무엇을 꿈꾸는 듯 한 신비스러움을 찾을 수 있었다. 비교적 명랑한 편이나 수줍음이 그 태도에 가득 차 있다.

그녀는 이성에 대하여 아직 관심을 갖고 있지는 않을 것이다. 나이가 어린 소녀라기보다는 얼굴표면 흐르는 이미지가 동안 스타일이다. 어떤 때 보면 M양은 어린이와도 같은 천진스러움을 볼 수 있다. 그러한 소녀에게 그리움을 가져 본다는 것은 청년이라면 당연하게도 느껴본다.

허구 많은 성숙한 여성 중에서 수줍음이 지나친 소녀 같은 여성에게 마음이 이끌리어 홀로 애태우는 마음이란 가소롭기도 하다. 그러나 사랑의 불꽃이란 한번 붙은 후 꺼지지 않는 것이다.

더구나 첫사랑의 대상이 이 처녀이고 보매 이루지 못할 사랑인줄을 알면서도 단념하지 못하는 것도 역시 그에게 완전히 사로잡혔음이리라.

사람의 마음이란 때와 장소에 따라 변함이 있다. 나는 마음 다짐을 몇 번이고 거듭하지만 어떠한 환경에 부닥치면 산산 조각으로 갈라지는 때가 많은 것이다.

久遠의 이상이야 변할 수 없겠지만 그래도 어느 순간에 가서는 모두가 헛된 꿈만 같아 이것 저것 다잡아 지워버리고 싶어진다.

내가 내 자신을 누구보다도 간파하고 있는 연유도 나의 모든 욕망이 지나친 희망이며 헛된 꿈임을 알기도 한다. 능력 없는 자신에 꿈만 그리면서 한걸음도 실천에 옮기지 못하고 내일이라는 미지의 세계만 그리고 있다.

「네가 만일 원대한 희망과 아름다운 꿈과 이상을 동경하는 자라면 어디 한번 지금부터라도 용감히 실행해 보라. 내일로 미루는 자는 성공할 수 없는 것이며 변하는 의지는 남아의 가장 비겁한 정신이다. 네가 그 꿈과 이상으로 무현(無現)의 행운을 期하며 주저하는 것은 못난이의 한사람. 한번 결정한 의지거든 즉시 실천에 옮기라. 너는 말만 앞서는 先言者이며 괴변자이다. 너의 신분의 약점을 속이려는 비겁한 자가 아니고 무엇이냐? 만약 세인이 그러한 너의 속심을 안다면 얼마나 비웃고 조롱하겠느냐? 너는 즉각적으로 실천에 옮기는 자가 되라. 너의 인생관에 책임 있는 성과를 거두라!!」

12월 22일 목요일

외출증을 끊어 쥐고 지포리로 나갔다.

성탄절을 맞이하기 위하여 성가요원들은 20일 전부터 모여 성가연습에 몰두하였다. 나는 연습이 끝나자 김동환씨와 같이 서 장로 댁으로 갔다. 그곳에서 성탄일을 앞두고 교회내의 장치를 맡아 일하기로 한 것이다. 서 장로 댁에 내가 유숙할 방이 마련되었고, 덮개도 새것으로 장만하여 놓았다.

12월 24일 토요일

온 종일을 장치 준비에 바빴다. 여대원 몇 사람이 와서 일을 거들어 주었다. 나는 일을 완전히 끝마친 후 B군과 같이 내일 크리스마스에 교환할 선물을 사러 돌아다녔다.

이렇다 할 물건이 생각나지 않는다. 서점에 가서 시집 한 권을 사들었다.

여대원 최임춘 양에게 보내줄 선물이다. 며칠 전에 대원들은 남녀 편을 갈라 각자 보낼 사람의 이름을 뽑았다. 비밀로 하는 것이다. 줄 사람이 누구임은 알고 있지만 누구에게서 받는지는 모르는 것이다. 우리들은 서장 로댁에서 준비한 장치 도구를 가지고 교회로 나갔다.

여러 사람이 거들어 교회안의 장치는 끝마쳤다.

내가 짜낸 솜씨에 불과 하였지만 제법 보기에 좋았다.

우리 대원들은 목사 댁 응접실에 모여서 선물 교환을 하였다. 선물 속에는 여러 가지 조건이 들어 있어서 받는 사람으로 하여금 그 조건에 움직여야 했다. 그러자니 웃음이 터져 나오고 흥미로웠다. 나는 목걸이와 카드를 받았다. 마음이 흡족하다. 누구에게 받았는지는 전혀 모른다. 여성회에서 또한 타올과 비누를 받았다.

12월 25일 일요일

거룩한 탄일의 어두움은 밝았다. 1960년 전 예수 그리스도가 탄생하신 날, 성전마다 기쁜 탄일의 종소리가 웅장히 들려온다. 우리들은 새벽 기도를 마치고 차에 올랐다. 처음으로 맞이해보는 성탄절이다. 차는 대원들과 목자, 장로 그외 교인 들을 싣고 용해동으로 달렸다. 험한 산비탈 길이었다. 이리저리 꾸부러진 산길을 오르는 트럭은 제 힘을 다하여서 기어오른다. 차안에서도 대원들은 찬송을 부르며 갔다.

꿈길 속에 빠진 용해·산속의 촌락·동해의 밤, 고요한 밤, 거룩한 밤이었다.

이 촌락에도 주의 탄생을 맞이하는 가정에서는 찬란한 등불이 밝혀져 있었다. 일행은 가정 가정을 찾아다니며 찬미를 불렀다.

고요한 밤 거룩한 밤 어둠에 비친 밤
주의 부모 앉아서 감사기도 드릴 때
아기 잘도 잔다. 아기 잘도 잔다.

기쁘다 구주 오셨네, 만백성 맞으라
온 교회 함께 일어나 다 찬송 부르세
다 찬송 부르세 다 찬송 찬송 부르세

찬송을 부르는 가슴속은 다 그윽한 감정에 사로잡혔을 것이다.

이날의 성스런 축복을 마음껏 부르짖으리라. 우리 일행을 맞이하는 이곳 교인 가정의 얼굴엔 기쁨과 감격의 빛이 역력히 그려져 있었다.

20세기의 문명이 발달한 사회에도 이곳 사람들은 원시생활에 흡사한 살림을 하고 있는 것이다. 화전민들이다. 하루하루의 먹고 입음을 근심하고 있는 불쌍한 백성들이다.

그들의 표정에서는 악의라고는 찾아 볼 수가 없고 곧이곧대로 보고 듣고 하는 순진한 백성들이다. 시대조류에 비하여 이토록 뒤떨어진 생활을 하고 있는 사람들을 보았을 때 의아스러웠다. 그들에게도 신앙은 필요하였다.

하느님께 영광을 돌리고 주님의 진리를 배우자는 신념은 불타오르는 것이다. 그들의 신앙은 그 누구보다도 참되고 굳어 보였다.

차는 오던 길로 다시 돌아오기 시작하였다. 급경사진 비탈에서는 차안에 탄 우리들이 그대로 쏟아질듯 아슬아슬하였다. 오는 길에 우리부대로 들어갔다. 보초를 서고 있는 사병 몇 사람만이 부대 주위를 배회할 뿐 이백수명의 군인이 잠든 영내는 고요하였다. 우리들은 조용조용 그들이 잠든 내무반 앞에 모여서 「고요한 밤」의 찬송을 불렀다.

사중창의 찬송소리의 음향은 잠든 사병들의 꿈을 깨웠으리라.

日破대를 거치고 내가 근무하는 상황실까지 데리고 들어갔다.

우리들은 부대에서 나와 단탄리로 향했다. 싸락눈이 한잎 두잎 나리기 시작한다.

「"아이, 눈이 와요"」누구인지 감개무량한 듯 외쳤다. 단탄리 길옆에서 차를 세웠다. 대원들은 두 패로 나누어서 각각 담당한 부락의 가정을 방문하였다.

「"고요한 밤, 거룩한 밤"」

신철원 부락까지 일일이 돌고나니 아침이 되었다. 나는 B군과 장로 댁으로 가서 잠시 동안 자리에 누웠다. 일생 잊혀지지 않을 것 같은 오늘의 감격이다.

12월 30일 토요일

눈은 뜬지 오래이나 포근한 잠자리의 애착으로 그대로 얼마동안 누어있었다.

옆에 누운 B군과 송 군도 잠이 깨인 모양이다. 우리들은 누운 채로 어젯밤의 싱겁던 망년회에 대하여 이야기하면서 오늘 다시 망년회를 하자는 의논을 하였다.

어제의 망년회는 몇 사람의 교인만이 모여서 쓸쓸하게 진행하다시피 하였다. 마음이 흡족치 못한 모양들이다. 그래서 오늘 다시 청년 남녀 대원끼리 모여서 어제의 싱거움을 보충 채우기 위하여 다시 놀아보자는 의논이다. 실은 오늘이 마지막 가는 날이다. 그러나 이것은 어디까지나 교회 안에서 움직이는 일이라서 본 교회 목사나 장로의 허락을 받아야만 했다.

무슨 구실로 다시 놀겠다는 제안을 해야 할지 생각이 잘 나지 않았지만 햇빛이 창문에 환하게 비치자 우리들은 일어나서 망년회를 다시 하고야 말겠다는 일념으로 장로 댁으로 내려갔다.

어제 밤에 장로의 부탁이 있기도 하고 해서 겸사겸사 오늘의 일을 의논해 보려 함이다.

우리들은 김동환 씨와 의논 후 장로에게 의논하여 보았다. 장로는 쾌히 승낙하였다.

나는 B군과 같이 부대를 잠간 다녀 나온 후 오늘 저녁의 놀이준비에 바빴다.

장로의 딸 K양에게 대원들에게 전달하라 하고 우리들은 몇 군데 들러 찬조금을 거두었다. 오늘 놀이에 사용할 물건을 사고 난 후 송의 집을 들러 나왔다.

장로 댁에서는 음식준비에 온가족이 분주하다.

목사의 망년사가 끝난 후 우리들은 유쾌히 놀이에 들어갔다.

나는 원래 노는 장소와 더불어 모임의 장소를 즐겨하지 않았으나 오늘은 유달리 싫은 생각이 나지 않아 그들과 어울려 놀았다.

망년회…

한 해 동안의 일을 잊어버리자는 날. 잊을 수 있다면 한 해 동안의 일뿐 아니라 모든 것을 다 잊고 싶었다. 괴롭고 쓰라린 추억을 모두 다 잊고 싶었다. 그러나 오히려 잊는 다기보다는 지나온 추억이 뚜렷하게 머리에 오른다.

나는 또 하나의 공상을 하여본다. 이집이 바로 그리운 M양의 집이라고. 그녀가 내 앞에 있다고. 지금 그녀는 무엇을 생각할까?

그녀의 지나온 나에 대한 태도를 살펴본다면 모두가 수수께끼같은 일이다. 호기심과 궁금증이 영영 해결되지 않을 것인가? 모두가 온갖 사념을 잃고 놀이에 팔린 대원들 앞에서 나 혼자만이 이 같은 엉뚱한 생각을 하는가 하니 적이 미안하였다. 척사대회가 한창 계속 중이다.

나는 밖에 나갔다. 바람이 차가웁다. 달이 밝았다. 나는 또 사념에 잠긴다.

쓸쓸하고 차가운 달밤, 인정도 차고 기후도 차고 달빛도 별빛도 모두 다 차가운 전선지대. 이 차가운 지대에 미련은 남으리라. M양에 대한 미련. 척사대회가 끝나고 대원들은 각기 집으로 돌아갔다. 나는 B군과 같이 장로 댁에서 자기로 했다. 그리운 M양의 집에서…

단기 4294년 서기 1961년 1월 9일 일요일

지포리에 나갔다.

1월 10일

송중위 결혼식, 서울예식장 태화관

1월 11일 화요일
새벽 1시 전우들로부터 부대가 해체된다는 소식을 들었다.

1월 12일 수요일
부대 해체는 결정적이다. 서류정리와 인사행정조치에 수라장이 되었다.
나는 그렇거나 말거나 무관심인양 장비 一均을 반납하고 선임하사의 지시가 있었지만 들을 필요도 없이 B군과 같이 지포리로 나갔다. 그곳에는 이미 부대 사정을 알고 있었다.
나는 사우록(思友錄)을 나누어 주고 다음 일요일 마지막 만날 것을 약속한 후 부대로 돌아왔다.
「'부대는 말이 아니군, 내야 알바 있나… 콩가루 같은 부대'」

1월 14일 토요일
부대는 한산하다. 막상 해체가 되고 보니 허무할 뿐이다. B와 같이 지포리로 나갔다.
김동환 씨 댁에 갔다. 저번 약속한 주일학교 성적표를 그리어 주었다.
옆집 K양이 찾아와 주었다.
K양의 집에서 잠자리를 준비하여 주었으나 이곳에서 머물러 잤다.

1월 15일
K양의 집에서 아침식사를 하라는 부름을 받았으나 우리들은 앉은 자리

에서 식사를 하였다. 그리고 교회로 나갔다. 지난 수요일에 나누어 준 사우록을 받았다. 찬양대석을 마지막 앉는 순간이다. 무언지 아쉬움이 복바친다. 일년 동안을 아끼던 찬양대 자리다. 그러나 이것이 마지막이다. 목사의 설교소리에도 하나 귀에 들리지 않는다. 예배를 마친 후 우리들은 K양의 집으로 갔다. M양을 여기서 만나는 것도 마지막.

여대원·이용금·임영자양이 찾아왔다. 식탁을 둘러앉은 사람들은 이렇다(서장로·김동환·이인망·함수길·송병기·이용금·서금자·임영자) M양은 여기에 없고 안에서 무엇인가 하고 있었다. 팔 때리기, 윷놀이로 시간의 공백을 채웠다.

우리들을 위한 송별식을 하려고 목사댁 응접실에 대원들이 둘러앉았다. 목사의 설교가 있었고 대원의 송별사, 우리들의 답사 순위에 따라 진행되었다. 모임은 오락으로 들어갔으나 분위기가 조화되지 않는 것 같다, 서로서로의 얼굴만 맹맹히 바라보곤 힘없는 숨결들을 내쉬고 있다. M양도 와 있었다.

그는 아무것도 모르는 양 태연히 앉아있다. 이따금 눈길이 마주칠 뿐 별다른 표정은 발견하지 못하였다. 그리고 그녀는 내가 지난 화요일 같이 나누어준 싸인을 돌려주지 않는다.

작년에도 그에게 준일이 있다. 그때도 돌려주지 않았다. 그 무슨 이유일까?

이것도 그 소녀에 대한 수수께끼가 아닐 수 없다. 나는 이 교회를 떠난다 하더라도 미련만은 영원히 존재하리라. 잊을 수 있을까 보냐? 군 생활에서 받은 타격을 이 교회로 말미암아 위로 받았고 지루한 시일을 이 교회에 나옴으로부터 보람 있게 지내었으니…

그러니까 지난해 봄, 고민으로 지나오던 봄의 일이다. 여러 가지 복잡한 사정으로 인하여 실패의 고배를 마신 후 마음의 안정을 잡지 못하고 갈팡질팡할 무렵 우연히 과장 이대위의 권유로 B군을 따라 교회에 첫 발을 디디게 된 것이다.

교회에 나갔으나 처음에는 모든 것이 익숙하지 못한 관례로 어색한 기분만 맴돌아 심히 거북하더니 찬양대가 창설되자 찬양대장 박 군의 권유로 부득이 찬양대석을 앉게 되었다.

처음 불러보는 찬송이었고 음악에 소질도 없는 나여서 고충을 많이 느꼈으나 점차적으로 습득한 결과 내가 맡은 베이스의 찬송만은 자신을 갖게 되었다. 이로부터 완전히 교회생활에 젖어버렸고 취미를 느끼어 계속 나다녔던 것이다.

따뜻한 봄날 진달래꽃과 개나리꽃이 만발하였을 때 대원들은 카메라를 메고 삼부연 폭포수 혹은 修祿院 寺地(수록원 사지 – 절터)로 거닐며 기나긴 봄철을 즐기기도 하였다.

여름철이 되자 원두막을 찾아다니기도 하고 시냇가를 거닐기도 하면서 부대에서 구속받는 마음을 풀어보기도 하였다.

연이어 청년회의 조직이 있었고 월간지를 발행하였으며 처음으로 음악예배를 보는 등 우리의 활동은 커졌다. 특히 잊혀지지 않는 것은 성가대장 박용순과 정청자양의 연애사건인데 처음엔 나도 그들의 취지에 동정하여 왔으나 전하는 소문이 해괴망측하여 목사의 간청으로 B군과 더불어 그들을 교회에서 금지시킨 일이 생각난다. 그러나 「박」, 그는 역시 잊을 수 없는 벗이었다.

크리스마스를 준비하기 위한 음악예배 일개월전부터 부대 내의 눈총을 받아가며 줄달음치던 일이며 M양의 집에서 크리스마스 장치를 하노라 묵던 일 등이 생각난다.

또 24일 저녁의 선물을 받고 기뻐하던 마음. 크리스마스 날의 새벽 찬미를 부르기 위하여 비좁은 트럭을 타고 용해산골에 들어가서 그들의 순박한 표정을 발견하고 또 찬송을 부르던 일도 생각난다. 더욱 나는 B군과 더불어 어린 소년들인 양 팔짱을 끼고 어깨를 가즈런히 하여 다니던 일이 새삼스러워지는데, 그때 M양 역시 M2양과 같이 우리들을 모방한 듯 나란히 다니면서 우리의 바로 앞에 정답게 서서 찬송을 부르던 소녀들의 귀여운 모습도, 그리고 대원들을 이끌고 내가 근무하는 상황실로 안내하여 자랑삼아 구경시키던 생각도, 단탄리 부락에서 B군과 갈라지자 M양과 M2양이 나의 뒤를 따르면서 언제나 나의 앞에 서서 찬송을 부르던 모습도, M양에게 추울까 염려되어 내가 입고 있던 외투를 걸쳐주던 나의 은근성도, 망년회의 드새던 하루 밤, 천사만념이 살아 일어난다. 이렇듯 미련 많은 교회를 오늘로 떠나 버리다니 허무하고 섭섭한 사념뿐이다.

지금 M양은 무엇을 생각하는지 눈을 지그시 감았다간 뜨곤 한다. 천진스레 따르던 임영춘 소녀는 얼굴에 미소를 머금고 가끔가끔 나랑 바라볼 뿐이다.

밤이 한창 깊었으리라. 송별회는 끝났다. 이지욱양은 B군에게, 임영춘양은 S군에게 명숙양은 K군에게, M양은 나에게 각각 이별의 선물을 주었다.

「우리 다시 만나 볼 동안 하나님이 함께 계셔 훈계로서 인도하사 도와주시기를 바라며 다시 만날 때 예수 앞에서 다시 만날 때 그때 계심 바라네.」

그들이 무어라 인사하는지도 모른다. 나는 그냥 뛰어 나왔다. 헤어짐의 섭섭함이란…

　　그냥 부대로 돌아갔다. 지포리 시가의 불빛과 그리운 사람들을 남겨둔
채.

　　부대로 돌아왔다. 근무하던 상황실로 줄곧 향했다. 의당 밝혀졌어야
할 상황실은 어둠속이었다. 올 것이 오고만 것이었다. 미친 듯이 내무반
으로 달려가 보았다. 내무반은 말이 아니었다.

　　본부포대 행정요원들이 전원 내무반에 모여서 이제 막상 배속된 각 사
단으로 떠날 준비를 하느라고 아수라장이 되었다. 내무반에서 인사계와
선임하사를 만났다. 그들은 나를 보자마자 노발대발 야단을 쳤다. 지난밤
말없이 나가서 이제야 돌아온다고, 보고 없이 무단이탈한 책임추궁이었
다. 그러나 이제 막상 그들에게 쩔쩔매고 있을 필요는 없었다. 무어라 하
거나 말거나 개의할 필요가 없었다. 나의 장비 일절은 과원들이 주선하여
주었다.

　　3사단 A부대로 분류된 나는 전우들과 인사 한마디 나누지 못한 채 트럭
에 올랐다. 어둠속을 뚫고 차는 달린다. 차가운 눈이 바람에 몰리어 차안
으로 뿌려진다.

　　차는 북편을 향해 쉴 사이 없이 달린다. 같이 배속 받은 전우들의 표정
은 창백해져 있었다.

　　차는 지경리에서 내렸다. 먼저 우리부대 포대자리다. A포대는 아직 자
리를 이동하지 않고 있었다. 나는 A포대 분대 악사로 과원 몇 사람과 같이
들어가 몸을 누였다.

　　영원히 잊을 수 없는 오늘의 어수선하고 괴로운 하루였다.

2월 3일

나는 부대가 지경리에 머물러 있는 동안 아는 벗이 있는 9분대 막사에서 나날을 보냈다.

포대에 들어가기만 하면 복잡한 요즘이라서 그들의 아니꼬운 괄세를 받아야 했다.

부대가 와수리 3사단 본부 근처로 옮긴다 하더니 갑자기 계획을 변동하여 2월 20날 三省里(전 나의 부대) 로 돌아왔다.

여기만 와도 우선 살 것 같았다. 내가 삼년동안 근무하던 낯익은 곳이다. 이곳에 와보니 아직 떠나지 않은 전우들이 몇 사람 있었다. 여기에 돌아와서도 부대는 시끄러웠다. 일거리가 많은데다 사단장의 초도 순시에 준비하느라고 전부 대장 사병들은 잠을 이루지 못했다. 나는 직책도 얻지 못하고 이리 끌리고 저리 끌려 다니는 신세가 되고 만 것이다. 사람의 일이란 어찌 알았으랴. 전날에 그들에게 지시사항을 하달하는 상급부대의 한 사람이었으나 지금에 와서 그들 밑에서 설움을 받을 줄이야.

나는 정문으로 지원하여 나갔다. 입대 후 처음 경험하는 위병 근무다. 여기에 온 후부터는 비교적 안정된 날을 보낼 수 있었다. 위병근무를 하는 동안 포대장의 미움을 받고 벗 구태회와 같이 소대로 쫓겨나갔다가 며칠 후 다시 정문으로 내려왔다.

27일경 11사단은 제대특명이 나왔다고 11사단으로 배속되어간 박종각에게서 소식이 왔다. 5사단 역시 30일경 특명이 나왔다. 3사단으로 온 우리들만이 소식이 없다. 같은 날 입대한 전우들이 이미 고향으로 갔고 부대 해산의 영향으로 누락을 당한 전우들과 27일 30일 양일간에 다 내려와 있지 않은가. 내가 이 부대로 지원했던 것을 후회하였다. 참기 어려운 고통이었다. 3년 동안 고이 근무한 끝의 보람이 이러한 결과란 말인가? 번민에 쌓여서 미칠 것 같다. 五官이 뒤집어지는 것 같다. 어디에 마음껏 화풀이라도 하고 싶다. 사지가 풀리고 저녁에 잠을 잘 수가 없었다. 같은 처지의 벗들과 상의도 하고 대책을 연구하여 보았으나 시원한 생각이 나서지 않았다.

2월 4일 토요일

새벽 두 시경 갑자기 「쾅, 쾅」하는 두 마디의 폭음이 울렸다.

무슨 일이 일어난 모양이다. 얼마 후 엠브란스 차가 의무대로 향해 올라간다. 의무대에서 사고가 난 것이 틀림없다. 알고 보니 군인 (하사급) 세 명이 죽었다는 것이다.

수류탄이 터졌던 것이다. 사인(死因)은 아직 모른다. 다만 의아스러울 뿐이다.

부대 전원이 일어나서 인원을 점검하고 사고원인을 밝혔다. 그런데 대략적인 추리로 원인을 밝혔다. 변하사라는 하사관의 자살행위였다. 그는 몇 개월 전 중사 위급을 위하여 많은 돈을 썼다. 그 돈은 유일한 재산인 가옥을 팔은 것이다. 그는 가정에 모친 한사람과 누이동생 하나뿐이다. 진급만 되면 어떻게 가정을 꾸려나가리라 생각했던 것이 많은 금액만 헛되이 낭비되고 소원한 진급은 되지 않았다. 거기다가 신병(身病)마저 있고 보니 하사의 박봉으로선 몸에 든 병도 고칠 수 없게 되었다. 그가 우리부대에 전속 된지 불과 일주일도 못되어서 부대가 해체되어 지금 이 부대로 배속되었다. 그는 이 부대에서 같은 하사 급의 사병에게 괄세를 받고 있었다. 그리고 부대마저 요즈음 한창 어수선하여 하루를 안정하지 못하는 형편이었다.

이것저것 생각한 나머지 비관자살을 기도하였던 것이다. 그가 마침 탄약계라는 직책을 띄고 있었기 때문에 수류탄 취급은 힘든 일이 아니었다. 어젯밤 그는 술이 취하여 돌아와서 의무대 환자실에서 하사들끼리 나란히 자고 있다가 그만 사고를 내고만 것이라 한다.

그러면 왜 혼자 자살을 못하고 같은 전우와 같이 참극을 빚어냈는가? 하나의 의문이기도 했다. 같이 자던 하사들에게서 그는 멸시와 천대와 구박을 받았던 연고로 하나의 보복 행위가 포함된 자살이라 하였다. 선한 결과는 반드시 그 선의 대대가(對代價)를 받기 마련이지만 악의 씨는 악의 결과를 받기 마련인지도 모른다.

2월 5일 일요일

마지막 작별을 하고 나온 교회였지만 내가 아직 이곳에 있기 때문에 한 번 들러보고 싶기도 하여 지포리로 나갔다. 20수일 만에 나가는 것이다. 그 면에도 나갈 수 있는 교회는 있었지만 마음이 내키지 않아서 부대에만 있었다. 일 년 동안을 한결 같이 다니던 교회였지만 이제 막상 발길을 들여놓으니 모든 것이 생소한 듯 서먹한 마음이 들었다. 예배시간이 되어 예배를 보느라니 성가대석이 궁금해진다. 눈을 들어 성가대석을 바라보았다. 그전에 가득 차있던 대원들이 어인 일인지 자리가 많이 비고 몇 사람 없었다.

그리고 M양도 나오지 않았다. 나는 M양이 나왔으리라는 은근한 기대가 없지 않았으나 그가 없고 보니 더욱 허전한 것 같았다.

나는 송영상군과 같이 그의 집으로 갔다가 저녁예배에 임하였다. M양과 J양이 나왔다.

그러나 막상 예배를 끝마치고 나니 인사한마디 주고받지 못한 채 아쉬움을 품고 부대로 돌아왔다. B군이 문득 그리워진다.

2월 6일 월요일

기다리는 제대특명은 오늘도 소식이 없는 모양이다. 벗들 八 人은 언제나 내가 있는 정문을 나와서 밤낮 특명 타령으로 날을 보냈다.

나는 더 이상 참을 수 없었다. 전우들을 이끌고 행정반으로 올라갔다.

처무 계에게 책임추궁을 하며 야료를 쳤다.

인사계가 성을 내며 맞서고 덤빈다. 나는 인사계와 한바탕 싸우다가 분에 못이기는 체 정문으로 내려와서 누어버렸다. 전우들이 몰려들어 오며 환성을 지른다. 「"애야 제대 특명이 나왔어 지금 연락병이 가지고 왔다. 네가 10분만 참았더라도 괜찮았을 것을"」「"응, 그래"」나도 이 기쁜 마음을 어디에 비기랴 「오!! 제대특명」 이날의 기쁨을 기다리기 위하여 3년 동안 그 얼마나 괴로움과 싸워야 했던가. 오, 특명. 너무나 격한 감정이 솟아오른다.

2월 8일 수요일

군복을 벗어 반납하고 홀가분한 제대복장으로 3사단 보충대로 갔다. 보충대에는 아직 귀향여비가 도착되지 않았다 하여 많은 제대병들이 10수일간이나 머물러 있었다.

오후 8시 경 귀향여비가 나왔다. 나는 귀향여비와 귀향증을 받아 쥐고 벗들과 같이 보충대에서 나와 금화로 갔다. 금화 여인숙에서 자고 내일 일찍 집으로 갈 예정이다.

2월 9일 (12월 24일) 목요일

오늘은 한 많은 강원도 땅을 떠나는 날이다. 그리운 고향을 찾아가는 날이다. 어제까지는 군인이었으나 오늘부터는 군인이 아니다. 군복을 벗고 집으로 가는 이 마당에도 군생활의 미련이란 하나도 없다. 벗들만이 그리울 뿐이다.

나는 금화에서 벗 二人과 같이 나오다가 부대를 잠간 들렀다. 다시 보고 싶지 않은 부대전경이다.

해체된 후의 며칠간의 군 생활에 아주 질려버린 셈이다. 지포리로 나가 교회에 들렀다. 그곳에서 맡겨둔 물건을 찾고 조성용 목사와 헤어졌다. 김동환 씨를 만나본 후 정류소로 나오고 말았다.

이근규 군이 따라 나와 하루만 있다 가라고 한사코 붙잡는다. 할 말이 있노라라고, 그러나 기다리는 벗들을 생각하고 그를 물리친 후 버스에 올랐다.

미련 많은 지포리 땅도 지금이 마지막 보는 순간이다. 모든 사람들에게 인사도 못하고 가는 자신이 섭섭하다. 더욱 M양을 두고 가는 심정이라서… M양이여 잘 있을지어다.

기약 없이 왔다 떠나는 몸 영원히 만나지 못할지도 모르리라. 오 M이여 한번만 더 보고 싶어진다. M양이여 나의 첫사랑에 불붙여 놓은 M양이여 잘 있으오.

무 로 (無路)

내 갈길 모르와서...

내 갈길 아니와서...

어디메 가오리까?

길 많고 방향 많아

넓고 넓은 천지간(天地間)

내 갈길 몰라 갈길 몰라

눈물 삼키며 우옵니다.

하늘로 솟으리까?

땅속으로 묻히리까?

현해탄(玄海灘)을 건너리까?

어디메로 가오리까?

1961년 9월 15일 청양에서

밤 길

밤의 거리를 홀로 걷노라면
처량하게 가슴 울리는 풀벌레 소리

그 옛날 정다웠던 벗들의 추억
허전한 마음 속 휘파람으로
파고드는 몸부림을 달래어 본다.

시름없는 콧노래에 밝은 달님은
검고 푸르슴한 창공에 떠서
광야를 비추고

가냘픈 생명이 푸근한 자연에 싸여
하얀 길 무작정 걷노라면
서산마루에 걸린 달님이 반기네!

1961년 9월 16일 청양 적답 구룡리 용산암석에서

무제 (無題)

록양(綠楊)이 靑靑하던 수양버들아
가을이라 마음변해 붉어 졌구나.
하늬바람 매몰스리 불어 치며는
한 잎 두 잎 떨어져 여울에 뜨네.

흘러가는 여울물아 내말 들어라
주야불식(晝夜不息) 흐르는 건 네 본(本)이지만
어쩌자고 눈물짓는 홍엽(紅葉)을 띄워
여류세월(如流歲月) 외장치며 조롱하느냐

입신양명(立身揚名) 꿈이 많던 소년시절도
이제 와서 헤아리니 일장의 춘몽(春夢)
부운인생(浮雲人生) 덧없음을 내 알았다면
속리산(俗離山)의 단발여승(短髮侶僧) 본이나 받지

맹세노니 이후부턴 안 속으리라.
부귀공명(富貴功名) 인생행락(人生行樂) 영화(榮華)의 꿈도
이내 몸엔 쓸데없는 평수(坪水)의 운명(運命)
속지 말고 내 분수나 지켜나 보리

탄 가 (嘆歌) 1

오늘도 저무누나. 긴 – 긴 하루해
일없이 바위 위에 홀로 앉아서
애꿎은 옛 추억만 되불러 봐야
그때는 다시 못 올 옛날이었소.

창공에 푸른 별이 반짝 거리면
서산마루 넘어가는 샛별을 보고
저별이 내 해라고 서로 다투던
꿈 많던 어린 시절 마냥 그립다.

추 삼경(秋三更) 느껴 우는 풀벌레 소리
너도 무슨 한이 그리 맺혀 슬피 우느냐.
깨어진 꿈 이어지는 불면(不眠)의 장야(長夜)
나도 또한 너와 함께 울고 싶고나.

홀로 우는 맘

서러운 일 하소 못해
홀로 우옵니다.

괴로움에 가슴 쓰려
홀로 우옵니다.

억울함도
외로움도
알아 줄이 없어서
나 - 홀로 이렇듯
쓸쓸히 탄식하며
홀로 우옵니다.

6월 5일 (음 4월 22일)

그리운 사람들.

3년간의 군 생활 중에서 사귀어 온 그리운 벗들의 생각이 하나하나 머리에 떠오른다.

박 종 각

박 군은 같은 훈련소로부터 같은 부대 같은 과에서 지나온 유일의 벗이다. 그는 조금 큰 키에 몸이 가늘고 적은 얼굴에 그나마 퍽 수척한 듯 살이 없다.

안경을 쓰고 있는 것을 보면 어딘지 모르게 위엄을 발견할 수 있다. 그의 고향은 전북 정읍이고 전남 섬유 공대를 나온 지식층의 청년이며 아직 미혼인 올해 28세의 청년이다.

나는 그와 더불어 이따금씩 진지한 인생문제에 대하여 토론을 주고받기도 하며 가끔의 의사충돌도 일으키는 수가 있었다. 그와 더불어 군 생활 당시 처음 졸자 생활하던 기억이 새로워진다.

「"어이, 종각이 담배 있거든 한 대 줘."」 누구보다도 담배를 즐겼던 나는 하루 열 가치 보급받는 화랑으로써는 양이 차지 않기 때문에 그에게 늘 상이렇게 청한다. 그는 호주머니를 떨어서 꾸부러져 버린 담배를 갑 채 내어주곤 했다.

졸자 생활을 면하여 제법 고참 행세를 할 무렵 그는 같은 과 행정반으로 가서 교육계 생활을 맡아보며 행정요원을 지도했고 나는 상황실에서 作戰任務(작전임무)를 맡아보며 작전요원을 장악해서 과사(課事)를 운영해 나갔다. 그가 임무에 한창 바쁘고 나는 한가할 양이면 나는 줄 곧 그에게 찾아가 놀려대는 것이었다. 「"어이 종각이 바쁜 모양인데 나는 이렇게 한가한데 여태껏 무엇 하는 거야!! 그만 집어치우고 밥이나 먹으러 가세."」

그는 안경 사이로 나를 올려보며 「"흥! 너 좀 한가한 모양이구나, 어디 두고 보자."」 그리고 한창 시끄럼 피우는 나에게 「"이 새끼, 시끄러워! 너 근무처에 가있어. 왜 근무지를 이탈하는 거야!"」 그러면 나는 역시 그대로 듣는 것이 아니었다. 「"뭐이, 어째!! 야, 병기야 요것 좀 봐라, 주둥아리만 살았다."」 하면서 한창 울근불근 싸운다.

지금 이 벗은 제대한 후 광주에 가 있다. 얼마 전 나에게 편지가 왔었다. 나는 그가 그리워진다. 그에게 어떠한 매력이 있었다고 생각한다. 전라도 고향 땅에서 자란 그는 마음이 곧고 청렴결백했었다. 어딘지 모르게 패기가 만만해 보이던 그였다. 그 안경을 쓴 네눈박이의 그가 몹시 그리웁다.

양 병 기

이름만 불러 봐도 부드러운 인상을 주는 병기군,

병기 역시 훈련소로부터 같은 부대에 배속되어 비록 과명은 다른 정보과였지만 같은 실내에서 근무하는 처지였다.

그 역시 전북 전주출신 모 대학을 다니다가 그만두었다는 27세의 미혼 청년이다.

그는 짤막한 키에 통통한 몸집, 얼굴이 희고 고웁다. 약간 노르스름한 두 눈이 양기(양키-서양사람)를 흡수한 듯하고 우뚝한 코와 계집애처럼 조그만 입, 어느 모로 보아도 미남이다. 더우기 그의 손과 팔과 다리와 온 부분이 희고 매끄러운데다가 그의 성명조차 순진하고 얌전하게 들리어 그의 별명이 「미쓰」라고 불리었다. 그의 특기라고 할 만한 것은 성악가이다.

그의 고운 목소리는 지금껏 들려오는 듯하다.

그리고 그는「크리스찬」이다. 나는 그와 더불어 늘 상 교회로 나다녔다.

한시를 그와 떨어지기가 싫어서인지 근무시간 외는 언제나 그와 같이 다니며 놀았다. 심지어는 식사시간에 양팔을 끼고 식당으로 내려와서 마주 앉아 식사를 끝마친 후 또한 어깨를 맞대고 돌아 와야 만이 직성이 풀리는 것이다.

「"스코브 정보과. 누구야?? 병기 좀 바꿔줘」하고 그에게 전화를 걸량이면 얼마 후「"양병장입니다."」하고 그가 받는다. 「"누구?"」하고 소리를 지르면「"양 대령입니다."」하고 유들하게 대답한다. 「"어이, 병기 교회 안가? 빨리 준비하고 쯩(증명서) 끊어가지고 상황실로 올라와. 그리고 주번한테 말하고"」나는 이렇게 일절을 그에게 부탁한다. 그러면 그는 나의 말과 같이 준비를 다하고 와서「"어이 가세"」한다. 이렇게 하여 일요일이나 수요일 저녁이면 그와 같이 교회로 나가곤 한다. 교회에 가서도 그와 같이 찬양연습까지 끝마치면 중국집으로 원두막으로 혹은 가정으로 서로 혼자 가는 일 없이 행동을 같이 한다.

어느 날 그는 어느 여성을 사랑한답시고 괴로워 죽겠다나. 그래서 나는 대뜸「"누구지? C, S…"」하면서 다잡아 물었더니「…하고 솔직한 고백.」어쩌면 병기에게는 사랑보다도 프랜드 같을 것이다. 그 병기는 특히 몸이 단정하다. 옷을 매만지는 것을 보든지 그 머리를 손으로 비벼서 멋있게 빗어 넘기는 것을 보면 단정하다. 그의 머리가 흐트러져 있는 것을 한번도 본 기억이 없다. 나는 그에게 심심할 양이면 늘 상 이런 말을 한다. 「"어이, 병기 자네는 남자가 너무 깔끔해. 남자는 소탈하게 머리나 옷 같은 것도 아무렇게나 하고 다녀야 오히려 고상한 매력이 있는 거야! 계집애처럼 뭐야!!」 하고 말하면 그는 「"하긴 그래, 집에서 어머님께 너에게 듣던 말을 언제이고 들어왔단다."」 하고 나의 말이 옳기도 하다는 것을 시인은 하면서도 그래도 그대로이다.

군 생활 중에도 한가하기만 하면 나는 행정반으로 내려가서 그와 종각이와 나 三人이 힐란을 한다. 삼각관계의 설전이다. 이 삼투전은 교묘하게 시작된다. 내가 병기에게 화살을 던지면 종각이가 응원한다. 또 종각이와 맞서면 병기가 응원한다. 또 병기가 종각이와 맞서면 나는 둘 중 아무편이나 들어서 마구 한 사람을 골려준다. 이렇게 되고 보니 행정반 안이 갑자기 소란하여지곤 한다. 어느 날 우리들은 이런 말을 한 적이 있다.

「우리들이 이렇게 다투는 말을 녹음시켰다가 후일 제대 후 고향에 돌아가서 들어보면 재미있을 거야. 얼마나 괴상한 언쟁을 하였는가를 알 수 있다.」

「"병기, 이 새끼야"」「"종각아, 이 뭣 같은 놈아"」「"중수 이 구렝이 같은 놈아!!"」 하루는 병기 군이 앞 마을의 지포리에서 과자며 사과며 떡을 가지고 와서 나에게 손짓한다. 가보았더니 그는 종이에 싼 것을 끌러 보이며 먹으라고 한다. 나는 그에게 종각이를 불러다 같이 먹자고 했더니 그는 달려가서 종각이를 데리고 왔다. 셋은 뒷산 수풀 속으로 들어가서 같이 나누어 먹었다. 우리들은 저녁이면 상황실 구석에다 칸막이를 하여 놓고 거기에서 같이 잔다. 내무반에서 자면 시끄럽고 늦잠을 잘 수 없다 하여 이곳으로 와서 비좁게 자는 것이다.

자면서도 늘 말다툼이다. 그러다 보면 어느 듯 잠이 들어 서로 부둥켜안고 있는 것이다. 병기는 라디오 듣기를 좋아했다. 그는 상황실로 올라오기만 하면 무전기 스윗치를 틀어놓고 양곡이며 명곡을 감상한다. 나는 그럴 양이면 의례히 일어나서 스윗치를 꺼버린다.

「"듣기 싫어. 누가 라디오 들어라 했어."」하며…

그와 나는 스윗치를 가지고 껐다 켰다하며 옥신각신 한다. 그는 라디오를 듣고 싶어 하고 나는 듣기 싫어하고 이러다가 결국에 둘 중의 하나가 지고 마는 것이다. 병기. 그는 아주 사색적이며 감상적이며 나와 성질이 비슷한 점이 많다. 일과 시간이 끝나면 언제나 상황실 뒤 무전차 운전실에 걸터앉아서 이러쿵저러쿵하며 이야기 속에 파묻혀 있는 것이다. 부대가 전원이 집합하여 야단법석을 부리는데도 그와 나는 모르고 있기가 일수였다. 또 그는 집합에 나갈 양이면 나에게 불만이 많다.

「"너는 왜 집합 안 해? 집합했으면 좋겠어, 너만 집합하면 나는 좋거든 같이 행동을 쳐야 하지 않아?"」 그는 무엇이든지 나하고만 같이 하면 좋다는 것이다. 불속에라도 같이 들어가면 좋을 심산인 모양이다.

작년 12월 크리스마스 때 나는 그와 같이 지포리에 나가서 크리스마스 준비를 하고 있었다.

그곳에서도 우리들의 사이를 잘 알고 있기 때문에 무슨 일이 있든지 우리 두 사람에게 의논하곤 한다. 병기가 있는 곳에 내가 있고 내가 있는 곳에 병기가 있다.

「양 선생, 한 선생」 하는 것이 지포리 교인들의 입에 붙은 말이었으리라.

그러나 막상 제대할 무렵 부대가 해산되는 바람에 그와는 부득이 갈려야 했고 병기 따로 나 따로 고향에 오게 되었다. 제대하면 같이 즐겁게 고향으로 가자던 약속이 허물어졌다.

이러한 병기 군을 나는 지금도 생각하고 있는 것이다. 웃는 듯한 그 얼굴에 양키 닮은 눈과 코, 부드러운 인상… 보다 마음이 부드러웠다. 영원히 잊을 수 없는 병기 군이여…!!!

구 태 회 (경북의성군 가음면 박호洞)

경상도 사나이.

고로 굳굳 뚝뚝하고 고집쟁이로 이름 있는 경상도 사나이..

「보이소, 그러하지 마소, 고마, 내사 안 그런 다이, 담배 담배피고 싶데이..」

말과 같이 그의 인상도 뚝뚝하다.

그는 같은 작전과 요원 나보다 한 달 뒤에 이 부대에 왔다.

나는 그 역시 잊을 수 없는 추억의 벗이었다. 매사에 착실하고 꾸준한 인내력이 있는 그, 그의 표면에서 간사한 성격이란 찾아 볼 수 없는 믿음성 있고 순진스러운 구태회였다.

그가 일할 양이면 무엇이 그리 흥겨운지 늘상 콧노래를 부른다.

나는 군 생활 3년 가운데 이 사람에게 너무나 많은 신세를 졌다. 어려운 일만 있으면 그와 상의하여 처결해 나갔고 특히 같이 근무하며 같은 작전 업무를 받았기 때문에 게으름뱅이의 나에게는 그가 없지 못할 수족이 되어 주었다. 어떤 때 그가 휴가나 출장을 가서 부대에 없게 되면 부대가 텅 비인 듯이 허전하였다. 물적 심적으로 동정을 그에게 받아온 나였다.

그는 부대에서도 근실하기로 모범이 되고 있는 군인이었다.

나는 과내의 일을 그와 상의함으로서 처리해 나갔다. 연구력이 있고 침착성이 있는 그는 무엇을 하던지 믿음직하고 세밀히 하기 때문에 그가 하는 일에는 실패가 없다.

나는 한동안 상황실에서 그와 잠자리를 같이 할 무렵 난롯가에 침대를 대놓고 서로 덮개를 양보하면서 이야기하던 일이 생각난다.

그는 비교적 말이 없는 사람이나 단 둘이 누어서 정담을 하게 되면 말없는 그였지만 곧잘 자기 고향의 이야기며 학창시절의 이야기 등을 들려주었다. 그리고 그와 단둘이 있을 양이면 그는 언제나 앞마을에 나가서 과자며 빵 등을 가져다가 이불속에 누어서 씹기도 하였다.

어떤 때 그가 기분이 잡쳤을 양이면 나는 「"헤이, 구태회 구태여 인상을 쓸 필요 없잖아?"」 하고 놀려대면 그는 씽긋이 웃고 「"구태여는 왜 찾노"」 한다. 그가 언제나 잠자리에 들어갈 무렵이면 노래 가락 한곡조가 나온다.

「"청사초롱에 불 밝혀라, 죽었던 낭군이 돌아왔네. 얼씨구 어쩌구…"」

올 정월 보름께 부대가 해산되어 사단으로 배속 받았으나 나는 요행이 그와 같이 배속을 받고 사단 생활을 하면서 서로 쓴웃음을 짓던 일이 생각난다.

「"육군 병장이 제대할 무렵 이런 괄세가 뭐야, 네나 내나 불쌍해서 못 보겠다."」 그와 나는 사단에선 언제나 같이 다녔다. 이렇게 외롭게 되고 보니 유일의 벗이 아닐 수 없다. 서로 위로하면서…

심지어 정문 생활을 할 때에도 그와 같이 가있게 되었으니 그와의 인연이 가장 끈질긴 모양이다. 착실하고 충실하고 연구력이 강한 구태회. 잊을 수 없는 벗이다.「청사초롱에 불 밝혀라. 죽었던 낭군이 돌아왔네 - 」「중수, 중수 밥 묵으러 가자」

이 영 배 (충남 고주군 우성면)

문학과 미술을 좋아하던 청년 이 영 배

나의 知己라고 할 수 있을 만큼의 다정다감한 청년이었다. 이 영배 역시 같은 과에 있던 사람으로 나보다 18개월이나 늦게 들어왔다.

그는 한동안 행정반에 내려가서 일을 보다가 나중에 상황실로 올라와서 나와 같이 근무하였다. 특히 차-트 병이란 임무를 띠고 나 혼자 분주하던 일을 거들어 주었다.

그와 나는 교육상황실에서 따로 나앉아 맡은 일을 해나가면서 시간의 여유를 찾아 그림을 그리며 다정한 이야기를 주고받았다.

때로는 문학과 시에 대하여 토론도 하며 조용한 시간을 많이 가졌었다.

얼굴에 유달리 빛나는 그의 눈, 묵직하게 다문 입, 퍽 위엄이 있고 점잖아 보인다.

모 대학 재학 중에 군에 입대한 것이다.

나는 그의 말없이 묵직한 표정이 좋았다. 그리고 호방 방탕한 현시대 청년들에 비하여 그는 모든 면에서 방탕성이란 찾아볼 수 없고 다만 현실주의자면서도 내일의 성공을 위해 주야 노력하는 유망한 청년 영배였다.

24세라는 그의 연령에 비해 점잖고 끈기 있는 그였다.

그리고 퍽 영리하고 침착하여서 감정이 그의 얼굴에 나타나지 않았다. 언제 보아도 묵직한 표정 그대로이다.

그는 나에게 군복무를 마치고 사회에 나가더라도 어느 조용한 섬 중이나 깊은 산중에 들어가서 문학공부나 하면서 수양생활을 하자고 늘 상 말하곤 하였다.

이제 막상 나는 그를 떠나 고향에 온 후에도 그에게서 소식이 끊어지지 않았다.

졸렬한 인간에게 소식을 전하여 주는 그를 보았을 때 신의 깊고 다정다감한 사람임을 한층 더 생각하게 한다.

한 욱 동 (대전시 대여동)

단기 4287년 이른 봄이었다.

나는 우리 한 씨 대동족보를 편집하기 위하여 대전에 가 있었다.

대개의 성씨들은 한세대(30년)가 지나면 족보(族譜)를 발행한다. 우리 성씨도 갑자년과 갑오년(갑자년 30년, 갑오년 30년)에 한차례씩 족보를 발간한다. 1954년 청주 한씨 대동보소는 대전시 선화동에 사무실을 두고 족보 발행업무를 보고 있었는데 나의 조부님은 족보발행업무의 도유사(都有詞)로 계셨다. 나는 조부님을 졸라 대동보소 서기 업무를 볼 수 있도록 취직 부탁을 청하여 그곳(대동보소)에서 숙식하며 보소일을 거들었다. 주로 글씨 쓰는 일과 인쇄소에 가서 원고정서의 교정을 보기 위하여 일 년 정도를 머물러 있었다. 그동안 역시 잊기 어려운 벗을 사귀었다. 욱동 씨가 그 사람이다.

내가 그를 처음 발견했을 때 그의 인상이 기억난다. 적은 키에 몸이 가늘고 얼굴에 살이 별로 없는 메마른 편의 얼굴로 첫인상은 퍽 냉정하였다. 그의 눈만이 약간 따뜻한 맛을 발견할 수 있었다. 그 역시 나하고 같이 일을 본지 사 오일이나 된 후에도 그와 인사조차 없었고 주고받은 말 한마디 없었다. 그와 나는 동일이 자존심이 강하였기 때문인지도 모른다.

어느 날 나는 종일 업무에 피곤한 나머지 밖에 나가서 바람을 쏘이고 있었다. 그 역시 마침 나와 있었다. 둘이는 말없이 나란히 서있게끔 되었다. 나는 담배 한가치를 피어 물고 나서 그에게 담배를 권하였다. 그는 말없이 담배를 받아 피어 물더니 얼마 후에야 비로소 나에게 말을 건네었다.

「"나도 멋없고 싱거운 사람이지만 당신도 나와 똑 같군요."」

「"글쎄올시다. 나 역시 말하기를 즐겨하지 않는 성질이어서 여지껏 인사도 못했지만 나 같은 사람이 또 있구나 하고 속으로 생각하였지요."」

이로부터 우리들은 차츰 친숙해지기 시작하여 그와 같이 극장이나 혹은 보문산 등성이로 거닐며 사귀기 시작하였다.

그 후로 우리들은 출판사인 성문사에 다니며 교정을 보았다. 교정을 보는 순간에도 그와 나의 이론은 맹렬한 공세로 충돌되었다. 상호간의 괴변 뿐이었다. 걸핏하면 이론이 충돌 되었다. 우리는 이것이 유일의 흥미였다. 가장 적합한 말벗을 찾았든 것이다.

1962년 4월 26일

아무리 마음을 가다듬고 천만가지의 생각을 하여 보아야 역시 돌 같은 머리는 좀처럼 풀리지 않는다. 생활이란 데서 받는 고통을 이토록 절실히 느껴보기는 처음이다. 마음대로 되지 않는 나의 운명!!

이 세상 온 인류 중에서 나처럼 모든 일이 계획과 正 反의로 나가는 자가 또 있더란 말이냐. 누구나 다 뜻대로 안 되는 것이 인생이다 하고 통상어가 되었지만 백실일중(白失一重)의 행운 없는 그야말로 억세게 재수 없는 사나이가 바로 나라는 존재다. 세상일이 이처럼 막막하게 되어 가서야 어디 살맛이 있단 말인가?

미칠 것 같고 금시 땅바닥에 고꾸라져서 소리쳐 통곡해 보고 싶다. 또 무한히 웃고 싶다.

웃어야 할지 울어야 할지 분간 못하는 마음갈래에서 방황하는 서러운 나그네!!

결심도 지쳤고 모두 다시 지치고 말았다. 돌 부러진 쪼각배가 망망대해에서 방향 못 찾아 거센 파도에 시달리는 양, 얼핏 지나가는 바람결에도 쓰러질듯 쓰러질 듯만 하다.

나는 문득 발길을 극장가로 돌렸다. 마음을 위로받을 곳이 없어서

현행범에 옮겨진 죄악보다 더 무겁단 말인가? 인과응보!! 그렇다면 나는 이제부터라도 마음을 닦아서 깨끗한 정신의 소유자, 마음의 범죄가 털끝만큼도 없이 청산하는 이후부터는 악과를 멀리 쫓고 즐겁기만 한 광명의 시야에서 생활할 수 있을까?

1962년 5월 12일 토요일

괴롭기만 하다. 어이해야 좋은가!! 마음이 온갖 가지로 불안하니 이래도 마음뿐!!

이 불안이 그 어느 때 가신단 말인가??

죽고만 싶다. 그러나 죽을 래야 죽지 못하는 마음, 생명을 버리기가 어려워서 못 죽는 바는 아니다. 내가 이 세상을 하직함으로서 뒤에 남는 비참한 억지는 추측조차 못할 것이다. 이유는 밝히고 싶지 않다.

1962년 5월 14일 월요일

사람이 눈 코 뜰 여가 없이 바빠도 탈이겠지만 나처럼 한가해도 고통이 아닐 수 없다.

귀중한 시간을 좀 더 값있게 보내려고 무진 애를 태우지만 일각을 지나려면 몸부림치다시피 해야 되니 이래도 사는 맛이 있다 할지?

오늘 저녁엔 유난히 더 괴로웠다. 갈 곳도 없고 반겨 맞아줄 이도 없는 외로운 처지…

객수의 외로움은 뼈 속 깊이 파고드는 듯하다. 이 한밤을 어떻게 지낼까

보냐!!

나는 헛튼 걸음으로 터덜터덜 무작정 거닐기 시작했다.

문득 남산 숲속으로 기어들어가서 고독을 더 되씹어 보고 싶기에 옹기종기한 판잣집 골목을 타고 남산으로 향했다. 하지만 어디를 가나 마음잡아 있을 만한 곳도 없고 해서 나 혼자만이 이 괴팍한 산보를 취하고 말았지만 의외로 시민들의 놀이는 밤에도 끊길 줄 모르고 삼삼오오 짝을 지어 행렬하는구나. 대개가 청춘남녀들의 정서에 어린 드라이브 혹은 시골서 상경한 촌 사람들의 시야(市野)구경을 즐기는 듯하다. 말벗도 없이 홀로 거니는 것. 아마도 나 혼자뿐 더욱 고독감이 치밀어 오른다.

나는 팔각정 벤치에 걸터앉아 별 가루를 쏟아 내는 듯 한 하늘을 보며 시내로 가려다 시야에 들어오는 수천수만 아니 헤아릴 수 없이 많은 불빛들이 별빛과 뒤섞여 깜박거린다.

청등 홍등이 쏘아 비치는 금모래 바다에 널린 모래알의 황홀함이여!

엎드려 손만 집으면 닿을 듯 닿을 듯 가깝게 보인다. 나는 불빛들을 따라 가까운 곳에서부터 머-언 곳까지 더듬어 갔다.

한강 건넌 저 남쪽엔 아마도 사, 오 십리는 떨어짐 즉한 높은 산에 세 개의 불빛만이 외로이 깜박인다. 나는 생각해본다. 저 아득히 보이는 저 불빛, 저 불빛이 내가 찾는 희망의 빛이라 생각하였다. 너무도 멀고 아득해만 보이는 희 - 망 이라면 영원히 잡지 못할 것만 같은 역겨운 마음이 난다. 그 불빛은 가냘프고 처량하게만 보인다. 꿈길처럼 아득한 불빛 이것이 나의 희망이리라. 아득한 희 - 망, 저 불빛을 좇아가려면 아직도 가시밭길이 그 얼마나 많더란 말이냐. 나의 인생이 무척 애처로워진다.

1962년 5월 16일 수요일

무시하지 못할 건 思春의 번뇌 27개 성상(星霜)을 헤엄쳐왔건만 아직 이렇다 할 보람도 없이 거미줄 같은 가냘픈 생애를 이어가고 있다. 그래도 남아청춘의 못된 욕심이 불타듯 타올라서 외람되이 바랄 수 없는 것을 바라는 것도 그지없이 어리석겠지만 인간이란 본능은 이 못난 이 몸에도 남이 가져보는 것은 다 갖고 싶어서 분수외의 번민을 하는 서러운 길손인가 보다. 서럽다고 되씹어 봐야 메마르고 메마른 눈물한 점 나올 리 없고 마음처럼 혈관까지 바싹 말라가는 육체의 모양. 에라! 못난이의 노릇을 그만두고 바위같이 무겁고 굳은 마음을 단련해야 하겠거늘 봄바람에 허느적 거리는 실버들과도 같은 힘없는 마음. 추풍낙엽처럼 둥둥 떠도는 가벼운 마음. 이 마음 이 같을 진대 차라리 푸른창공에 떠도는 구름이나 같았으면 무한정 바람 타고 떠다녀나 볼 것을…

오월은 나무마다 푸른 잎, 검은 가지마다 신선한 생명을 품었다. 몰랐더니만 봄도 무르익은 첫여름이 다가오는가 보다. 봄 한철 즐겁다고들 산으로 들로 푸르른 희망 찾아 한껏 즐기는 인생도 많았겠지만 이 몸은 뼈골을 점이는 고뇌로써 어둠의 세월을 보냈으니 생각하면 저주스럽기만 한 계절이다.

여름이 오면… 하고 또 한 번 막막한 기대나 가져볼까? 지나보나 마나 더 한층 압박스러운 계절일지 모른다. 마냥 고독하기만 한 심정이라서 그저 썩은 나무 등걸 이라도 부둥켜 잡고 억울하고 답답한 마음을 하소연 하면서 무한정 울어대고 싶다.

그러나 썩은 나무 등걸이 그 무슨 아랑곳 할 수 있으랴?

황금빛 고비를 넘기려는 찰라!

인생길 가시밭을 내 어이 밟았는고 기나긴 세월 속에 마음도 늙는 구료.

한없이 울고 싶은 길손의 마음을 두견아 노래삼아 대신 울어 주려므나.

한평생 행복한들 무슨 자취 있으리만 무정한 마음마다 회심만 스미는 구려.

지향 없이 가고 싶은 길손의 마음을 구름아 여행 삼아 대신 흘러가려므나.

죽도록 참 되고져. 다짐 둔 사나이 마음 애꿎은 운명 속에 허물어져 버리었소.

그 어느 때 이루어지리.

내 평생의 소원을 달빛도 무심쿠나 서산에서 작별 짓네.

1962년 5월 17일 (4월 14일) 목요일

옛날의 중수라는 자신은 어디로 가고 지금 이토록 비굴해졌단 말인가?

고대 굶어죽어도 마음 내키지 않는 일은 하지 않았고 비록 못났어도 잘난 이의 앞에서 머리를 숙이고 싶지 않았던 것이며 미지의 희망 속에 어느 누구 별로 부러워하지 않았고 욕심도 없던 나였다. 헌데 지금에 와선 어이 그리 부러운 것이 많은지, 하고 싶은 일이 하도 많고 해서 마음의 갈등을 이기지 못하고 우울한 심사뿐이다.

하기야 사흘 굶으면 남의 물건 노려보지 않을 자 없다는 격으로 매일 식생활에 쪼들리고 보니 다른 것 무엇 하나 생각해볼 여지없다. 돈벼락이나 떨어지지 않는가 하고 눈이 벌겋게 달아 돌아다니다가 이제는 그것마저 지쳐서 맥이 탁 풀리고 정신마저 희미하여 될 대로 돼 버리라 하는 방관적 상태이다. 그러나 매일 밀려가는 부채 때문에 굶더라도 도저히 안정할 수 없는 형편이다. 방세, 연탄 값, 쌀값, 반찬값, 매일 변제되는 일수 삼백 원 씩, 물 값, 신문대금, 전기세, 야경 비. 변소 세, 담배 값, 교통비, 찻값, 등 등 하루 천원 가지고도 지탱하기 힘든 판에 매일 단돈 백 원의 수입도 없 이 외상으로 혹은 빚돈을 얻어가며 모진 목숨 연명해 나가는 형편이다. 장 차 무슨 수가 있기에 무엇을 바라고 점점 늘어가는 부채는 어쩌려고 이토 록 지내는지 나도 모를 일이다. 이 모든 것이 다 해결되려면 아마도 일확 천금이나 횡재를 하든지 그렇지 않으면 내 인생을 깨끗이 청산함으로써 모든 것이 해결될 것이다. 그러나 때는 멀지 않다. 내 기필코 불일간에 영 영 해결지울 수 없다면 이 일기장에다 기록하기 전에 구질구질하고 구차 한 삶, 지긋지긋한 괴로운 삶은 단연코 그만두리라.

내 진즉 생을 포기했더라면 태어나서 80평생 잘살다가 죽는 이나 내나 죽는 길은 마찬가지.

인간차별 없고 빈부차별 없는 저 세상에 가면 보이는 것도 없고 울리는 것도 없고 · 나도 없고 · 저도 없고 · 인생 칠정 모두 없는 지공삼매, 영원 무궁 공(空)에서 공(空)으로 수 억천만겁을 흐른다 해도 역시 허허 막막한 진공… 애꿎이 순간을 장식하기 위하여 이토록 고심한 것이 허무맹랑한 일이었다. 가장 어리석음이었다. 나는 깨달았다. 영원히 행복 된 길이 바 로 저 진공세계임을…

1962년 5월 20일 수요일

오늘 당장 먹을 것이 없어 걱정도 되겠지만 끼니 걱정도 한 두 번이지 이제는 지칠 대로 지쳐서 별로 이렇다 할 타격도 느끼지 않는다.

그렇지만 공교롭게도 여지껏 한 끼니 어설피는 이었을망정 건너뛴 적이 없는 것이 역시 기이하지 않을 수 없다.

내일 일을 근심하지 말라 하는 교훈이 참으로 적용될 수 있는 것일까? 여하튼 현재까지 존속해온 것을 보면 이상타 아니할 수 없다.

탄가 2

인생길 가시밭길 내 어이 밟았던고
기나긴 세월 속에 마음도 늙는 구료
한없이 울고 싶은 사나이 마음을
두견아 노래삼아 슬피 울어 주렴아.

한평생 행복한들 무슨 자취 있으랴만
무정한 마음속도 추억은 새롭구려.
지향 없이 가고 싶은 길손의 마음을
구름아 여행 삼아 네 나 실컷 가거라.

죽도록 참되리라, 다짐 둔 내 결심도
애꿎은 운명 속에 허물어져 가는 구려
미련 없이 가고 싶은 한 많은 인생항로
쪼각배 돛을 달고 두둥실 가보리라.

사우(思友)

외로움이 가슴속 뿌리박힌 허전한 마음
견디기 어려울 양
그 옛날 정다웠던
못잊을 임 들이 생각나구나

임이여!
가버린 임들이여
임들은 어디서 무엇을 하고 있지?
日月이
서산에 솟고 동령(東嶺)에 지는
변화나 있으라.

지난 시간을 다시 찾고
옛날을 다시 불러
그리운 임들과 다시 한자리에 만나
나의.
못 견디게 외로운 마음 위로 위로 받으리라.

이제는 아마 올 것이 오고야 만 것 같다. 수중(手中)에 1원짜리 한 장 없고 그렇다고 어디서 나올 곳도 없고 앞으로 어떻게 벌겠다는 계획도 없다.

우선 내일부터는 굶어야 할 판이다. 나도 이제는 굶어죽는 한사람이 되고야 마는가 보다. 하느님의 섭리가 아무리 공교로이 인간생활을 지배하신다 하더라도 내일 당장 무슨 기적이 일어날 리는 없다. 나는 죽는다. 구차한 삶, 지긋지긋하게 괴롭던 삶, 한 많고 설음 많던 삶, 이 세상에 손톱만큼의 미련도 추억도 없다. 내가 걸어온 과거가 앞으로 인생과 연결된다면…

인생은 더 살아 볼 필요가 있겠는가.

죄 많은 인생, 북어 몸 둥이 같이 꼬치꼬치 말라서 비틀어지기 전에 차라리 하루속히 갈 곳으로 가버리는 것이 현명하지 않을까?

나그네 길

석양이
산마루에 이별 하도록
가도 가도 끝없는 나그네의 길

동서남북 정처 없이 걷고 걸어도
나그네 안식(安息)할 곳
한 곳도 없구요

영(嶺)기슭 헤매며 잘 곳 찾고도
매몰친 설풍(雪風)은 어쩔 수 없네.

내일은 어느 곳
발길을 돌려
지평선(地平線) 바라보며
한숨 집니다.

1962년 8월 26일 아버님 그리고 어머님

만 번 죽어 마땅 하온 대 불효 이 몸을 용서하여 주시옵소서.

처지가 어떠한 줄을 깜박 망각하고 온갖 허영과 욕망의 노예가 되어 여지껏 살아왔습니다.

겉으로는 아버님 어머님 안심하십사고 또 굳세게 세상 풍파와 싸워 보겠노라고 여쭈었습니다만 속마음은 어둡고 온갖 사욕에 사로잡혀 하해 같으신 은총을 잊으옵고 대죄를 짓기 수 십 번 지나온 과거를 생각하오면 모골이 송연하고 찬 땀이 흘러나옵니다.

제가 만일 부모님의 사랑에 만분의 일이라도 보답코자 노력하였더라면 이토록 인간 타락의 길에서 허덕이지는 않을 것입니다.

진실을 위해 사는 자에겐 복이 오고 불연이면 재앙이 미친다고 하옵니다.

저는 진실을 잃은지 오래 전이었습니다. 다만 불우한 환경만 원망하면서 세상 일이 마음대로 되지 않는다 하여… 나라는 존재마저 헌신짝같이 팽개치고 그저 내 기분 내키는 대로 모든 악마가 이끄는 대로 유혹에서 벗어나지 못하고 가면을 쓴 세월을 지났습니다.

물론 양심의 가책은 시시(時時)로 느꼈습니다만…

그 가책이란 하잘 것 없는 엷은 마음의 채찍이 되긴 하였지만 강한 유혹과 자포자기의 열등의식에서 세상 행락을 체념하고 운명을 저주하면서 될 대로 돼 라 하는 방심적(放心的)인 상태에서 앞뒤를 가릴 것 없이 지나는가 하옵니다.

소자의 마음에는 진정된 삶을 누리고저 하온 것이 모 ― 두 부모님을 속이는 거짓말쟁이가 되고 말았습니다. 이것을 생각하면 너무도 무능한(어리석은) 소치이오며 아직도 세상 물정을 간파하지 못하는 인생 초년생의 행로라고 자위하기도 하옵니다.

그러나… 이것은 모두 저의 부질없는 생각뿐이옵지 부모님의 피어린 노고하심을 생각하오면 저 같은 죄인 뼈를 갈아 보답해도 다 갚지 못할 부모님의 은혜이옵니다.

무능 무재하옵고 박운박덕하와 갚으옵지는 못할망정 더 이상 죄나 범치 말아야 하올 처신, 맹서 하면서도 구습을 되풀이 하는 죄인, 터럭 끝만큼도 가차 없는 죄를 받아야 합당하옵니다. 그러하오나 저 역시 제 마음을 어찌 할 수 없었습니다. 기울어져가는 가정을 두 어깨에 메고 출항한 배, 별의 별 수단을 다 하면서 노력하여 보았사오나 나에게는 좋은 기회를 주지 않으니 어쩔 수 없었습니다. 어떤 때 매사가 순조로이 가는 듯 하다 가도 엉뚱한 길로 돌아 갈 땐 천지가 무너지는 듯 한 실망을 느꼈습니다. 이렇듯 실망의 경지에 놓일 양이면 저는 매양 울락 불락하여 마음의 안정을 잡지 못하고 방황하였습니다. 따뜻이 위로도 받을 수 없는 타향살이에서 홀로만 애태워 본들 아무 소용이 없었습니다.

그럴 양이면 저는 매양 호주머니를 털곤 한 것이 현재와선 진퇴양난의 막다른 골목에 놓였습니다.

1962년 8월 27일

나는 공든 탑이 무너졌다. 여지껏 악전고투 싸워온 것이 아무 소용없는 성과를 거두고 이제와선 진퇴양난의 비참한 처지에 놓였다.

십 여일 전부터 과도한 낭비를 하고 보니 후회막급이나 차라리 오고야 말 것이 바삐 찾아든 셈이다. 모르는 사람은 나를 비웃을 것이다.

지질이도 못난 놈이라고 야유할 것이다. 그렇다. 나는 첫째 이토록 곤경에 빠져 헤어나지 못함은 첫째 못난 소치이다.

그렇지만 내 아무리 못난 놈이라 하더라도 이토록 박운만이 연거푸 막아든단 말인가.

못난이에게도 희망은 있을 것이다. 그러나 나는 앞으로 어떻게 하겠다는 희망도 계획도 없다. 그저 막연하기만 하다. 생각하면 여지껏 지탱하여 온 것만도 다행이라고 하겠다.

매일을 위하여 분투한다. 내일의 희망을 위하여 산다. 그러나 나는 내일이라는 미지의 시간이 가장 두렵다. 그것은 아마도 내일이라는 시간에 닥쳐올 곤경을 지금의 현실에 너무나도 잘 알고 있기 때문이다. 미래를 예측한다는 것이 그 얼마나 두려운 것인지 모른다. 사형선고를 받은 죄수와 같이… 앞으로 나라는 자신이 용납할 수 있는 시간은 불과 수일에 불과하다. 수삼일 후에는 오도 가도 못하고 아사(餓死)의 비참한 현실이 다가올 것이 뻔한 노릇이다. 만약 이 순간을 공교로이 넘길 수 있다면 나에게 있어서는 크나큰 기적이 아닐 수 없다.

1962년 9월 2일

마음껏 자고난 것이 아침 열시. 오늘이 일요일인가 보다. 일요일이라야 나에게는 별다른 느낌을 주지 않는다. 매일을 할 일 없이 노는 몸이라서 ─

실업자의 애닳음이란 직접 체험하지 못한 사람은 복잡한 심정을 이해 못하리라. 할 일없이 시간을 보낸다는 점.

나는 이 남는 시간이 미치도록 괴로웠다. 공간을 처리하지 못해 몸이 바짝바짝 마를 지경이다. 요즘은 호주머니의 돈도 한 푼 없이 다 떨어졌다.

하루에 두 끼니 세 끼니 굶는 것은 보통. 이러다간 정말 굶어 죽지나 않을까?

오늘은 그럭저럭 지냈다마는 내일은 무엇으로 생활을 하지?

아득하기만 하다 모래도 글피도 또 다음다음날도 한 푼 나올만한 곳도 없고 또 벌이도 없고… 무한정 서글픈 마음만 든다. 비관하다 못해 모든 것을 체념할 뿐이다.

1962년 9월 5일 수요일

요즈음 어떻게 나의 생활 상태를 지속하는가 하고 퍽 궁금도 하더니 공교롭게 고향 사람을 만나서 예의 아닌 그의 호주머니를 털어 하루 한 끼니 혹은 두 끼니 이어나가는 것 같다.

차라리 아무도 찾아주지 않았더라면 어떻게 최종적인 결말을 보았을 것을 생이란 이토록 질깃질깃하게 허무세파 속에 미련을 두고 존속하는가?

한편 생각하면 만유의 「생」이란 것이 얼마나 존귀한 것인지도 모른다.

그러나… 나 같은 진퇴양난의 처지에… 올 것이 하루바삐 찾아와서 혈관에 피한방울 살 한 점이라도 남았을 때 지하의 부토(腐土)가 되고 싶은 마음 간절하다.

옛말부터 공수래공수거라 전하여 왔다.

내 애당초 태어날 때 빈손으로 이 세상에 나왔으니 갈 때 또한 빈 손들고 가는 것이 마땅하거늘 구태여 많은 재물을 탐하고 싶진 않으나… 잡념 하나 없이 맑은 마음과 정신으로 세상에 나왔거늘 돌아갈 때는 차마 견디기 어려운 고뇌를 안고 가야 하는지 의문이다.

도대체 인간이란 어느 장단에 맞추어 중심을 잡아야 할는지 모르겠다.

내 마음도 내가 모르는 것 같다. 장차 어떠한 노정(路程)을 걸을는지.

운명의 신이 인도하는 대로 그저 되는대로 굶거나 먹거나 죽거나 살거나.

나도 이젠 모르겠다. 모든 것을 체념해 버린 지금에 와서 구태여 계획이나 이상이나 추구하고 싶지 않다. 한편 생각하면 고향의 부모형제가 못견디게 마음에 걸리나 모 – 두 슬픈 운명을 타고난 연유로 쓰린 마음 간절하다. 내 자신의 능력으로선 별다른 도리가 없는 것 같다. 다 같이 타고난 운명이 비극적이어서 슬픈 대로 한세상 각자의 길이 따로 있지 않은가 생각된다.

1962년 9월 12일 수요일

이미 내 마음의 결정이 서 있기에 한편 생각하면 가벼운 감이 들긴 하나 최후적으로 견디는데까지는 사회에 미련을 두어본다. 아니 미련이라기보다는 고향의 부모님을 생각할 때 가슴 쓰림을 억제할 수 없어 웬 만하면 한 가정을 이끌어 보려는 가냘픈 욕심으로…

1962년 10월 24일 수요일

저황(沮況)스러운 서울!

오늘날까지 존속해온 나의 생활은 너무도 비참하기만 하였다. 지난 2,3일부터 나는 오도가도 못하는 궁지에 빠졌었다.

왠만하면 괴롭더라도 더 좀 참고 있어 보려하였으나 십사만념(十思萬念) 생각을 기울여 봐도 도저히 어떻게 하겠다는 계획이 떠오르질 안했다.

차라리 될 대로 되라! 하고 지친 나머지 그대로 매일 자리에 누워 일어나지도 않고 있었다.

　그러던 즈음 마침 고향 지인(知人)들에게 나의 입장이 들키고 말았다. 그들은 하나같이 나의 처지를 동정(同情)하였다.

　홍음동에 있는 족숙(族叔)의 귀에까지 나의 처참한 처지 알려졌음인지 그는 곧 나를 그가 거처하는 곳으로 이끌었다. 나는 사양할 힘마저 막히여 그가 하라는 대로 그이 집에서 저주할 육신(肉身)을 의탁하게 되었다. 그리고 그의 주선으로 소위 남병 공사라는 개인 노무소에 다니게 되었다. 일당 60원의 약소한 노임(勞賃)을 받으면서 자랑스러운 직장은 아니었으나 우선 생활의 기반이 잡히기까지 다니기 위하여 매일 량실(亮實)하게 다녔다.

　그러면서 과거 너무도 한유하던 시간에 비해 이 직장에선 종일을 바쁘게 서두르는 것이 오히려 큰 요행이었으며 마음의 사념 없이 하루하루의 일정을 메겨 나갔다.

　남의 집에서 식사와 잠자리를 의탁한다는 것이 못 참도록 불편하였다.

　그러던 중 9월 말일의 구백원 급료를 받아 쥐곤 창신동으로 자립의 길을 찾았다. 하루벌이 생활로 도저히 지탱하기 힘들었으나 그런대로 인간 최소의 생활을 하면서 때로는 하루 한 끼니 혹은 두 끼니씩 오원짜리로 끼니를 이어가며 고통스러운 일일(日日)을 보내고 있었다. 그 직장에서 한탄과 자학(自虐)의 이상야릇한 충동이 하루 몇 번이고 치밀었지만 꾸—욱 참고 견디는 날까지 견디고자 마음을 단단히 가지었다. 그러던 몇 일전 우연한 일로 심화(心火)가 일어나 그곳 공원(工員)한 사람과 충돌로 싸워서 그 직장을 그만두게 되었다. 차라리 잘 되었다 하고 한편 가벼운 마음도 있었으나 우선 갈 곳이 없었다.

1962년 12월

◇ 갈등 ◇

바위 같은 이 가슴
맹서도 몇 번
다짐도 몇 번
헛된 꿈
헛된 욕망
마음의 갈램
갈등의 苦

◇ 인내 (忍耐) ◇

분하고 억울해도 참으렵니다.
그립고 외로와도
참으렵니다.

부귀와 공명, 명예와 행복
와그르르....
허물어져 버린대도
돌처럼 굳고
미륵처럼 표정 없는
사나이가 되렵니다.

참아가며 살으오리다.

만가

내가 여기에 있지 않고

저기에 있었다면

오늘쯤

오고가는 인파에 휩쓸려

무한정 걸었으리라.

時間.

헛되이 보내고

나는 오늘도 아무런

이득(利得)없고

그저 허탈한 마음만 출렁이며

불안(不安) 불안. 불안.

언제고

그 불안에 피가 마르고

살이 빠지고

주름이 잡히고

청춘이 가고

꿈마저 가겠지

꿈마저 나를 속였네.

1962년 2월 28일

나는 바보

바보
나는 바보다.
길 두고 뫼로 가고
여름에 솜옷 입고
겨울에 삼베 입고.

너는 바보. 또 고집쟁이
벽창호
黑을 白인양 白을 黑인양
슬픔엔 웃음 웃고
기쁨엔 울고
바보
엉터리 바보,
정신병자.

반쪽 인생이다.

1963년 4월 5일

무가치한 광음(光陰)이 흐른다.

아니 나에게는 모두 무가치한 존재뿐이다. 그저 막연한…

그대로 질서 없이 마음조차도 왕래 분주한다. 이토록 집착할 수 없는 공허한 삶속에서 이따금이나마 환희를 느껴본 적이 있었던가.?

과거에서 현실을 되씹어 보지만 참으로 우울한 참으로 그늘진 삶을 영위하지 않은 날이 그 몇 날이나 있었던가. 과거는 되씹고 싶진 않다. 다만 기대되는 내일이 어떻게 전개되려는지 의문일 뿐이다. 또한 가장 두려운 것도 내일이라는 미지의 시간이다. 현금(現今)까지는 내일을 의지하고 고달픈 삶을 향위(向爲) 하고 있다. 만약 내일이라는 미지의 세계가 과거나 현실보다도 더 참혹해 질수 있지만 오직 내일에 희망을 걸어둔 것은 실패한 과거의 경험을 비추어 두 번 다시 과거 같은 어리석음을 되풀이하지 않으리라는 마음에서 매사에 냉정한 판단력을 가질 수 있는, 과거보단 약간 현명 해진 담력이라 말하고 싶다. 그러기에 미래는 과거보다 현실보다 진보적이요 현실적으로서 흠 없는 노정(路程)을 밟으며 남은 생명을 다 기울여 부조리한 세파와 한 번 더 투쟁하여 보자는 심산일 따름이다.

투쟁!! 투쟁은 무서운 것이기도 하지만 투쟁이란 거룩한 것이다. 물론 투쟁에서 성공을 본 사람도 많지만 실패를 본 사람도 그 수를 헤아리지 못하리라. 그러나 칠전팔기라는 명담(名談)과 같이 싸우고 또 싸우는 남아가 될 것을 맹서한다.

1963년 4월 19일 마음의 청산

피가 마르도록 몸부림쳐도 해결지을 수 없는 무거운 압박은 어제나 오늘이나 다를리가 없다. 내 구차스러운 이 생명이 끈질기게 존속하고 순간에 해결 지울 수 없는 숙명과제를 영원히 풀지 못할 것을 내 이제야 깨달았노라.

나의 꿈, 나의 계획에 잇대어 나가는 앞길마다 헤아릴 수 없는 장애가 그 몇 백번이나 나의 변고를 자아내었던고. 애당초 품은 마음 자체가 과실이었다면 정정하면 그뿐이겠지만 타고난 천성부터가 남다른 괴벽이라서 남달리 남모르는 고뇌에 홀로 울어야 하니 뼈와 살이 강철보다 더 견고하다 할지라도 번뇌에는 하잘것없이 녹아버리고 말 것을…

내 여지껏 주변에서 느끼는 환경의 영향을 받아 그 악조건을 어떻게라도 극복해 보려하였지만 보이지 않는 숙명에게는 어떻게 힘 쓸 도리가 없지 않은가.

되지 않는 것을 억지로 노력하려든 어리석음. 이제는 어쩔 수 없이 사상의 혁신, 마음의 혁명을 일으켜 타고난 나대로의 고집으로 한 생애 마치리라.

모든 비굴과 모욕적인 기분을 삼키면서도 별다른 성과를 보지 못할 바엔 차라리 내 마음을 내 사상을, 내 고집을 꺾어가며 현 사회의 조리 속에 휩싸이고 싶지 않다.

나는 이제 구속된 환경에서 해방하련다. 그리고 자신을 무아경 속으로 몰아넣고 기쁨이나 슬픔이나 한결 같이 없는 것으로 생각하고 욕망도 버리고 희망도 버리고 꿈도 버려서 피었다가 시들어지는 하루살이 꽃과 같이 되는대로 지나리라. 추호의 욕망도 마음속에 남겨둘 필요 없다. 미련도 버려야 하고 감정도 없애야 한다. 그저 기계와 같이 먹으면 살고 먹지 못하면 죽듯이 애써 살려고 노력할 것도 없고 애써 죽으려고 노력할 필요도 없다. 떼굴 떼굴 굴러가는 돌멩이와 같이 흘러가는 물과 같이 흐르다가 멈추고 또 흐르고…

구차한 삶, 지릿 지릿한 삶을 영위하기 위하여 마음에 없는 행동은 그만두리라.

가정에 얽매여 구속받지도 않으리라. 다 각자 타고난 운명… 구차한 삶의 무리들. 다 제각기 갈 길을 가는 것이 철칙인가 보다.

앞으로는 허식을 버리자. 자신 없는 일을 허식으로 메꾸지 말자.

누가 멸시하거나 말거나 문제가 아니다. 나에게는 법도 필요 없고 도덕도 필요 없다.

그저 마음 내키는 대로의 자연아가 되련다.

아무런 공포도 없다. 아무런 불만도 가질 수 없다. 기쁨도 없다. 슬픔도 없다.

그저 육체와 나, 이것뿐이다.

살은 것인지, 죽은 것인지도 분간하기 싫다. 영원한 자연인이다!!

해방이다! 영원한 해방이다. 감정도 기쁨도, 슬픔도, 괴로움도, 없는 해방된 자연인이다.

1963년 4월 20일

봄도 무르익어 간다.

울 앞의 살구꽁이 한 잎, 두 잎 시들기 시작하더니 며칠간 불어 닥친 비바람에 산산 조각이 난다.

봄이 오면… 적어도 이 봄을 맞이하면 가슴속에 가득한 마음의 넋을 녹이려 한 이 봄도 역시 보람 없이 얼핏 지나쳐 버리고 말 것이 분명하다.

무가치한 세월. 두 번 다시 거슬러 오지 않는 귀중한 시간을 무가치한 일과로서 몇 번이고 맞아보는 황혼이 아니던가?

아득히 무엇인가 할 일은 많다. 그러나 어디에서부터 손을 대어야 할 지 모르겠다.

그저 시간만 흘러흘러 가고마니…

내 언제 그 많은 임무를 끝마칠 수 있을고!!

4월 21일

오늘은 유달리 작업을 심히 하였더니 전신이 피로하다. 모처럼 시작한 것이 이처럼 어려울진대 1년 365일 불식노력(不息努力)하는 농민들은 얼마나 고달플까?

그러나 농민들은 매일 작업에 습관이 젖으면 별로 고달픈 줄을 모른다 한다. 하지만 아무리 노동이 어려워서 육체적 고통이 심하다고 할지라도 정신적 고통에 비교나 되랴. 자지러지도록 괴로운 고뇌는 하루 24시간중 수면의 순간을 제하고는 시시(時時) 너머로 피를 말리는 것만 같다. 혹 者는 언급하기를 지혜가 발달할수록 고통이 많다고 했다.

아무것도 모르는 천치(天痴)는 가장 행복하다고 한다.

그것은 바보나 천치 혹은 정신이상자는 의식적으로는 감정의 자극을 별로 받지 않는다고 한다. 고로 그들은 생각하는 것이 먹고 자는 것 뿐 미래나 현재에 있어서 욕망도 없고 기대도 없으며 그저 하루하루의 생활에 만족하기 때문에 지자우환격(智者憂患格)으로 이들을 차라리 행복하다고 한다.

불행을 모르는 것이 즉 행복인 것이다. 그러나 나는 정신병자는 아니다.

열등인간 임에는 틀림없다. 곧 바보나 천치에 흡사한 유의 一人者이리라.

그러면서도 가장 혹독한 불행을 느끼며 이 세상 누구보다도 괴로움이 많다. 하기 때문에 바보 천치만 못한 가장 불행한 사람인 것이다.

63년 4월 24일

요즈음 같이 매사에 폐(廢)가 들면 진실로 견디기 어려운 고충이 아닐 수 없다. 조그만 계획하나도 뜻대로 되지 않는다. 십여 일을 두고 봐도 너무나 엉뚱한 결과가 나타나니 이래가지고야 어디 미래를 기약 두고 참으며 모진 생애를 이어나갈수 있을까 보냐.

진퇴유곡의 입장에 대하여 땅을 치며 통곡을 해봐도 시원치가 않다.

누구의 죄냐? 현금(現今)에 받는 고통이 못 견디도록 괴롭기만 하다. 이 같은 운명에 울부짖으며 사는 인간에게도 더 살아 볼 필요가 있을까?

나의 애타는 마음, 복잡한 마음은 이 세상 그 누가 알으리. 슬픔도 사라진지 오래다. 이젠 슬픈 운명이라는 것은 너무나 행복한 생각이었다.

전 신경이 거칠 대로 거칠어져서 이성을 잃은 지 이미 오래다.

이젠 될 대로 되려므나. 아무렇게나 되어 버려라. 부모나 형제나 모두 어쩔 수 없다.

아무렇게나 다만 몇 순간이라도 살아보자. 무엇의 원유에서 받아야 하는 악착같은 과보인지 나는 모른다. 금시 마른하늘에서 벼락이라도 떨어져 이 내 몹쓸 신세. 몹쓸 몸뚱아리를 두 동강이를 내여 지이다. 아무것도 생각지 않으리라. 계획도 세우지 않으리라. 꿈도 없다.

희망도 없다. 눈물도 웃음도 공포도 아무것도 없다. 그저 나는 두 눈만 깜박거리는 반송장이 된 셈이다. 불운이여 더 속히 나의 일신에 침투할 지어다. 나는 이젠 나라는 존재도 느끼지 않는다. 내가 어쩌다가 이 세상에 이곳에 이 현실에 봉착하고 있더란 말이냐?

내일에 희망을 둔대도 아름다운 추억이 아닐 수 없다.

장래의 꿈이나 성공을 위해 계획을 세워 본대도 아름다운 추억이 아닐 수 없다.

고민의 현실에서 탈퇴하고자 노력하던 때도 아름다운 추억이 아닐 수 없다. 지나쳐 버린 내 어제까지의 일에도 역시 즐거웠던 추억이 아닐 수 없다. 이제는 너무나 엄청난 현실에서 다만 죽음의 그 순간만을 기다리는 수밖에 없다.

오! 신이시여 그대들 만일 인간의 운명을 좌우하는 능력이 있다면 이 썩어 문드러진 피폐할 대로 피폐해 버린 아무 쓰 잘 곳 없는 물건을 속히 속히 데리고 갈 지어다.

속히 속히 죽음을 줄지어다. 그것만이 내가 바라고 싶은 하나의 기대이노니 신이여! 속히 처단을 내릴 지어다.

미련을 버리자

그 몹쓸 미련 때문에 마음이 상한 예가 무려 수십 번.

행여 어떻게 되겠지.

설마 어떻게 되겠지! 이렇게 되겠지!

어떻게 하면 좋을 것을… 저렇게 하면 좋을 것을…

혹시 잘 해결될 지도 모른다. 누가 나를 돌보아 줄는지도 모른다….

지금까지는 이랬어도 내일이라는 미지의 세상엔

좀 나아질지도 모른다.

현실보다 미래는 좋은 것이다.

역시 동등으로 남은 미련

이것이 모두 실패의 원인이요, 타락의 원인이었다.

나에겐 미련은 없다.

그저 현실뿐이다.

그저 지금 그대로의 기분만 존재할 뿐이다.

미덕을 버리자 영원히…

4월 29일

향촌의 시장이 서는 날이다.

아침부터 안개가 자욱하여 음산한 기분이 맴돌고 있다.

나는 10시까지 망설이다가 별다른 볼일도 없어 시간의 여백을 매꿀겸하여 시장으로 나갔다. 향촌의 장이 서는 날

조그만 마을의 장터는 그리 복잡하지는 않았다. 파는 사람. 사는 사람. 흥청거리는 주정뱅이. 화장품 점에 기웃대는 숫배기 처녀, 한번 제 모습을 뻐개보는 설익은 청소년, 바구니에 지저분한 흥정을 담고 이리 기웃 저리 기웃하는 살림꾼 아낙네…

등등 천태만상이다. 다 각자 자기의 볼일 생존경쟁을 위해 움직이는 군상들의 단면도가 한폭의 지저분한 그림인양 시야에 펼쳐져 있다.

돈이면 만사가 해결되는 황금만능의 세대… 돈! 돈이면 최고다. 이 고르지 못한 돈 때문에 그 얼마나 이 땅에는 비극이 많더란 말이냐?

「당신은, 무슨 근심이 있소? 당신은 무엇이 부족하오?」

한결같이 돈일 것이다.

돈이면 만사 해결이다. 황금의 왕관도 쓸 수 있다. 하고자 해서 이루지 못할 일이 별로 없고 얻고자 해서 얻지 못할 바 없다.

나도 돈이 제일선 급(急)문제다. 우선 돈이면 잠시 동안이나마 쾌히 웃을 수 있고 조그만 욕망쯤 해결될 수 있다. 부모님께 효도 할 수 있다. 인근 부락민에게 동정도 할 수 있다. 그리고 더 나아가서 출세도 할 수 있다.

이 세상 무어니 무어니 해도 돈이 최고다. 이상이니 꿈이니 해도 돈이면 된다. 진리도 황금의 지배는 반드시 받는다. 돈은 우리의 희비애락을 좌우하는 마술사이다.

그리고 인류의 감정을 지배하는 영도자이다. 당신이 아무리 숭고한 철학관으로 숭고한 이상주의자라 하더라도 돈의 위력에는 굴(屈)하리라.

아니 굴하지 않는 의지가 있다 손치더라도 그 이상 그 꿈을 속히 현실로 이끌어 오자면 역시 돈의 힘을 빌려야만 하리라.

세상 욕망을 버리고 홀로 살기 위해 인간사회를 탈피하려는 염세주의자에게도 우선 돈이 필요하다. 가령 속세를 떠나 저 고독한 무인도에 가서 산다손 치더라고 그 곳까지 가야할 준비가 필요하다. 그 준비가 바로 돈이다. 고로 황금의 노정을 경유치 않는 일이 하나도 없다. 우선 황금을 이용한 뒤 황금의 세력도 배척할 수 있는 것이다.

그러면 나는 왜? 돈을 몰랐던가. 아니 모른 것이 아니라 돈을 지배할 능력이 없다. 돈을 획득할 수단이 無한 것이다. 재물을 원했을 따름이지 그 재물을 아수(我手)에 장악하고 지배할 능력이 無한 것이다. 나의 꿈, 나의 이상, 나의 희망, 나의 사상, 나의 진리, 나의 철학의 모든 과정을 이룩하는 데는 우선적(先的)인 것이 재화다.

돈이다. 돈! 돈이 제일이다! 돈이면 고민도 없앨 수 있다. 이상(理想)을 찾아 갈 수 있다. 행복해 질 수 있다. 돈을 벌자!

그러나 그 돈이 나에게는 따르지 않는다. 그 돈이 나에겐 없다. 벌기 힘든 가장 어려운 문제이다.

5월 4일 토요일 가는 비 내림

무한한 하늘의 공간.
그 공간에 틈 없이 덮쳐진 회색빛 커텐.
그 커텐에서 물방울이 나린다.

넓고 넓은 대지위에 푸른 들에
부슬부슬 나린다.
지역의 차별도 없이 온 누리에
골고루 나린다.

그러나 우리네 인간의 운명에는 너무나 크나큰 차별이 많다. 만약 조물주가 골고루 아낌없이 나려주는 빗방울처럼 인간지사를 평등하게 창조하고 평등하게 지배한다면…

오늘 이 시간 저 빗방울, 저 창조력이 무한히 즐거웁고 아름답게 보이련만… 저주받는 운명의 극악상태에 시달리는 내 몸이고 보니 이 순간 나려지는 저 빗방울은 나에겐 마치 가슴속 복잡하게 서려진 안개만 같어… 서러움에 느껴 우는 청상과부의 애처로운 눈물만 같어…

1963년 5월 5일 맑음

바라도 바라도 헛된 바를 마냥 기다리며 오늘도 기나긴 하루가 덧없이 가고 만경창파 거치른 물결에 떠있는 나침반 잃은 쪼각배인양 어느 곳 어느 매로 갈 방향을 모르는 나의 고달픈 생애. 그 모진 파도는 언제나 잠자려는지 아니하면 파도가 쳐서 가냘픈 쪼각배를 송두리째 집어 삼키려는지? 여하튼 아무것이든지 속히 부딪히리라.

죽음이라는 그 개체가 싫고 두려운 것이 아니다. 죽음에 이르기까지의 찰나에 당하는 고초가 못내 견디기 어려운 것이다. 희망이든 파멸이든 견디기 어려운 이 순간을 연속하여서 한 방울 한 방울 메마른 피를 흘리지 말고 찾아올 극(極)의 길이라면 속히 오마저. 성패간의 속단을 보여 주마.

1963년 5월 6일

何

어떻게 하오리까? 어이 하오리까?

무엇 하오리까?   어떻게 하오리까?

어떻게?

바쉬도 녹여도

무신경한 돌대가리

멍청이 얼청이야

어떻게 하려느냐?

어이 하오리까?

어이 살으오리까?

이

답답하어라. 갑갑하어라.

숨막히오이다.

미칠 것 같으와서 환장도 함직 하와요.

어이 하오리까.

차라리, 아하하 오호호

실컷 웃기나 하오리까?

괴로워 괴로워

머리를 동여매고

왼 하루 앉아서 어떻게 하오리까?

추억(追憶)

지나간 날의 빛바랜 사진들
지나간 날의 희미한 기억들
애닯게 찾아보는
서글픈 추억들

그리워 하던 그이와
그리워 하던 그이들
그리운 모습 찾어 보는
내 눈동자 속 물망의 선화(仙花)
아 - 아 - .
즐거웠던 지난 자욱
즐겁던 지난 자욱
밤 드새 찾아보는 임들의 자취

울고픈 지고 울고픈 지고
만 천년 끊임없이 울고픈 지고
애달프게 찾아 봐도 할 일 없는
과거지사다.
청춘일기다.

5월 7일 (4월 14일) 화요일 맑음

인간은 생시(生時)부터 본연의 성정이 만인을 막론하고 소유하고 있다. 그 감정 가운데 다 각자의 환경과 처지에 따라 상당한 차이가 有하지만 역시 누구에게나 고뇌가 있음은 두 말할 필요가 없으리라. 그러나 같은 가족, 같은 경제 환경에도, 같이 생활하는 한 가족에게도 고민은 다 각각 그 성분과 역할이 다른 점에서 서천 식구들의 고민을 대략 분류하여 보았다. 가장 복잡다단한 생활고에 허덕이는 똑같은 운명의 한 가족, 한 삶의 또 다른 삶.

세대주 되시는 조부님의 고민은 무엇일까?

첫째 청춘이 늙으신 지난날을 생각하면 일장(一章)의 춘몽(春夢), 이젠 정신조차 노쇠하셔서 추상조차 미치지 못하시겠지만 가장 큰 욕망이 의. 식. 주 (衣食住), 편안한 잠자리와 부드러운 금침, 가정이 말 못하게 궁핍한 줄 아시니까 아예 바라지도 않으시겠지만 조석이나 구차하지 않게 남은여생을 지냈으면 하는 욕망뿐 그 외 복잡한 감정은 없으시리라.

조모님의 고민. 조부님과 대동소이 할 것이다. 다만 한 가지 더 한(恨)되는 것은 과거 청춘시절에 조부님에게 압박을 받으신 일이 못내 한스럽지만 그것도 지금에 와선 크나큰 고민은 아닐 것이다. 옛날 고분고분히 말 잘 듣던 며느리는 이제는 임의대로 지배할 수 없으며 그리고 머리가 큰 손자(본인)도 저 모양으로 돈벌이 하나 못하고 허둥거리면서 돈타령뿐, 그리고 신경질만 부리니 심중이 불쾌하시고 손녀들도 말대답이나 하고 말을 잘 안 들으니 속이 상하시겠지.

그렇지만 궁핍한 생애이나 하루속히 모면하고 의식걱정이나 아니 했으면 하시는 것 등등의 고민 외 정신적인 큰 타격은 받지 않으시리라.

부친의 고민

엄 부모(嚴父母) 슬하에서 가장 엄히 자라온 소년시절. 효성이 지극하셔서 부모님의 뜻이란 옳고 그름을 막론하고 거역하지 못하시고 세월이 흐르고 보니 청춘은 가고 청춘의 꿈도 왕몽(往夢)이 되니 일생을 되돌아보면 유한(有恨)뿐.

부모님 공양을 떳떳이 못하시는 것을 생각하면 효심에 가슴이 쓰리시고 부모님의 거세후(去世後) 당할 의무와 남혼여가(男婚女嫁)에 당면하여 속수무책이고 보니 마음이 아득하시고 더더구나 이제는 믿는 것이라고 외독자 하나뿐인데… 머리가 크기만 하면 제 구실을 하여 가정형편이 절로 나아지리라 기대했던 자식 놈은 어려서부터 착실히 일도 아니하고 현금(現今) 제 나이가 찰대로 찼는대도 불구하고 제 한 몸 가누지 못해 동분서주 마냥 허송세월하니 마음이 좋지 않으신 중 한다는 소리가 돈타령.

미웁기도 한 놈이지만 그리고 그 과실을 나무래 주고도 싶지만 당신이 부모님께 지나친 엄책(嚴責)에 질리신 나머지 특별히 관대히 대해 주지만 그놈은 그 심정이나 아는지 모르는지 매양 불평만 있는 듯하고. 어떻게 보면 장래가 가망성 없는 것 같고 어떻게 보면 과히 우매하지는 않은 것 같은데 여지껏의 경우를 보면 별수도 없는 모양…

지자(知者)는 막여부(莫如父)라 하지만 도대체 저 자식 놈의 속은 알고도 모를 일. 잘 될 징조인지 못 될 징조인지 더 두고 기다려봐야 알겠지만 지금 사정으로 희망이 없고… 나이로 보면 혼기도 상실해가는 즈음이라.

어떻게 결혼이라도 시켜야겠는데 가정환경이 엉터리고 그러나 제 놈만

떳떳이 제 구실을 하면 왠 만한 자리쯤은 있을 듯 한데, 그렇다고 아무렇게 하기는 싫으시고 연이어 머리 큰 여식들도 혼기에 당면하였으니 아! 이것저것 생각하시면 잠자리가 언제나 불편 하시리라.

모두가 당신의 운명이요, 일가(一家)의 운명이라고 자문자답(自問自答) 하시겠지.

모친의 고민

우리 가정에서 가장 고민이 많으시고 가장 복잡하시며 가장 고생 하시는 분이 어머님이시다. 저 옛날 육남매의 귀염둥이 막내 외딸로 금옥같이 귀히 자라셔서 가장 좋은 자리라고 출가하시던 첫날부터 고생길로 접어드셨다. 시부모의 학대와 빈궁한 삶 속에서 청춘을 그늘진 생애로 보내시면서 오직 자식의 장래만 바라는 일념을 의지하시고 남이 못견딜 고충까지 참으시며 40년 생애를 얽어 놓으신 오늘날.

예나 지금이나 변함없는 빈한한 생활과 정신적 육체적인 고생을 모면 못하신 어머니.

그러나 그것은 모두 타고난 팔자소관이라고 자위(自慰) 하시지만 당신 한 몸 고생하시는 것은 이젠 별문제, 슬하에 자녀들 5남매를 거느리시고 두 여식은 이미 출가했지만 누구하나 당신의 걱정이 놓일 만한 자녀는 없으니 매양 근심이신 중이시다.

특히 아들이라고 전심을 그 하나 성공을 위해 기울여도 능력이 미치지 못하시어 남처럼 교육도 제대로 못시켜 주고 모든 분야에 있어 그 자식이 원하는 바를 해주지 못하시는 것이 가슴 쓰리시리라. 현금(現今)에 자식으로 인해 이곳저곳 조그만치 씩의 부채(負債)가 있어 갚지 못하시니 답답하시고. 이제부터라도 자식이 안 되는 일을 억지로 해보려고 고집부리지 말고 고향에서 가정환경에 맞추어 오밀 조밀히 생활하면 그런대로 현상유지는 할 것 같은데, 그런 권유만 해도 화를 부리는 자식은 도대체 무슨 꿍꿍이 속이란 말인지?

하지만 제야 무엇을 하든 저나 고생 않고 남의 보언(補言)을 받으며 제 일신(一身)이나 영귀(榮貴)히 되었으면. 스스로의 힘은 큰 각오라도 질만큼 가졌지만 요즈음 제 속에 그 무슨 고민이 많기에 저다지 매일 깊은 한숨만 쉬는지 도무지 갑갑하시리라.

8월 20일 화요일

냉정한 이성을 가지려고 많은 노력을 하여 보았다. 그러나 자력도 역시 인간이라는 대명사의 테두리에서 벗어나지 못한 보통 인간형.

유혹이 나의 심경에서 이탈되지 못하여 그 무엇인가 있어야 할 것이 없어...

가슴이 텅 빈 듯 아쉬움만 복받쳐 오르는 그 공허한 마음의 .... 공백을 메꾸고자 갈구도 하건만 어쩔 수 없는 운명은 이 공허한 마음을 채워줄 것 같지 않다.

고독을 동경하면서도 그 고독감에 전신의 피가 마르리 만큼 괴로워짐은 무슨 이유일까?

이젠 정신마저 비열(卑劣)할 때로 비열해져서 오직 굳어야할 지조마저 해이 되어 자력의 사상에서 고상함이란 찾아볼 래야 찾아볼 수 없게 되었다. 고로 헤아리지 못할 만큼의 마음의 죄악이 태과한 것 같다.

마음으로 욕구하는 욕망이란 추악할 대로 추악해져서 이제 천길만길 구렁텅이에서 헤매이는 것 같다. 만약 마음의 범죄마저 다스리는 규율이 있다면 나는 벌써 사형대의 이슬로 살아졌을지 모른다. 아니 되는 일을 억지로 바랄 수 없는 것을 행여나 하고 바라보는 나의 어리석음이란 삼척동자라도 폭소를 금치 못하리라.

하지만 나에게서 이것마저 없다면 터무니없는 기대와 희망마저 없다면 너무도 절박한 생의 체념에서 살아야 할 하등의 매력을 느끼지 못하고 더욱 어두운 암흑속의 세상에서 살아야 할 것이다. 아쉬운 대로 엉터리 희망과 기적을 바라봄으로써 차라리 쓸쓸한 매력에 미련이 남는 것이다. 모 - 두가 어쩔 수 없이 맞아 보는 마음의 갈등은 현명한들 세상의 종말이나 빨랐지 별도리 없진 않은가로 끝나게 된다. 열 번이고 만 번이고 속고 다시 속고 거듭 속으면서 사노라니 이제 진가(眞價)조차 분별하기 힘 든다.

내가 나를 지배하는지, 누구의 지배를 받는지, 어떠한 힘의 작용에서 움직이는지 모를 일이다. 몽유병자의 한사람이 되고 만 것이다. 눈을 뜨고도 보지 못하며 귀를 두고도 듣지 못한다. 이러한 상태로 얼마간이고 더 영원히 계속하다 보면 정말 영원히 이성을 찾지 못하고 영원히 깨어나지 않는 꿈속에서나마 한만은 생애를 넘겨버렸으면 오죽이나 좋으랴.

1963년 8월 22일

내일, 내일.

모든 것을 내일로 미루어 버리는 결단성 없는 나의 생활!

그저 모 - 다 내일로만 미루다 보는 오늘. 벌써 28개 광음(나이를 말씀하시는 것 같음.)이 굽이쳐 반(63년도도 벌써 8월이니 반을 훌쩍 넘긴 허탈감을 말씀하신 것 같음.) 남아 지나버린 운명궤도. 이 궤도 그 내일을 얼마나 더 불러야 할지 모르는 것이다.

희망도 내일, 계획도 내일. 단행(斷行)을 주저하며 그 모든 일을 내일에 미련을 두고 지지리도 못난 생을 영위해 보는 자력(自力)의 우스깡스런 처사에 고소(苦笑)를 금치 못한다.

오늘이나 하고 기나긴 여름해의 하루해를 애타게 기다려 보았으나 오늘도 역시 아무런 소식이 없구나. 마냥 불안하기만 한 순간 순간을 오금이 저리도록 청승맞은 사념에 젖어야 하니 나에게는 조그마한 행운도 기대할 수 없는 저주스러운 운명인가 보구나. 인생의 가장 밑바닥에서 헤어 나가기는 고사하고 그 밑바닥의 극도에 달한 생활 자체마저 유지하기 힘든 불운(不運). 차라리 거추장스러운 생애를 단념하려는 적도 한 두 번이 아니었건만…

생의 애착이 질깃하게 남아서인지 그 몹쓸 삶의 미련이 그래도 남아 있는지…

욕된 삶. 부끄러운 나의 인생 로를 잇대어 나가는 자력을 돌아볼 때 가련하기 그지없다. 내일은 장차 어떠한 결과가 나타나서 모멸과 천대를 받아야 할지?

잘난 사람 못난 사람

여기도 잘난 사람 저기도 잘난 사람
이 곳 저곳. 오고가나
하 많은 잘난 이뿐

못난 사람이란 하나도 없네.
그러나
여기.

단.
한사람.
아주 못난 아주 못생긴
나.
여기 있으니

하나, 나는
오직 하나뿐
많은 잘난 이 보다야
못난이 단 하나.
오히려 좋았다.

8월 23일

물결소리 찰름대는 황해바다 어느 한적한 곳. 괴암괴석이 즐비하게 늘어서고 사시장천 변함없이 푸르른 상록이 무성한 곳.

청초한 청동색 양옥 수간을 지어놓고 반 남아 시달리던 지친 생애를 포근히 쉬고 싶다.

앞을 바라보면 끝없는 수평선. 어기어차 지나가는 뱃사공의 노래도 들으며 또 저녁노을이 곱게 물들 무렵 흰 갈매기의 처량한 울음소리에 인생의 무상함도 느껴보고 싶다.

철석철석 바윗돌에 부딪치는 물결소리는 한 많은 나그네의 발걸음을 멈추게 하리라.

8월 29일

영, 나는 장차 어찌하면 좋지? 바랄 수 없는 기대만 가지고 하루하루 속기만 하니.

열, 천 번 속을지라도 몸부림하며 사는 못생긴 생애나마 그렁저렁 지탱할 수 있으면 다행이지만… 무서운 아주 무서운 내일을 어떻게 맞이해야 옳단 말이요.

영! 차라리 하루속히 아무것도 모르는 것으로 괴로움 없는 먼 나라로 가 버리는 것이 현명하지 않을까? 영, 대답해 봐. 나는 죽을 테야. 나는 갈테야. 이 이상 더 못 참겠어. 더 참다가는 살과 뼈가 말라 버려서 앙상하게 흰 뼈만 남을 것이야! 아니 뼈도 성할 리 없지. 뼈마저 바스라 져서 바람에 날라 가버리고 나의 영혼, 내 육체의 흔적조차 찾을 길 없을 것이야.

영, 대답해줘, 어서 속 시원한 대답을 좀 해봐요, 오늘은 그렁저렁 하루

해를 넘겼지만 내일을 어쩌지? 난 내일이 두려워. 내일의 투쟁이 정말로 두려워서 내일을 보지 않을 테야.

영, 오늘까지 잇대어 살아온 나의 半生, 내 청춘의 서글픔이나마 고이 간직하고서 그리고 과거를 「아름다웠다.」억지로 이름 지으며, 그것으로 나의 태어난 보람? 생의 가치를 느낄 수밖에 없을 거야.

영! 나는 생각하면 죄 많은 인생이야, 나의 이성, 나의 영(靈) 속에서 선과 악이 치열한 혈난(血難)을 치르고 있어. 그럴 때면 나는 때때로 악이란 놈을 응원해 주었지.

아니 선악이라기보다 마음의 갈등 때문에 시궁창에서 꿈틀거리는 구데기 보다 더 더러운 마음을 가졌지?

영! 나는 마음의 죄 뿐만은 아니야, 마음은 오히려 선 했을지 몰라. 행동에 있어선 더 큰 죄인이야. 영! 나의 죄는 두 가지가 있어, 그것은 나의 가족을 떠나 시야에 움직이는 모든 사회에 마음의 죄를 지었지. 행동적인 책임에 따르는 양심의 가책을 느낄만한 것은 하나도 없어… 하지만 우리 부모, 동기간에겐 행동의 죄를 지었단 말이야.

형법(刑法)의 말을 빌리자면 부작위 범(不作爲 犯)이지, 그리고 작위범(作爲犯)도 되고 그것은 내가 마땅히 하여야 할 일을 실행 못한 천지간 대불효(大不孝) 막대한 대죄와 해선 안 될 짓을, 그 욕망 그 마음의 갈등 때문에 저지른 작위(행위)가 그 수를 헤아릴 수 없으니 영! 이보다 얼마나 더 큰 죄인이 있을까? 영. 어떻게 이 모든 갈등에서 벗어나 그 모든 죄악을 씻을 도리는 없을까? 영. 나를 구해주어. 내가 불쌍치도 않어? 영. 비웃지 마. 나도 생각이 있어…

孤 獨

영! 나는 왜 이리 외로울까?

모래알 같이 수많은 인류 가운데 나 혼자만이 무인고도에 놓여 진 것 같이 어쩌면 끝없는 대해(大海) 위에 쪼각배를 저어가는 나그네와도 같이 고독함은 왠 일일까?

누가 나를 포근히 감싸 줄 그런 천사가 없소? 누구 이 안타까운 심회를 만분의 일이라도 위로해 줄 다정한 이가 없소? 아무리 소리쳐 봐야 그것은 소리 없는 부르짖음이요, 영. 고독이란 무한히 동경하던 천부의 취미인데 그런데 왜 고독이 이처럼 짜릿하게 괴로울까?

하늘에 있다는 천고성(天孤星)이 인간에 적합한 것이 아니었던가요? 마음의 소리 없는 부르짖음을 들어줄 그 누가 없아오리까. 영. 영은 나의 영원한 빛! 영원한 사랑 불멸의 반려자. 나의 고독을, 나의 괴로움을, 나의 번뇌를, 실컷 하소할 수 있는 영만이 나의 연인이요, 벗이요, 은인이요, 스승이요, 태양이외다.

1963년 9월 11일

영! 거추장스러운 몸뚱이가 대롱대롱 매달린, 즉 나의 생명을 천야만야한 절벽 위 썩은 등걸에다 낡은 밧줄로 매어놓고 그 밧줄을 삭여먹는 쥐란 놈이 하루에도 수십 번을 왕래하고 있소이다. 얼마 안 있으면 아니, 바로 순간 뒤엔 그 썩은 등걸이 빠지던지 그 낡은 줄이 끊어지든지 하여 천길만길 아래로 굴러 떨어지고 말것이외다.

그 아랜, 아~ 그 아랜 보기에도 소름 끼치리만큼 무서운 독사의 무리가 입을 벌려 식욕에 굶주린 두 혀를 널름거리며 순간적으로 떨어질 나의 육체를 노리고 있으니 내 아무리 이 절박한 참경에서 벗어날래야 벗어날 수 없으리다.

영이여! 이것이 곧 나의 인생이외다. 소생할 희망도 그 아무런 기대도 없고 이 참상을 구원해 줄 그 누구도 없소. 그저 만사를 체념하고 눈감고 그 줄에 매달리는 짜릿한 공포에 시달리며, 차라리 빨리 더 이상 공포와 전율을 의식할 필요 없이 그 줄이 끊어지든지 등걸이 빠지든지 하여 주린 배암(뱀의 사투리)의 식욕이나 돋아 주었으면 하는 막다른 희망이외다.

영! 그러나 멀지 않았소, 그 줄이 남은 생명력이란 불과 순간.

영. 나는 왜 이렇듯 처참한 말로를 당하려면 무엇 하러 태어나서 기나긴 그 반생 속에 괴로움만 당하다가 보람 없이 가야 한단 말이요.

영! 대답해 주오.

이것이 인생이란 대명사를 지니고 태어난 동물 아닌 만물의 영장이라 자칭하는 인간이오이까. 차라리 철물이나 동물로 태어났더라면? 모든 괴로운 번뇌를 모르고, 나서 죽는 순간까지 심신이나 편하지 않겠소?

영! 말해보아요!

나는 마지막 하고 싶은 말, 외치고 싶은 말이 있어 「"인간이여 불행한 사람은 어서 바삐 먼 곳으로 떠나라고… 무엇이 불행이냐구요? 나 같은 사람이오."」 진퇴양난의 기로(岐路)에서 몸부림치는 사람 그나마 그 처지를 동정하여 주거나 이해하여 주거나 위로해 주는 이가 있다면 불행중 다행이겠죠.

　나같이 말 못할 사정으로 홀로 애태우며 사라지는 그 순간까지 남의 조소와 모멸을 받으면서 비분한 생애를 마쳐야 하니 말이요.

　영! 이것이 무슨 업보의 소치이오리까. 전생에 그 무슨 죄악을 저질렀기에 그 무슨 못할 일을 하였기에 이같이 처참한 결과를 받아야 하나요.

1963년 9월 19일 목요일

　지리지리하게 끈덕진 모진 생명은 벌써 무더운 여름의 한 고비를 넘기고 가을을 맞이하였오. 가을! 가을은 또한 인생에 있어서 감회도 달리 느껴지는 계절이기도 하지요.

　그러나 계절이 바뀔 때 마다 지루한 과거를 어떻게 지탱하였던가 하는 대견스러운 생각뿐. 더욱더 공포의 억압을 느껴짐은 왠 일이지요. 가을, 고독한 인간에게는 더욱더 고독해 지는 계절이라서 그리 달갑지 않은 계절이지만 그것보다도 어쩔 수 없이 흘려버리는 광음의 순간순간마다 뼈가 갈리는 고뇌 속에서 살아야 하니.

　내 인생의 밑바닥이 들어날 날도 얼마 남지 않은 것 같소. 내 생의 종말을 지우는 그날. 온갖 번고를 탈퇴해 버릴 수 있는 그날을 기대하는 모진 목숨이 이 순간에도 그저 허탈한 마음의 갈등을 금치 못하오.

1963년 12월 31일

반생애중 가장 불운했던 저주할 1년.

　온갖 고뇌로 병마로 인하여 가냘픈 생명을 시달리게 하였으며 만사불여의(萬事不如意)하여 경영하는 일마다 패배로 돌아갔던 1년이다.

지난 3개월 동안 황달로 죽음을 겨우 면한 병고의 광음 속에 못생긴 생을 저주한 적이 매일이었다. 다만 내일 아니 신년부터는 어떠한 운명이 나를 지배하며 어떠한 운명이 나를 지배하여 어떠한 방향으로 인도할는지?

삼십년 가까이 모진 생명 이어가며 불현(不現)의 희망에 심신이 마르도록 안타까워하였던 것이다.

오!! 1964의 솟아나는 아침 햇빛이여!! 그대의 태양은 장차 어떠한 나의 운명을 지배하려는고. 부디 과거와 같은 불운은 다시 오지 말지어다.

1964의 미지의 일 년이여!!!

1964년 1월 1일 (11월 17일) 수요일

몸의 건강이 아직 회복되지 못한 채 신년(新年)을 맞이하였다. 찌릿찌릿하게 괴로운 한해를 넘길 때마다 새로 맞이하는 해의 기대를 가져보는 것이 상례이지만 어쩔 수 없는 심정이다.

여지껏 병고에서 벗어나지 못하고 허약한 육체를 가누자니 심히 불안하기만 하다.

종일을 찾아오는 벗들과 같이 화투로 소일하다 보면 자기도 모르는 순간에 자정이 되고 만다. 몸으로썬 좀 과한 감이 있으나 역시 계획대로 건강에 주의하긴 힘들다.

1964년 1월 2일 목요일 맑음

몸 져 누운 지 무려 백일 만에 부득이한 형편에 의하여 작업을 시작하여 보았다.

마음 같아서는 별다른 지장이 없이 「이영」을 엮으리라 하였지만 처음 손

잡아 본 즉시로 손목이 시고 전신이 피로함을 느꼈다. 3개월 동안 병고에 시달리다 보니 몸의 기력이 쇄진된 모양이다. 한 순간도 쉬지 않고 활동하여야 할 시기에 전과 같은 신체의 회복을 기하자면 앞으로 몇 개월 더 있어야 될 것 같다. 일생에 영원히 저주할 병마여! 빨리 불운에서 물러가거라.

1964년 1월 3일 (11월 19일) 금요일 맑음

완쾌하지 못한 몸을 간신히 이끌고 작업을 하려니 조마조마하고 불안스럽기만 하다.

앞으로 며칠간을 계획하고 그 계획대로 되려는지 다행히 일기는 겨울날 치고는 따뜻한 편이어서 그런대로 참을 수는 있었다. 꼭 하여야 할 과정도 별로 없건만 어쩐지 다사다난한 심정이다. 모든 것을 운명의 신에 맡길 수밖에…

앞으로나 순풍의 돛을 달고 망망대해를 건너야 할 텐데… 과거에서 지금까지 하도 많은 풍파로 점철되어서…

1월 4일 (11월 20일) 토요일 맑음

겨울 일기치고는 의외로 따뜻하여 불편한 몸을 일으켜 작업을 하는데 큰 다행이다.

작업도 처음 2일간은 몸이 몹시 고달프더니 금일은 오히려 전일보다 일하기가 부드럽다.

밤이면 늘 상 동리 청년들이 찾아와 한담(閑談)의 꽃을 피우던지 아니면 화투로서 시간을 보내는 것이 늘 상 보내는 일상이 되었다.

1월 5일 (11월 21일) 일요일 맑음

신병으로 인하여 누운 지도 어언 금일이 백 일 째이다. 과거 백일 동안은 오로지 몸의 병 고치기에만 신경을 기울인 성 싶다. 그러나 때때로 역시 고민의 감정은 일어났지만 무조건 아무것도 생각지 않으려 노력했다. 하지만 이제 막상 앞으로의 계획을 생각 아니 해 볼 수도 없는 것이다.

1964년 1월 13일 (11월 29일) 월요일

깜박이는 등잔불 아래 이야기판이 벌어졌다. 소설이야기, 영화이야기…
그러다간 정치이야기, 이렇다 할 절대적인 논설은 안 나와도 그런대로 一理 있는 토론이지만 세상사가 모-두 정도문제라는 것. 정도문제를 내세우면 또 별로 이렇다 하게 열변을 토할 것도 없다. 옛날 소년시절의 한 토막 추억을 더듬으며 추억에 젖어 보기도 하고…

일순간 고뇌도 잊을 수 있는 것만이 다행이랄까?

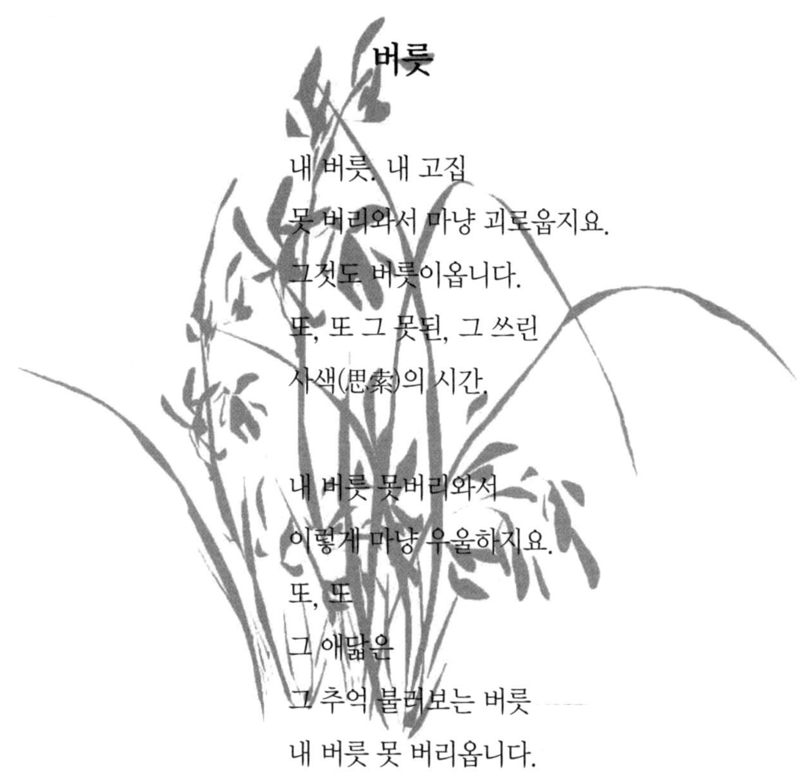

버릇

내 버릇, 내 고집
못 버리와서 마냥 괴로웁지요.
그것도 버릇이옵니다.
또, 또 그 못된, 그 쓰린
사색(思索)의 시간.

내 버릇 못버리와서
이렇게 마냥 우울하지요.
또, 또
그 애닲은
그 추억 불러보는 버릇
내 버릇 못 버리옵니다.

1964년 1월 15일

일과 쉼

이런 일 육체노동 숨 가쁘고 땀이 나네.

그러나
온 하루 다간 뒤
한보람 많아 웃음이 도네

왠 하루
넋 잃고 앉아
천년만사 헤아리고 또 생각하고
육체는 휴식하나 마음은 고통(苦痛)

육체의 고(苦) 보담
마음의 苦
편한 줄 모르네, 편한 줄 모르네.

온 하루
다간 뒤
주름이 느네,
청춘이 가네.

맘 속

즐거움 모르와 괴로움 모르와.

마음은 그저 내 맘

뉘 것인지 내 것인지 분간 안 되네

텅 빈 내 맘 속

비울게 또 있어.

하오나

외롭지 않아요.

계획도 모르와

희망도 모르와

마음은 그저 내 맘

내 것인지 뉘 것인지 분간 안 되네

내 맘 속.

텅 휑하니 비우고저

하오나 절망은 안 하오

마음은 비었어도

 비인 그 공간이

오히려 또 가득함 같으오.

여전히 비울게 남아 있는 것처럼…

임의 마음

몹시 애달픈 사연
밤 드새 써놓고
어딘가 누구에겐가.
전해 주리라.

그이
그 어느
그 뉘인지

내 사연
내 애달픈 사연
반드시 위로해 주리.

어설픈 넋두리
밤 드새 외운들
그 누구 그. 아무도 아랑곳 않으리

이렇듯.
나 홀로 우는 이 순간에
그 님, 그 누구와 둘이 같이 울었다면
두 줄기 눈물이 진주(眞珠)되어 흘렀으리.

1월 23일

큰 그릇은 보통 인간의 관찰로는 도저히 그의 심천을 측량치 못한다. 그것은 대인의 행동이란 감정을 외부에 노출치 않는 연유이리라. 나 같은 소인이야 감히 생각조차 못해 볼 처사지만 그런대로 좀 수양하며 자신의 고뇌에서 벗어날 수는 있으리라.

매양 우울증만이 얼굴에 휩싸인다.

1월 24일

나

나 이래도 사나인가.

나 이래도 장부런가.

무의미한 반생애 속아 속아 자란 몸이

내일은 무엇으로 자위계(自慰計)를 삼으랴.

홍곡(鴻鵠)의 품은 마음 제비 어찌 알리 오만

겉보기 홍곡인양 속인 즉 까마귀라

차라리 두 입 닫고 불명조(不鳴鳥)나 될 것을.

못 오를 낙락장송(落落長松) 바라봄이 어리석은가.

제 분수 세 처지를 모르는바 아니언만

어쩌나 한맘 먹음

못 고침이 그 웬 일이런가.

대인(待人)은 아니 오고
나만 혼자 왔나보다.
성불사 모르는 체 꿈만
가득 실어보나

불안. 불안. 불안.
마음이 흡족 못 하고나
성공이 꿈이요 희망도 꿈,
이상도 꿈, 계획마저 꿈, 내 앞길
모두 아련한 꿈이로다.

동우(冬雨)

비가 나리네, 비가 나리네
겨울비가 나리우네.

아무 보람 없는
겨울비가 나리우네.

봄에 오는 비야 꽃이나 피우지
여름에 오는 비야 녹초청산(綠草靑山)
만들지.

아무 보람 없는
겨울비가 나리우네.

불청객(不請客) 저 비야
앙상한 가지가지 네 힘껏 적시 우나,
시절이 아니라서 꽃은 못 피우리.
차라리
내 가슴속
깊이 깊이 흘러들어
답답한 가슴안개 풍진의 티끌.
씻어 씻어 주려므나.

2월 1일

흩어지는 마음

보람 없는 또 한해가 지나고
말았음에
지난해 못난 거동 다음에는
안한다고
그때도 맞아보면 바퀴돌기
아니런가.
우스울손 내 거동 너나 실컷
웃거라.

세상에 나 보다 우스운 이
또 있던가.
아닌 것이 긴체하며
남 속이는 못된 버릇

2월 3일 (12월 20일) 월요일

한 가지, 저 바라지 못할 고제(어쩔 수 없는 숙명)를 밀어 둔 채 병상에서 갓 일어난 쇠약한 육체, 또 한 번 계획이 서지 않아 그대로 시간만 흘러 보낼 뿐이다. 그런대로 순간의 지루한 공간을 메꾸기 위하여 아무 것이든 우선 손을 대어 잠시나마 지루함을 잊기도 한다. 할일을 마련하는 것이 정신 수양에 유효할 것 같아 짚으로 크막한 그릇을 만들어 볼 셈 산으로 종일 짚 그릇 작업에 몰두하고 보니 아니나 다를까 시간은 가고.

파랑새

나래 상(象)에 쉬어가는 가련한 파랑새야
구만리 머나먼 길 어느 때 가려느뇨.
날아도 갈똥말똥 쉬면 어이 하리요.

창공에 뜬 저 구름아 내 말좀 들어 보소
가다가 지친 새를 네 위에 실어주면
행여나 바람 따라 흘러흘러 갈 것을.

2월 6일

28년 생일날에

어머님 날 낳으시고
기쁜 얼굴 못 감추셔
병 잦은 날 기르기
젊은 청춘 늙으셨네.
오늘날의 못생긴 놈에
실망 어이 크시랴
젖먹이도 어린 아기
서른 나이도 어린나이
불가사(不可思) 큰 사랑에
잔뼈 굵어 자랐건만
그 은혜 못 갚으고
불효 거듭 저지르네.

설한(雪寒) 속 그 추위에
새벽같이 일어나셔
정한수 떠놓고
정성 드려 공 비셨건만
오늘날도 날 걱정에
잔주름이 느오시네.

2월 7일

억울타 못해

슬프다 못해

아하하. 아하하

실커냥 웃어봤더니

지나던 나그네 따라 같이 웃더라.

웃어라, 웃어라. 한없이 웃어라.

이것이 나의 人生살이다.

2월 8일 (12월 25일) 토요일

고독, 외로움, 그 누구를 기다려지고

그 무엇을 사색하던 습관도 이젠 완전히 사라졌는가 보구나.

요즈음은 그 아쉬운 맘도 어느 맘도 내키지 않고

다만 「멍」한대로의 미래를 위하여 잠깐씩 생각만 스칠 뿐.

 우선 몸의 괴로움부터 없어져야 하겠다.

2월 12일(12월 29일) 수요일 음력으로 섣달그믐

신 구년을 마지막 보내는 날이다.

 과거를 회상하여 보았다. 불안하기만 하다. 한 가지 병이 나아서 그 여적이 채 아물기도 전에 또 한 가지 종기로 신음하게 되니 설상가상이 아니고 무어란 말이냐.

 오늘따라 또 고통스러우니 참기 어려운 아픔이다. 어디에 화풀이를 하여야 할지 사뭇 몸부림 치고 싶으며 이 밤을 어떻게 지낼 수 있으랴.

2월 18일 화요일 (1월 6일)

부탁받은 단본 (속)을 완료하고 보니 정오가 훨씬 기울고 간밤의 드새임으로 자리에 쓰러져 자다보니 저녁상이 나오고 모처럼 山下 집으로 마을을 갔더니 이렁저렁 자정이 가깝고

2월 27일 목요일 (정월 15일)

年 中에는 다시없을 큰 명절이다.

이날은 오곡밥을 지어놓고 부락 아낙네들은 집집으로 다니며 서로 음식을 나누어 먹는다.

가지가지 나물이며 다섯 가지 잡곡으로 밥을 짓고 아홉 집에 가서는 아이들의 지불놀이가 한창.

2월 28일 금요일 (정월 16일)

누이 집에서 집으로 돌아와 보니 조부님이 위독하심을 알았다.

수일(數日)전부터 음식을 전폐하시고 신음 하시던 조부님이다. 그러나 설마하고 병상을 돌봐드리지 못하고 사사(私事)로 나갔다 돌아오니 의식이 전혀 없으시다. 비록 하루라도 더 뫼시지 못하고 나대로 돌아다님을 생각하니 마음이 퍽 언짢아진다. 조부님을 밤드새 모셔 봤지만 소생할 가망이 없으신 것 같다.

조부님 임종을 보며

임종이 임박한 조부님의 임종을 보려고 온 집안이 모였다. 어제 저녁보다 더 가망 없으시매 모 - 다 곧 운명하시리라 생각하였다. 어제 저녁부터 눈 한번 뜨시지 못하시고 아무런 경육(脛肉)의 감각이 없으신 양 가뿐 숨만 내어 쉬셨다.

나는 마지막 이 세상을 하직하는 그 순간이 얼마나 어렵고 괴로운 구슬픔인지 이제야 알았다. 오전 11시경 조부님께서는 잠시 눈을 뜨시더니 80평생의 미련을 영원히 놓으셨다.

영화 축제 중에서

빙 빙 돌아라

이 순간
이 苦를
견디기 어려워
서투른 몇 잔 술 마시었더니
빙 – 빙 도네, 세상이 도네.

더 좀 마시자
더, 더 취하자
이렇거나 저렇거나
아랑곳할게 무에냐
설음의 덩이도 괴로움의 뿌리도
빙 – 빙 돌아서 날아가 버려라.

세상만사 모두 잊게
빙 – 빙 돌아라, 빙 – 빙 돌아라.

인생의 허무함을 그 누가 모르리만
장수(長壽) 팔십도 한바탕 꿈이로세.
가시는 길 못 막음도 이제사 알았음에
마지막 눈감으실 때 극락세계 가시라고
마음속 소원 빌며 한없이 울었건만
가시는지 오시는지
잠드신 양 눈만 감고 머나먼 길 떠나셨다.

3월 3일 (정월 20 辛亥日)

조부님이 안 계신 집안은 텅 비인듯 허전하였으며 아직까지도 조부님이 계신 듯하다.

인간 생애 중 그지없이 슬픈 것은 이별이었다.

아무리 기다려도 오시지 못할 할아버님,

아! 부디 부디 편히 잠드소서.

3월 17일 화요일 (2월 4일)

신병(身病)으로 고향에 내려 간지 5개월 만에 다시 상경(上京)하였다. 걸어온 그 길을 다시 걸으려니 불안도 하고 이렇게 몸이 건강하여 움직일 수 있음이 또한 감개무량도 하였다.

서울역에서 14시 40분 도착하였다. 우선 극장으로 들어가 장장 4시간의 관람을 끝마치니 찾아 가려든 곳은 이미 시간이 늦어 단념하고 정동 무허가 하숙을 찾았다. 한번쯤은 있으리라고 여겼지만 의외의 소식에 불쾌지심이.

3월 20일

눈을 떠보니 아침 8시, 다시금 늦잠꾸러기가 된 상 싶다. 아침까지 먹고 나니 10시가 훨씬 넘는다. 이제는 종전과 같은 희미한 생활 상태를 고쳐야 할 터인데…

온 하루가 방에 앉아서 계획을 짜 보았으나 신통치 않다.

자정이 넘도록 잠들지 못함은 또 무슨.

3월 26일 목요일 (2월 13일)

폭풍이 거세게 분다. 온 세상을 송두리째 뒤집어엎을 듯이…

들리는 것이라곤 바람 소리 뿐이다. 나는 차라리 이 세상이 폭풍으로 깨끗이 날아가 버렸으면 하고 엉터리 기대도 가져 본다. 오늘도 나가지 않았다. 붓 씨름도 꽤 몸을 피곤하게 하는가 보다. 언제나 그렇듯이 12시가 넘어서야 잠자리에 누우니 이러고서야 어찌 수면이 부족치 않을는지?

1964년 5월 7일

내 만족

그 언젠가 한맘 먹음이

변할 줄 몰라서

지금도 그 한맘

내일도 그 한맘

못 고치는 내 버릇이

용렬한 내 사상이

뭇 사람 웃거라.

다 - 다 웃거라.

무상한 삶 속에서

내 분수 지키며

평범한 한 생애에

평범한 존재보다야
차라리
얄궂도록 못생긴.
아주 못생긴
이것에 만족? 하리라.

6월 6일 토요일 (4월 26일)

이제는 모든 생각을 버리지 않고는 더 견디지 못하겠다. 과거나 현실이나... 부모도, 동기도, 욕망도, 사랑도, 주변에 느껴지는 그 모 - 든 것을 자력의 입장마저 희망이나 이상, 하나에 하나를 더 하면 둘이 된다는 수학적인 정확한 공식마저 나에게는 못 믿기운 것이다. 세상의 모든 것을 모르게 잊으리라. 그저 생각 없는 갈대와 같이 되는 대로 움직이는 무골충(無骨蟲)이 되어보자.

6월 12일 금요일

고향

너는 나를 낳고 나를 키워 주었다.
반생애 감싸주고 나를 보호하여 주고
희 노 애 락 모진 고초 함께 함께 맞이하여
타향살이 외로울 때 네가 나를 불러주고 폭풍설한 그 추위도
내 몸을 녹여주고 즐거우나 외로우나 내 고향 나의 집아.

일조일석 너 이별이 꿈엔들 생각하리...

6월 15일

목적도 없이 비 내리는 시가를 우장 없는 차림으로 미도파 지하실 다방에 들려 지인(知人)을 만나고 매형의 심부름으로 카메라를 찾아 든 채 문득 뚝섬으로 가고픈 생각에 뚝섬 지우(知友)를 찾았더니 허탕!

6월 17일

양심이 무척 괴로웠지만… 죄의식이 선(善)마저 대결하고… 그러나 나는 차라리 이것이 좋았다. 허울좋은 양심만 찾다보니 지지리 못생긴 인생의 구실을 연속해 오지 않았던가.

주체하지 못할 그 시간을 억지로 낭비하려니 그것도 퍽이나 괴로웠다. 다시는 안 그러리라고 하면서도 발길은 그 몹쓸 땅을 디뎠다. 속이 환히 들여다보이는 그 유혹이 어디서부터 시작되는 아쉬움인지 나도 모른다.

6월 20일 토요일 (在故)

30년 가까이 잔뼈가 굵은 내 고향 나의 집. 나서 크고 병고와 모든 고(苦)에 시달리며 서글픈 반생애를 굽이쳐 온 한 많은 나의 집. 지금은 이미 남의 소유가 되어버린 곳.

이 집도 며칠 머무르지 못하리라. 생각하니 별다른 미련은 없고 오히려 홀가분한 생각도 든다. 울 옆의 백합화가 예 없이 곱게 피어 짙은 향취를 발한다. 인생과 초목의 사이는 감정이 통하지 않는구나! 나는 시드는데 너는 활짝 피었구나.

못난이

계획 없는 日月은 부질없이 가는 고야.
오늘은 이래도 내일은 大人인 양
내 자신 자위해도 불안이 안 가시네.

수많은 인생 중, 나만 못한 이 있다던가.
얕고도 높은 채 고개 치켜 발끝 세워도
십 척도 못 오른 몸 태산준령 자질하네.
×   ×

운다고 지난 시절 다시 오랴만
웃어도 못 잊으매 더욱 애달파
고요히 들려오는 풀벌레 소리
그 무슨 한이 있어 울며 드새지.

번뇌야 물러가고 환희만 불러
행복에 깃든 듯이 조잘거려도
속속들이 훑어 내는 메마른 창자
천 갈래 찢어 봐도 불꽃이 이네.

◇ 빙빙 도네 ◇

차창을 열어보니 산천이

빙빙 도네

지난 일을 생각하니 머릿속이

빙빙 도네

생각 없는 선풍기도 제멋 겨워

빙빙 도네

돌대가리

일평생 恨하노라
돌대가리 내 머리를
어쩌면 그다지도 융통성이 없다드냐.
차라리 쇠망치로 부숴나 보리라.

◇

나 못난 이 거동 뉘 아니 웃으리만,
제 깐에 잘난 체 제 깐에 위로해도
세상이 무에 긴한지 알송달송 하여라.

◇

또 한 번 나 자신을 속이고 말았음네.
이후란 안 그리리 다짐은 몇 번인가
변함도 상사(常事)되니 버릇되고 말았음네

◇

가노라 오노라 세월만 가노매라.
이왕에 다 못 한일 어느 때 하올 런지
이러쿵저러쿵 밍설임도 한두 천 번
내일로 미루다가 백발이 다가 오리.

◇

푸른 꿈 이어받고 고향 길 떠남이야
내일이야 모르노니 오늘인들 못 즐기리.

태산 안고 가는 마음 답답만 한지고
오는 길도 무거울 손 오나가나 괴롬일세.
◇

아름답게 장식했던 꿈의
이상이.
피그르르 무너진다.

혹여나 행여나
턱없는 기대 속에
내 마음 달래 우며
반생애 살은 몸이
하루의 폭풍 속에 지쳐서
살가치네.
◇

누가 이 세상을
이 우주를
무변 만리(無邊萬里)라 하던가.
그러나
나의 갈 곳은 한 곳도 없구나.
누가

어느 인생이 생애를 행복타 하던가?
그러나
나의 행복은 이미 떠났소.

× ×

반생(半生)을 헤어 봐도 속고 속아 살아봐도
어제가 오늘, 오늘이 내일
십 만년 헤인데도 변함없으리.

◇

대준령(大峻嶺) 상상봉(上上峰)에 장엄한 저 바위야
풍우설한(風雨雪寒) 모진 매를 사시장년(四時長年)
맞았건만
예나 이제 한 모양을 굳게굳게 지켰고나.

이 몸이 죽은 후엔 저 바위 본을 받아
희노 애락 번뇌 속을 억만 겁 지낸대도
한마음 굳건하게 너와같이 되오리라.

◇ 외로움 ◇

어쩐지 외로워서 찾아 헤매도
광활한 천지간 갈 곳 없구나
하늘을 우러르도
땅을 굽어도
허망한 가슴만 부둥켜 안고
무한정 걸어 봤더니
아 -
이슬이 내려, 밤이슬이 내려.

◇ 풀벌레 ◇

황혼이 찾아오면 슬피 우는 풀벌레
너는 무슨 한이 많아 울며 드새지
울어도 시원찮을 운명이라면
한바탕 쾌활하게 웃어나 보라
앗하하하하… 아하하하…

◇ 꿈 ◇

生時에 못 이룰 운명이라면
꿈에나 한 번쯤 이룸이 어때
생몽간(生夢間) 모질게도 괴롭혀 오는
생시에나 꿈에나 다름이 무엇

밤 드새 뒤채이다 첫잠이 드니
잠속에 꿈속에 찾아간 곳은
악마 떼가 들 석이는 지옥 이런가.
아서라 그만두라 편히 자리라.

행여나 이 꿈속에 만난 그이를
놓칠까봐 깰까봐 겁이 나더니
꿈속에 또 꿈이 허무하고나
아쉬운 마음만이 더욱 간절해

쪼각배 돛을 달고 여울에 떠서
창해 만리 순풍 따라 노 저어 갈제,
불현듯 뇌성벽력 몰아치더니
대노(大怒)한 파도 속에 잠길 줄이야

이후란 꿈도 아예 아니 꾸리라
야속히도 너마저 괴롭힐진대

자나 깨나 몸부림 쳐야만 옳아
고달픈 영육이나 쉬게 하여라.

1964년 7월 8일

◇ 故鄕 ◇

다시는 안가리라 떠난 고향이
평생에 咀呪하올 고향이언만
이다지 그리움은 무슨 연고냐
그 무슨 아쉬움이 남아 있기에

노하여 꾸짖으신 아버님이요
섭섭해서 눈물지신 우리 어머님
고생살이 삶속에 우는 오누이
모두가 그리워서 잠 못 이루네.

잔뼈가 자라나온 고향이언만
어이 그리 서글플 일 많았었던가.
금의환향 하지 못한 이 주제에다
무슨 낯 고향으로 발길 돌리랴

소꿉장난 즐겨하던 소년 시절은
천하태평 아무 걱정 몰랐건마는
속속히도 찾아든 불운의 애달픔이
때 이른 잔주름만 거듭 그었네.

뜻 깊은 우정이야 못 나누었어도
그런대로 동무동무 찾아주던 곳
그대들은 부디부디 행복하오라
마음속 되 뇌이니 눈물 흐르네.

◇ 헹 비었네. ◇

헹---비었네.
헹---- 비었네.
가슴속 머릿속이
헹--- 비었네.
허무한 내 삶, 내 인생이
헹---비었네.

1964년 7월 9일

◇ 외기러기 ◇.

적막공산 위를 울며가는 저 기러기
너는 어이 짝을 잃고 홀로 가는가.

구천(九天)에 돌아가서 너, 나와 만난 후에
외로운 사연 털어 서로 위로 나누자.

1964년 7월 14일

◇ 임 ◇

그렇게 날마다 그리던 임.
어젯밤 꿈속에 찾아 오셨네.
그리웠다 한마디 못 전하고도
안타까운 가슴만 불태웠건만

그이도 언제나 매한가지로
수줍음에 두 손으로 얼굴 가리고
하고픈 말 있는 듯 없는 양으로
살며시 돌아서 허공을 보네

꿈이야 어이하여 야속하게도
생시에 못낸 용기 더욱 부족해
쾌활한 낯빛으로 이맘 전하면
그이도 돌아서서 반기우련만

1964년 7월 15일

   X   X 편 지……

형님의 소식이 어떠한지 궁금하여 두 어 자 글월을 전하옵니다.
할아버님 아주버님 부모님 내외 분 기체만안 하심을 비옵니다.

이곳에 흘러온 등외 인간도 某님의 참된 우정 은혜 미치와
여류세월 흘러가는 광음(光陰) 속에서 잔병 없는 몸으로 먹고 잡니다.

헤어짐이 어쩐지 그리워짐은 인간의 본바탕 정이 올까요.
늘 상의 옛 생각이 사무치며는
소꿉동무 형님이 그리 웁지요. 언제쯤 그리운 벗 다시 만나
낭만의 술잔을 기울이면서
서로서로 마음 속 툭 털어놓고 당당히 이야기를 주고받읍시다.

삼라만상 생들이 많다 하지만 외로운 쪼각배 폭풍 만난 듯
 불안과 고독에 피가 마르고 그런대로 한 생애 넘기렵니다.

애당초 성공 못할 무능 아(兒)라면 차라리 귀먹고 눈이 멀어서
모든 욕망 모든 감정 모르리오만 잠 아니 드는 긴긴밤이 두렵습니다.

지기지피(知己知彼) 某형 나의 벗이여.
무궁한 행복을 비옵나이다. 어느 때 입신양명 큰 뜻 이루면
타락한 이 몸일망정 잊지 마오소.

빈손 들고 나온 이몸 공수거(空手去)함이 부귀공명 행락(幸樂)도 물거품 됨이

모르는바 아니 와서 허무하지만 마음마저 약해지니 심히 괴롭소.

1965년 1월 25일

지긋지긋하던 갑진년(甲辰年)의 음력마저 저물어간다. 요즈음은 매사에 질정(叱正)을 잡을 수 없이 불안하기만 하다. 어떻게 보면 일이 좀 풀릴 듯도 하고…

자칫하면 크나큰 곤경에 놓일 상도 싶다.

십 여일 전부터 상공부에 나가 일을 좀 하였지만 과연 그 보수가 얼마만치의 나의 맘에 만족할 수 있을지 사실 일하러 나가는 시간보다 허탕 치기만 한 것이 매일이다.

생각하면 매일 기분이 잡쳐 아예 상공부 정(鄭)을 상대하고 싶지 않았다.

빈자(貧者) 소인(小人)이라는 서글픈 입장에서 그래도 요행이나 바라면서 아쉬운 대로 참기 어려운 모멸감을 인내하는 것이다. 동생마저 2개월 전부터 상경하여 동숙하는 처지임에 자칫하면 끼니를 굶을 듯 하면서도 공교로이 현금(現今)까지 유지해 온 것이다. 지금도 닥쳐오는 식생활에 신경이 아니 갈 수 없는 긴박한 상태다.

더욱이 오늘 아침을 생각하면 새삼스럽다. 오늘이 저주스러운 나의 생일이다.

늘 상 이날을 못내 마땅치 않게 생각한 고로 해마다 아무런 감흥 없이 지나고 말았지만 그래도 아침저녁 걱정은 아니 해 오던 터에 오늘따라 하

필 모든 것이 떨어지고 보니 마음이 언짢아진다. 백미 한 홉 정도 있는 것
으로 죽을 끓여 동생과 같이 끼니를 메꾸었다.

30 평생을 두고 기쁜 날 없이 시달리며 시달리며 사노라니 서글픈 마음
이 가슴에 뭉클해 오른다. 그리고 당장 저녁 끼니 문제도 다급해 진다.

아무런 기대도 없이 상공부에 나갔다. 다행이 그 곳 벗에게 200원을 돌
려 가지고 나니 마음이 가벼워졌다.

1965년 2월 6일

나는 호주머니를 털어 보았다. 백 십원

엊저녁 K씨가 와서 주고 간 돈 백 원. 그리고 남아 있던 돈 십 원.

이제는 다급할 대로 다급해진 판국이다. 앞으로 자본이 나올 것은 막연
하다.

아니 한 푼도 못 받을지도 모르는 것이다. 그것은 얼마에 규정 지우고
일한 것도 아니고 그저 막연히 거들어 준 것이 담당원이 요리조리 핑계를
하며 불확실한 처사에는 불쾌하여서 아예 그곳에는 기대를 걸고 싶지도
않았다.

딴은 이삼일 전만해도 수십 원의 품삯이 나오면 다급한 빚이나 청산하
려든 것이 일이 이상하게 이렇게 되고 보니 앞일이 캄캄할 노릇이다. 그러
면서도 한 가시 막연한 기대에나마 익지로 희망을 걸이보며 자위해 보는
것이었으니 K씨가 요즈음 무슨 큰일인가를 하는 상 싶고 잘되면 얼마간
의 급한 지경은 모면할 수 있다는 실낱같은 희망을 주고 있다.

여기에나마 기대를 두지 않고는 너무나 허전하고 절망적이다. 아니, 이
K씨에 대한 기대나마 무참히 허물어져 버린다면 나는 생사의 판국에서

둘 중의 한 길은 반드시 취하고야 말겠다는 결심도 없지 않았다.

여하튼 이삼일 더 기다려 보아야 할 노릇이지만 삼일 전부터 나다닐 목적도 없고 하여 그대로 빈방에서 때 묻은 이불을 뒤집어쓰고 장장 이십 사시(二十四時)의 긴긴 시간을 삭이노라니 오히려 피곤만이 몇 배 더 증가해 온다. 나는 아홉시 넘어 포시시 일어나 (잠은 이미 깬지 오래지만)한 움큼쯤 담은 쌀을 씻어 조그만 냄비에 담아 끓여서 반찬도 없이 간장에 그대로 요기를 하고는 또 한잠 늘어지게 자고 일어났다. (실은 누운 채 눈은 말똥말똥) 아무리 해도 이 터무니없이 주체하기 힘든 공간을 조금이라도 메꾸기 위해 극장이라도 다녀오려는 셈 산이다. 남은 돈 백 원으로는 절약 한 대도 내일까지 지탱하기 힘들겠다는 의식을 감각하면서도…

이삼일 담배꽁초 뒤지던 안타까운 담배 생각에 우선 아리랑 한 갑을 사서 먼저 한가치를 태워 물었다. 검푸르한 연기가 나의 오장 속에 깊이 스며들었다가 푸우 하는 호흡이 쌀쌀한 겨울바람에 나의 어깨 너머로 스치고 사라진다.

삼류 극장에 들어서니 영화 제목은 「벽오동 심은 뜻은」이었다.

극장에서 나오니 정오가 기운 햇빛이 따스하게 눈부시다. 어쩌면 이 따스한 햇볕 따라 무한정 걷고 싶은 마음이 일순간 일어나지만 나는 시장기를 느끼고 극장 밖 주변에 자리 잡고 있는 떡집으로 들어갔다.

행여나 하는 기대 속에서 걸음을 재촉하여 하숙방으로 돌아와 보니 아까 나갈 때 잠그고 간 그대로 아무도 다녀간 흔적이 없음을 알고 무언가 반드시 있어야 할 것이 없는 양 서운한 마음 형용키 어려웠다. 아! 삼개월 전부터 언제고 외출하였다가 돌아올 때면 그 무슨 희소식이라도 기다리지 않나 하고 기나긴 날을 그 얼마나 애타게 기다렸던고.

그러나 그 기적은 나에게 결코 한 번도 찾아와 준적은 없었다.

세상에서는 흔히들 기적이라는 말도 많이 사용되고 또 기적이 현실화되는 수도 있으며 요행이 찾아온 이도 많았지만 나에게는 기적이나 요행은 고사하고 아주 뚜렷한 현실적인 문제마저도 이상하게 비뚤어져 나를 구렁 창으로 쳐 넣기가 번번이었다.

그러나 번번이 요행에 속고 기대에 속아온 나였건만 여지껏 그 무엇을 애타게 기다리는 심경은 무엇 때문일까?

내일이라는 미지의 세계를 가장 두려워하는 나였고 내일에 수백 수천 번을 속은 나였건만 아직까지도 내일에 체념을 못하는 그 자력(自力)의 심경을 냉소(冷笑)하여 보는 것이다.

아니 나는 너무나 뚜렷한 현실을 간파하고 누구보다도 정확히 현실을 내다보고 있지만 무조건 속아보고 싶은 심경이었으니 만약 그 속 참고 싶은 마음자체마저 없어지는 그날에 나에게는 생의 종말이 틀림없으리라. 저녁이면 결과를 알리러 들리겠다던 K씨도 오후 열시가 넘도록 소식이 없다. 오늘쯤 소식이 없는 것만은 그대로 참을 수 있는 문제이지만 오늘의 소식이 없는 것으로 그 무언지 K씨가 하고 있는 계획이 자꾸만 어긋나가는 것임을 두말 할 필요도 없는 것임에 그렇다면 K씨에 대한 막연한 희망마저 좌절된다면 이제는 만사해오(萬事皆誤)로다. 바라 볼 것이 무엇이 있더냐. 생이냐, 죽음이냐, 지지리도 허망한 기나긴 겨울밤, 엎치락 뒤치락 잠 못 이뤄 힘들어 하는 나이다.

◇　　◇

언제나 그렇지만 오늘은 특별히 더 기분이 몹시도 우울한 어느 날이었다. 인파가 북적대는 수도 서울의 거리를 목적도 없이 방황하면서 되는대로 이리저리 발길을 옮겼다. 오고가는 사람들의 인파를 헤치며…

저주스러운 삶이 이다지도 괴로운가 하고 세상을 무한정 원망하면서 맥풀린 다리를 이끌고 아무 곳에나 발길이 닿는 데로 마냥 걷고만 싶었다.

나는 어느 목로주점에 살며시 들어갔다. 「아주머니, 술 좀 주시오.」

안주도 없이 소주 석 잔을 거듭 마시고 보니 원래 술을 못하는 자신인지라 금시에 얼굴이 빨개지고 가슴이 타오른다.

「에라, 이것도 부족 하다. 더 더 취하자. 그리고 세상의 모든 것을 잊자. 육체고 정신이고 두-ㅇ 두 - ㅇ떠서 날아가 버려라. 아니 모두 다 타버리고 말아라, 번뇌고 욕망이고 사상이든 미련이든 인간의 오욕칠정이 모두 다 타서 잿더미가 되어라.

그러나 술의 힘을 빌어 고민을 없애려는 마음은 참말로 착각이었다. 술이 몸에 달아오르면 오를수록 번뇌의 불길이 더 한층 부풀어 일어나서 더 못 견디도록 마음이 언짢아진다.

애주가들이 술취한 자랑이나 하듯이 버릇처럼 비틀거리며 걷는 기분이었다.

육체는 비록 몸을 가누지 못하여 두 다리가 휘청거리지만 정신은 오히려 술의 힘으로 인하여 되살아 와서 잊었던 과거까지 아롱져 오른다.

그러나 역시 취한 이의 거친 행동은 어쩔 수 없었다. 이리 비틀 저리 비틀 헛 튼 걸음을 걷고 있었다.

C역 앞 J골목은 홍등가라고 불리 워 질만큼 유명한 골목이었다. 낙화유수(落花流水) 뒷골목.

낭만의 인생들이 살고 있는 골목, 아니 타락할 대로 타락해서 生을 저주하고 울부짖고 몸부림 치는 가련한 생명이 거친 호흡을 하는 골목이다. 썩고 문드러진 영육(靈肉)을 내맡기고 흥정하는 인육시장(人肉市場)인 것이다. 이 J동 일대는 거의 다 윤락 여성들이 시들어 가는 청춘에 목매이며 하루하루의 고달픈 삶을 영위하고 있는 것이다.

나는 J동 입구에서 C역으로 통하는 길을 걷고 있었다.

좁은 골목이었으나 왕래하는 행인이 벅찬 복잡한 골목이었다. 역시 취한 발길로…

행보를 정리하지 못한 채 되는 대로 걷고 있었다.

어슴푸레한 거리에 이상히도 나의 신경을 자극시키는 낭만의 면(面)이 스며들었다.

「"술이란 무엇인지 마시면 취하더라. 넘치는 그라스에…"」

나는 가던 발길을 멈추고 소리 나는 곳을 살펴보았다. 길가 이층 창 벽에 기대선 여인이 길가는 행인을 바라보면서 역시 취한 듯 한 낭만적 노래 소리이었다. 그는 묻지 않아도 윤락 여성이 틀림없으리라. 그러나 우연한 기회에 우연히 불러본 그녀의 노래는 마치 나의 취한 거동을 힐란 하는 양 느껴졌으며 걷잡지 못하는 나의 마음을 흔들어 놓았다.

나는 또 걸었다. 역시 휘뚱거리는 발걸음으로… 어스름 황혼 속에…

창틈으로 새어나오는 불빛이 좁은 골목에 스며들어 길가는 사람들을 밝혀 주고 있다. 세상이 모 – 다 어슴푸레하게 보이었다.

「"쉬어 가세요."」

불쑥 튀어나와 옷소매를 이끄는 부드러운 손길의 감촉이 느껴지는 순간, 나는 눈을 들어 그녀의 얼굴을 얼핏 보았다. 그리고 좌우를 살펴보았다. 길가에 잇닿아 지은 문 앞에는 요염하게 차린 창녀들이 즐비하게 늘어서서 지나가는 행인을 유혹하고 있었다.

「"흥, 요지경 속이고 보니…"」 무심중 한마디가 저절로 나왔다.

「"여 봐, 남자 이리와요, 비싸게 굴지 마. 어디가면 별 수 있어"」

「"아이, 뭐가 저래, 찌찌하게. 거만 피우지 말고 이리와요."」

아주 노골적으로 히스테릭한 여인이 있는가 하면 퍽이나 수줍은 듯 한 숫배기 창녀들의 애처로운 목소리도 스쳐왔다.

「"주무시고 가세요. 아저씨 잠간만. 제발 한마디만 듣고 가요."」

들릴락 말락 하게 얼핏 지나가는 귓전에 다가와서 속삭이듯 넌지시 들려주곤 하였다.

나는 그녀들의 애처로운 모습을 한눈으로 흘려가며 그대로 그 골목을 뚫고 C역 앞 광장까지 나섰다. 꼭 무슨 목적을 두고 애써 찾아든 것 같은 기분에 한동안 우두커니 서서 이곳까지 비틀거리면서 오게 된 동기를 생각하여 보았다.

그러나 이곳은 전부터 꽤 자주 와 보던 낯익은 거리라는 것 외에 아무런 목적도 없었다.

C역 플렛트 홈 안에는 경주행 밤차를 타기 위해 개찰구 앞에 수많은 사람들이 장사진을 치고 서 있었다. 모두 다 즐거워 보이고 모두 다 행복하게만 보였다. 다만 나 혼자만이 서러운 나그네가 되어 타관의 외로움을 절실히 느껴야 하는 처지임을 생각하니 취중에도 울컥 설움이 북받쳐 오른다. 나는 할 일없이 대합실에서 D일보 석간을 뒤적이다가 다시 역 앞 광장으로 거닐기 시작했다. 갈곳 없는 나그네―오늘밤은 어디에서 피로한 몸을 쉬어야 하는고. 매일을 두고 값싼 무허가 하숙방의 신세를 져야하는 요즈음의 처지이고 보니 우선 고단한 영육을 쉴 만한 곳을 찾아 들어야 했다.

“하숙이요, 하숙 하세요”

소년들의 호객하며 외치는 소리에 나는 멈칫 서서 그들을 손짓하여 불렀다.

17세가량 됨직한 소년이 재치 있게 달려왔다.

“하숙 가시겠어요, 아저씨?”

그 소년은 추위에 못 이기는 양 발을 동동 구르면서 나의 앞에 다가왔다.

“그래, 어디 쯤이냐?”

“저 – 기에요.” 하고 소년은 C동으로 턱을 쭈욱 내밀며 가리킨다.

“그쪽은 좀 거북한데,… 다른 곳 어디 조용한 곳 없어?”

소년은 모처럼 만난 손님을 놓치지 않으려는 듯이 서두르는 폼이 우습기만 하였다.

“다른 데는 없어요. 그렇지만 참 좋은 곳이에요. 가보심 알 것 아녜요, 싫으심 그대로 나오셔두 좋구요.” 애원 어린 소년의 말투에 나는 짐짓 그 뒤를 따랐다.

소년은 아까 내가 지나온 좁은 골목으로 조금 거슬러 가더니 사람 몸뚱이 하나 다닐만한 더욱 좁은 길로 접어들었다.

소년이 안내하여 주는 곳은 J동 깊숙한 곳에 있는 무허가 하숙의 크나큰 집이었다.

소년의 뒤를 따라 그 집의 대문에 발을 들여 놓으려는 즈음 안에선 왁자지껄하게 싸우는 여인들의 성난 목소리와 울며불며 꼬집고 할퀴는 소란한 싸움 소리가 들려왔다.

온갖 헤아릴 수 없는 아수라 장판이었다. 나는 얼핏 들어서려는 발길을 멈추고 어처구니없이 소년을 쳐다만 보았다. 소년은 의외인 듯 적이 미안한 표정을 지으며 어쩔 줄을 몰라 했다.1

나는 말없이 몸을 돌이켜 되돌아 나오려 할 즈음 소년은 애써 데려온 손님을 놓칠세라 황급하게 따라 나오며 "잠간만 기다려 주세요, 다른 곳 더 좋은 곳으로 모셔다 드리겠어요."

하고서 안으로 들어가더니 어느 여인을 데리고 나왔다.

"손님이시냐? 이런 곳으로 모시면 어떻게 하니?"

소년을 꾸짖고 나서 "주무시러 오신 손님이세요? 저를 따라 오세요. 좋은 곳이 있으니까요. 그리로 가세요." 대답할 겨를도 없이 그녀는 앞을 서서 걸어간다.

나는 절간에 든 색시처럼 그녀의 뒤를 따랐다.

두어 칸을 건너가서 그녀는 어느 조그만 집안으로 이끌었다. 그리고 그녀는 어느 방문을 열고 들어가기를 재촉하였다. 나는 방안을 우선 살피지 않을 수 없었다.

방은 조그만하였으나 비교적 깨끗하였고 대체로 조용해 보였다. 그러나 방 한편에 놓여 진 방세간으로 보아 나그네의 하루 밤 자고 가는 하숙방이 아니고… 그 다른 목적을 위하여 마련한 솔직히 말하면 그녀가 거처하는 공간 같다는 생각이 들었다.

그녀가 창녀임을 나중에야 알았지만 큼직한 체경에 수놓은 커-텐, 신경 써 앉혀놓은 꽃병들이며 문을 열자 코끝에 풍겨오는 이상한 향취까지.

나는 벗으려던 신을 다시 신고 문을 닫았다.

"왜, 제가 마음에 안 드세요?" 그녀는 실망한 듯 말하였다.

"아니요, 그런 것이 아니라 실은 나 혼자 아무렇게나 자고 가려는 것이요."

"아, 그래요?"

그녀는 적이 깨달았다는 듯이 잠시 말이 없다가

"참, 이왕이면 제 앞방에서 주무셔요, 제 동무가 쓰던 방인데 마침 그 애가 없으니까, 깨끗하고 조용해요."

"아무렇게나 합시다."

아까 먹은 술이 깨이는지 갑자기 추워지며 몸이 덜덜 떨린다. 나는 우선 따뜻한 온돌이 그리웠다. 다른 곳으로 가려니 귀찮기만 해서 그대로 그녀가 열어준 앞에 있는 방으로 들어갔다. 미리 펴놓은 이불속으로 발을 넣으니 따쓰한 온기가 온 몸으로 퍼져났다.

그리고 방안도 마음에 들었으므로 하루의 고달픈 몸을 그대로 던졌다.

그러나 웬 일인지 잠을 청하여도 잠이 오질 않고 온갖 복잡한 사념만이 더욱 괴롭혀 왔다.

"에라, 괴로워 잠 못 이루겠구나, 술이나 더 먹고 더 취하자."

나는 벗어 걸었든 옷을 다시 주어입고 줄곧 술집으로 달렸다. 나의 주량으로 보아선 상당히 지나칠 정도로 마시고 또 마시었다. 덜 깨인 술기운에다가 또 연거푸 몇 잔을 더 마시고 나니 이젠 정신마저 희미해질 정도로 폭신 취해 왔다.

다시 하숙방으로 찾아와서 누어 버렸다. 그러나 어전히 잠은 오지 않는다. 한동안 이리 뒤척 저리 뒤척 몸부림치며 억지로 잠을 청하려 하는 찰라.

"똑 똑" 노크 소리와 함께 예의 그 소년이 들어와서 하숙비를 청했다.

"아저씨, 얼큰 하셨네요. 아가씨, 데려다 드릴까요?"

"잔소리 말고 방세나 가지고 나가!"

나는 천환 지폐를 그 소년의 손에 쥐어 주었다. 소년은 한참 망설이더니 "잔돈이 없는데요, 이백환만 더 주세요, 아가씨 데려다 드릴께."

"필요 없어, 누가 너더러 그런 소리 하랬어. 빨리 잔돈을 가지고 와!"

소년은 아무 조시 없이 나가며 "데리고 올 테니 싫으심 돌려보내세요."

대답할 겨를 없이 쿵쿵 거리며 달려가는 것이었다.

한동안 조용한 침묵이 흘렀다. 웬 일인지 그 소년이 나가자 갑자기 공허감이 치밀어 오른다. 차라리 그 소년 말대로 해 볼까? 못난 자식 무어 쩨쩨하게 놀 필요가 있나.

내가 알게 뭐냐, 타락한들 이보다 더 타락할 수 있을까?

나는 아무것도 거리낄 것 없다. 되는대로 살면 그만이다. 억지로 예의와 도덕에 구애될 필요는 없다. 이 세상에는 망난이가 더 잘 되더라. 나도 앞으론 망난이 노릇도 좀 해보자…

건달 노릇도 좀 해보자. 이런 일도 해보고 저런 짓도 해보며 남의 비웃음을 더 받아보자.

이상이고 희망이고 다 필요 없다. 현실만이 존재할 뿐이다. 나는 너무나 양심적이었고 너무나 고지식한 바보였다. 이제부턴 그 테두리에서 벗어나자. 못된 놈 노릇도 좀 해보자.

한동안 자포자기로 자신을 학대해 보고 더 타락해 버린 심정에 고소를 금치 못하겠지만 말이다. "똑 똑" "누구요?" 바시시 문이 열렸다.

" 엇, 당신이?" 의외의 사실에 적이 놀랐다. 그것은 아까 나를 이곳까지 인도해 준 바로 그녀가 사뿐히 들어서지 않는가?

나는 막상 그녀와 부닥치고 보니 거북한 생각이 들어 고개를 돌려 천장을 바라보며 한동안 생각해 보았다. "어떻게 할까?" 선과 악이 대결하여 치열한 투쟁을 하는 양 양심과 망난이가 실갱이를 하며 마음의 결정을 지울 수 없었다. 그러나 술이란 요사스러운 기운은 망난이 편을 응원 하였다. "앉으시오." 한마디 던져놓곤 그대로 벌렁 누어 버렸다.

"아이, 기분 나쁘게 왜이래요, 싫으심 나가라 하시던지 할 게 아녀요."

"아니, 그런게 아니라…"

나는 벌떡 일어나 그녀를 뚫어져라 하고 바라보았다. 미웁지 않은 얼굴이다. 검정 오바에 빨간 털모자를 쓰고 있었다. 서글한 두 눈이 약간 싸늘해 보였으나 어딘지 애수가 깃든듯 하고 오똑한 코의 곡선이 좀 냉정함을 더 상증해 주었다. 그러나 어딘지 모르게 퍽 센치해보이고 명랑한 듯도 하게 보였다. 여하튼 나는 그녀의 인상에서 호감이 갔던 것은 사실이다.

"아이, 어쩌면 그렇게 말이 없으세요."

무거운 침묵을 깨뜨리려는 듯이 그녀가 입을 열었다.

"우스워 죽겠네, 무슨 고민이 무척 많으신 것 같고 또 무엇을 깊이 생각하시는 것도 같네요?"

"아니요, 아무것도…"

"술이 많이 취하셨군요."

"그런지도 모르지요"

그녀는 취한(醉漢)의 엉뚱한 대답에 싫증이 났는지 입을 다문 채 침묵을 지키고 있었다.

너무도 어울리지 않는 두 사람의 대화에 나도 어쩐지 이 무거운 분위기를 살려야 되겠다는 생각이 들었다. 마냥 고독하기만 하던 심경을 그녀로 하여금 위로와 더불어 보내는 낭만적인 순간보다는 어쩌면 인생의 한 경험도 이런 곳에서 발견할 수 있을지도 모른다. 그리고 그녀와 이런 저런 이야기를 나누면서 시간을 보내고 싶었고 이 여인들의 애환도 듣고 싶은 호기심이 일어났다.

또 얼큰한 김에 아무렇게나 지껄여 보고도 싶었다.

"여봐요, 미쓰…"

"왜, 그러세요?"

"왜, 이리 마음이 허탈할까요?"

"제가 어떻게 알아요.". "

"하긴, 그래… 여봐요, 나 좀 이 답답한 심정을 잠시나마 위로해 줄 수 있소?"

"저 같은 것이 어떻게요?"

"천만에 말씀. 난 당신만도 못한 썩어빠진 정신을 가진 인간 폐물이요. 날 날 나를 비웃지 마오."

"저도 실은 오늘 저녁엔 웬 일인지 마음이 이상해지는 것 같네요."

그녀는 미간을 한번 찡그리며 후 – 하고 한숨을 짓는다.

"여봐요, 나 같은 것도 살아야 하우? 살 필요가 있겠소?"

"어마, 저 같은 사람도 사는데 제게 비하면 천지 차이 아녜요. 아무러면 저 보다는 나으시겠지요."

"천만에, 모르는 소리. 당신들이야 정말 나보다 훨씬 나은 사람들이지. 아 – 나도 사람이라고 할 수 있을까?"

"무슨… 고민이 그렇게! 혹시 실연당하신 것이 아녜요?"

"실연! 그게 무슨 고민 될게 있나. 원래 연애는 모르는 사람이니까. 실연 이라는 것은 모르외다. 그런 고민이 아니라 그냥 여러 가지 무어가 무언지 모르게 괴롭소.”

“아마 저 만큼이나 괴로우신가 봐요.”

“당신도 많이 괴롭소?”

그녀는 대답 대신 고개를 까딱했다. 나는 또 한사람의 불행을 맛보았다. 불행 속에서 헤어나지 못하여 몸부림치는 인간들…

그럴 것이다. 그녀도 물론 말 못할 딱한 사정이 있을 것이다. 이 세상에는 불행한 인간이 비단 나 하나 뿐은 아니리라. 얼마든지 있는 것이다.

“당신도 괴롭고… 나도 괴롭고… 우리 이제부터 이런 복잡한 이야기는 그만 둡시다 잠시나마 잊고 지냅시다. 까짓거 아무렇게나 지냅시다. 이 순간만이라도 그러한 생각은 떨구고 우리서로 명랑한 분위기를 살립시다.”

그녀는 고개를 끄덕이었다. 그리고 다시 나의 얼굴을 바라보고 스칠 듯한 미소를 지우고 나서 화제를 돌렸다.

“참, 아까 그 집에서 싸우는 걸 보셨지요? 말씀 드릴게, 심심한데 들어나 보세요.”

“네, 그럽시다.”

“그 집에도요 역시 저 같이 몸을 파는 애들이 많이 있는 데요, 이렇게 구렁창에서 헤매는 저희들이지만 감정은 있거든요. 시들어가는 청춘이 있고 연애도 있고 질투도 있는 거예요.

그래서 제 동무 하나가 이런 곳에서나마 친해져서 사랑까지 하게 된 남성이 있었거든요. 아주 잘생긴 미남이에요. 그 애인이 가끔 제 동무를 찾아와선 놀다가곤 했어요. 그럴 때마다 그 애(동무)는 반갑게 맞이해 주고 더구나 그 더럽게 번 돈을 그 남자에게 용돈으로 쓰라고 찾아올 때마다 쥐어주곤 하면서 열렬히 사랑했어요. 아마 장차 자기 일생을 그 남자에게 의탁해 보려는 속셈이었는지도 모르지요. 그런데 오늘 저녁에는요 그 남자가 그 애를 찾아오지 않고 다른 여자를 찾아가서 놀았던 모양이에요. 공교롭게도 그 애가 어떻게 해서 그것을 알았어요. 얼마나 속이 상했겠어요. 속이 상한 김에 술을 진탕 사먹고 와서 그 남자와 놀던 여자를 붙들고 막 시비를 걸고 싸운 모양이에요. 할퀴고 뜯고 말이 아녜요. 나는 그 싸움을 말리느라 혼났어요.”

그녀는 길게 이야기하고 나서 잠시 쉬었다가 다시 말했다.

“그렇지만 계집애들이 술이 다 뭐예요. 그리고 연애가 다 뭐냔 말이냐고요. 돈이나 벌기 위해서 이런 생활을 하면서 하루바삐 이 악마 같은 소굴에서 빠져나갈 궁리나 해야지 말예요.”

“아저씨, 주무세요?”

“아니, 안자니까 이야기 계속 해요.”

조금 전에 마셨던 취기가 따뜻한 방안의 공기와 함께 나를 졸리게 만들었다.

계속 눈 꺼풀이 무거워지면서 뜰 수 없었던 것이다.

오나가나 사랑 때문에 하는 고민은 돈이 많고 없고 상관없이 일어나고 어느 곳에나 돈이 개입되는 사랑은 마음과 함께 가니 그 돈 액수와는 상관없이 불어날 것이다.

그들을 이용해서 살아가는 또 한편의 사람들이 있으니 참 요지경 세상이다.

나는 내일 아침에 일찍 일어나 나가야 하는 사람이요. 그리고 애당초 이리로 올 생각은 없었으며 돈도 없으니 나가라고 하여야 봉변을 당하지 않을 것 같기에 단호히 거절하며 가라하였다. 마음을 분명히 하였다. 가지 않고 미그 적거리며 혼자서 이야기를 계속하였다.

듣던지 안 듣던지 그냥 혼자 하는 것이다.

그녀는 평안도 어느 한가한 시골 아주 행복한 가정에서 자랐다. 그녀가 아홉 살이 되던 해에 6.25사변이 일어났다. 그리고 1.4후퇴 당시 그녀의 어머니는 두 남매를 데리고 월남했다. 서울에 도착하여 남으로 넘어올 당시 지니고 온 재산으로 생활할 수 있었으며 그녀는 학교까지 다니고 있었다. 그러나 몇 년간 하는 것 없이 지닌 재산만 소비하고 보니 다음 부터는 속수무책이었다. 이제부터는 벌어야겠다고 갖은 수단을 다 써봤으나 연약한 여자의 힘으로는 어찌할 수 없었다. 그래도 세월은 흘렀다. 그녀의 나이도 어언 스무살이 넘어가고 어린 동생 학비며 어머님까지 그녀의 무거운 짐이 되었다.

돈만 벌 수 있다면 어떠한 모험이라도 사양치 않으리라 결심까지 하였다.

그러던 중 그녀는 우연히 어릴 적부터 사귀던 친구를 만났다. 서로 얼싸 안고 한바탕 울었다. 그리고 서로의 처지를 이야기 하였다.

「"애, 뭐 좀 돈 벌일 없니?"」「"글세, 뭐, 돈 벌기가 그렇게 쉽진 않아."」

그녀의 친구는 이미 윤락여성이었다. 친구 역시 자신의 입장을 솔직하게 이야기 하였다. 그리고 자기의 타락한 신세를 울면서 하소까지 하였다.

「"응, 듣고 보니 너도 괴로움이 많구나, 그렇지만 애, 나도 너처럼 차라리 될까보다. 죽는 것보다야 낫지 않겠니?"」

그녀는 그 친구와 만난것이 동기가 되어 천번이나 망설이다가 결국은 들여놓아선 안될 곳을 찾아간 것이었다. 그리고 자기 한 몸 희생하는 것은 아무것도 아니라고 생각하였다.

늙으신 어머님을 봉양해야 하고 어린 남동생 하나만큼은 하늘이 갈라지는 한이 있어도 끝까지 가르쳐야 된다고 결심하였다.

「"그런 후로 저는요, 악착스러운 결심으로 어머니와 동생이 현재 살고 있는 집이라도 마련하고 또 동생은 학교에 다니고 있어요."」 반응이 없자, 할듯 말듯 머뭇거리다

「"그렇지만, 이미 낙인이 찍힌 인생이 되어가는 나의 청춘이 너무 서글퍼지는 기분이 때때로 일어나면 참을 수 없이 괴로워요. 그러나 육체보다 정신이 더 중요하겠지요?"」

또다시 아무런 반응이 없자 정말 자는 줄 알고 살포시 일어나 문소리 나지 않게 조용하게 사라지는 것이다. 그제서야 나는 벌떡 일어나 담배를 한 개피 물었다. 야, 그렇구나.

자신의 뜻이 아니라도 이런 생활을 하는 수가 있구나. 잠이 오지 않았다. 그럭저럭 뜬 눈으로 새벽을 맞자 나는 조용히 일어나 누구에게 들킬세라 부리나케 나오고 말았다.

후회되는 일이 있다면 사주를 물어보지 않았다는 것이다. 기록이나 해 둘 것을…

우리들은 신분의 높고 낮음에 관계없이 어떤 곳에서 만나는 부류이든 가리지 않고 모두가 연구대상에 속하는 사람들이다.

1965년 6월 28일 (5월 59일) 맑음

나의 뼈저린 인생은 아무도 모른다. 세상에 나처럼 기구하고 복잡한 삶을 지속하는 자가 또 있을까? 어려서 이후로 단 하루 아니 단 한 시간을

홀가분한 기분으로 지낸 기억이 한 번도 없었다.

언제나 꺼림직한 심적으로 늘상 불안하고 초조한 분위기에서 마음이 들떠 있었으니 내 어찌 오관을 통하여 흐르는 피가 제대로 순환할 수 있으며 호흡이 제 궤도에서 움직일 수 있겠는가? 과거의 복잡다난한 일은 막살하고라도 우선 현재 처해있는 입장이 진퇴양난의 긴박한 입장이 되고 만 셈이다.

장차 내 인생에 어떠한 결과를 초래하기 위하여 이토록 불운만이 겹쳐오는지 모르겠다.

나도 하나의 감정이 있고 이성이 있는 인간임에는 틀림없다. 때문에 남과 같이 욕망도 있다. 누구보다도 욕망이 지나치게 많은 자신이기에 더 괴로웁고 이토록 진퇴양난의 기로선상에 놓여있는 지도 모른다. 내 삶 가운데 내 감정의 조류 속에서 느껴지는 심경이 몸부림치며 통곡해도 시원찮을 만큼 쓰린 아픔이 용솟음쳐 오름을 참을 길 없다. 내게 지워진 책임만 윈 만해도 벌써 생을 포기하였을 지도 모르는 일이다.

아니 벌써 행적조차도 사라진지 이미 오래였으리라. 그러나 내게 지워진 책임이 너무도 벅차 영원히 씻지 못할 더러운 이름만 남기게 될 인생이라서 어떻게 하면 이 책임(빚)을 면하고 이 세상 누구에게도 빚이 없고 손해를 끼침이 없이 생을 청산할 수 있을지 모른다.

죽는 놈이 무슨 미련이 있느냐고 그리고 책임이 있느냐고 반박해 봐도 이 못난 몸 때문에 피해를 입는 사람이 많고 보니 참아 용단을 내리기가 심히 괴롭다.

방 문제를 타결해 보았으나 실패하였다. 매사가 뜻대로 아니 되고 장래도 막연하다.

돈을 빌리러 여러 군데 다녀 보았지만 역시나 실패.

갚을 빚은 많고 돈은 나올 데가 없고, 조그만 나의 두뇌로서는 도저히 해결이 안 나온다.

그저 죽고만 싶다. 죽는 방법을 연구해 본다.

1965년 7월 13일 화요일

나에게는 직업이 없다. 천한 직업도 없다. 그냥 하루 노동일 하면 한 끼니 먹고 그것도 없으면 굶는 것이다. 할 수 있는 것이라곤 몸 때우는 노동일 외에 능력이 없다.

꼭 허수아비다. 허수아비보다 못한 것이다. 허수아비는 그대로 서 있으니 소비도 없고 인간들과 이해관계도 없다. 그러니 나는 하루 세끼니 밥을 없애는 식충이가 아니냐.

애써 살아보려고 한 결심은 한 두 번이 아니라 적어도 수 만 번쯤은 될 것이다.

하지만 역시 한이 너무 많은 나 자신이다. 원하는 일들이 너무도 많아 욕심이 벅차게 많은 것이다. 그 언제 그 소원 을 풀어볼꼬. 죽어도, 죽어도 눈감지 못할 소원이오, 뼈가 삭고 살이 썩어도 그 원한 그 많은 한은 억만 년을 두고도 사라지지 않으리라.

장차 어떠한 결말이 내 앞길을 지배하려는지 모를 일이나 이 현상, 이 심정으로선 별다른 기적은 없을 것 같다. 하지만 살다가 죽는 날 깨끗이 生을 포기할지언정 더 이상 비굴한 동정은 갈구하고 싶지 않다. 내 주변에 움직이는 인생이 그 아무리 부유하고 호화로운 生을 누린다 해도 이 불행한 자신을 그들에게 알리고 구걸하고 싶지 않을 뿐이다.

설사 그들이 내 복잡한 입장을 족히 이해한다 하더라도 나같이 타락해 버릴 놈을 구원해 줄이도 없는 것은 뻔 한 사실이 아니냐.

미래에 속아 사는 나의 삶은 결코 아니다.

앞길이 훤히 예측되는 고해(苦海)의 길임을 번연히 알면서도 그래도 가느다란 요행에 기대어 더 견디고 참아 보는 것이다.

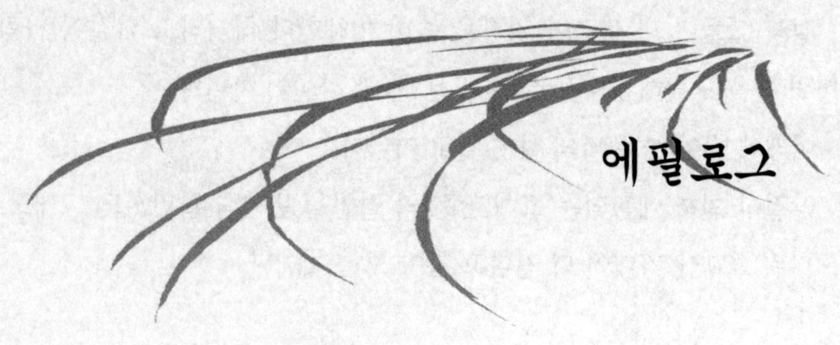

에필로그

　저는 탁한 진흙탕 속에도 마다하지 않고 발을 담그겠다고 말씀하시던 한중수 선생님의 일대기를 기록하면서 우리 민족의 고난한 생활상을 매우 현실적으로 체험할 수 있었습니다. 일제 말기의 순사들의 공포스러운 시절이나 1950년대 6.25사변을 겪으면서 공산주의자들의 잔인한 집단 살상을 비롯하여 우리의 아픈 역사도 피부로 느낄 수 있었습니다. 어린나이에 해방 후 살맛났다고 날마다 소를 잡아 잔치를 벌이다 농사철에는 정작 소가 없어서 농사를 못 지어 애를 먹는 우매한 마을 사람들의 내일이 없는 방황을 보았고 문맹으로 인하여 우리나라의 변화나 국제사회의 변화를 모르고 있었던 상실감, 열악한 환경 속에서 겪게 되는 질병과의 싸움은 먹을 게 없어 구차했던 시대상과 함께 여실히 보여주고 있었습니다. 6.25사변이 끝나고 난 뒤 오늘날을 있게 한 주역들, 군 생활에서 만난 그 시대 젊은 사병들의 고달픈 생활 속에서 구김 없이 나누는 우정과 전우애 속에 숨어 있는 성실함을 공감할 수 있었으며 무엇보다 한끼한끼 떼우며 굶어죽지 않고 아슬아슬하게 살아남아 생명을 이어가는 헝그리 정신을 엿볼 수 있었습니다. 하루 두 끼니일망정 거친 음식이라도 나날이 먹다가 생일날 아침 식량이 똑 떨어져 배를 주리는 삭막감. 이러한 배고픔의 시절에 심리적

공허감과 치열하게 투쟁하면서도 한 치 어긋나지 않았던 선생님께서는 매우 모범생이셨다는 것을 알 수 있었습니다. 독자님들께서도 읽으시면서 미사여구를 써서 선생님의 행적을 꾸미거나 아니면 화려하게 포장을 한 흔적은 찾아보실 수 없을 것입니다.

저는 명리학을 공부하는 학도로서 살인상생격(殺印相生格)의 殺의 개념에 대해 좀 더 명확한 의미를 마주할 수 있었으며 질기도록 떨어지지 않고 따라 다니는 인수(印綬)의 집념을 대면할 수 있었습니다. 살인상생격은 일단 공부를 하면서 살아가야 어려움이 감소되는데 임인 계묘로 시작하는 식상(食傷)과 재성(財星)의 대운 흐름은 공부를 할 수 없는 운로(運路)로 흘러 더욱 힘든 삶이 되어 버렸습니다. 그러나 타고나기를 인수용(印綬用)으로 타고나셨기 때문에 앉으나 서나 공부에 대한 미련을 떨쳐 버릴 수 없었고 책에 대한 그리움을 벗어나지 못하여 문학 소년이 되었던 것입니다. 결국은 초등학교 졸업으로 생을 마감하셨지만 일기에 나타나는 선생님의 시적 감각은 정말 뛰어나지 않을 수 없습니다. 빈 가슴을 채우고 한풀이를 하는 시(詩) 뿐만 아니라 일상생활 속에서 느끼는 시적 감성조차도 재치 있게 토로하는 감각적 재능이 뛰어나셨습니다. 읽고 있노라면 세련된 감정 표현에 저도 모르게 주체할 수 없이 흘러나오는 감탄사를 금할 수 없었습니다. 여기서 더 이상 말씀드리지 않겠습니다. 선생님의 살아생전 고충을 직접 듣지 않으셔도 읽어 내려 가다보면 독자님 나름대로 충분히 짐작이 가는바가 있을 것입니다. 공부는 먹을 것이 있어야 제대로 할 수 있습니다. 인수가 용신인데 용신을 쓸 수 없는 재운이 올 때는 탐재괴인(貪財壞印)이 되어 목숨마저 위태롭게 된다는 살아생전 선생님의 지도는 자신의 경험에서 터득된 내용이라 여겨졌습니다. 억세게 따라붙지 않는 돈, 일단 먹어야 사니까. 먹는 것이 제일 중요했던 시절, 먹을 것이 없어 굶주림에서 벗어나지 못할 때, 당사주를 만나 끼니라도 떼울 수 있어서 얼마나 다행이었는지 모릅니다. 그 후로 약 100여권(대필까지)을 저술하실 수 있으셨던 것은 이런 헝그리 정신의 소산물이 승화한 격이라는 생각을 아니 할 수 없습니다.

저는 한중수 교수님과 유방현 교수님과 함께 동방대학원 대학교 문화 교육원 명리학 지도자 과정을 1기부터(저는 6기 제외) 이끌어 왔습니다. 한중수 교수님은 8기부터 몸이 편찮으셔서 입원하신 관계로 참여를 하시지 못하셨습니다. 맑고 깨끗하시고 단정하신 겉모습은 선생님의 내면까지도 겉모습과 다름없는 매우 겸손하신 분이셨습니다.

아시겠지만 세 사람이 함께 한다는 것은 정말 어려운 일입니다. 자칫 마음 상하기 쉽고 말 한마디라도 믿고 이해하고 배려하는 마음이 없다면 세 사람의 관계는 오늘까지 이어지지 못했을 것입니다. 두 분의 훌륭한 인격이 역학 발전의 결실을 맺는데 지대한 공로로 이바지 할 것입니다.

제가 문장력도 부족하여 처음엔 망설였습니다만 선생님께서도 쓰고 싶지 않으나 최인영선생이 써준다면 기꺼이 응하겠다고 말씀하시기에 제가 맡게 되었습니다.

지난날 한중수 교수님, 유방현 교수님, 최정하 선생님과 제가 한중수 선생님 서천 고향에 다녀온 적도 있었습니다. 그러고도 4년이 흘렀습니다.

자서전 말씀이 나온 지 벌써 5년이나 지났지만 돌아가시고 난 후 오늘에야 내놓게 되어 심히 죄송스런 마음 금할 길이 없습니다.

용서하십시오, 선생님…

천부경

천부경(天符經)

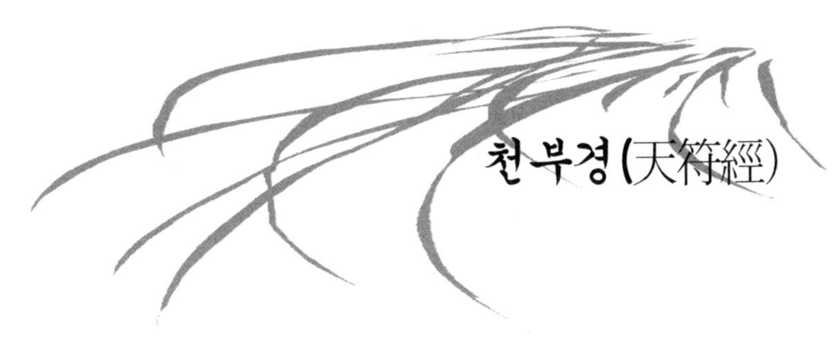

　한중수 선생님 일대기에 천부경을 부치는 연유는 다름 아니라 선생님께서 천부경의 주술적 염력으로 서쪽 하늘(西天)에서 편안한 안식을 원하는 저의 간절한 바람에서 싣게 되었습니다.

　환단 고기에 실려 있는 천부경은 BC 7000년경 환인(桓因)시대에 씌어졌다고 합니다.

　이를 1909년 나철이 중광한 대종교(당시에는 단군종교였음)에서 1975년부터 공식 경전으로 삼고 있습니다만 저는 대종교를 믿는 신도는 아닙니다. 그러나 천부경을 읽으면 각종 복을 받게 된다는 믿음이 전해지고 또한 천부경은 1925년을 전후하여 단군과 관련된 한민족의 개천사상과 깊은 연관을 맺고 있기도 합니다. 천부경을 대하는 부류에는 강단 사학자와 재야 사학자 그리고 종교계가 있습니다. 강단 사학자들 간에는 친부경이 누군가에 의해 만들어져 후대에 의도적으로 유통된 것이라 보고 환단고기와 함께 위서(僞書)로 분류하고 있기 때문에 연구 성과가 매우 미진함을 볼 수 있습니다. 따라서 주로 재야사학자들과 종교계 그리고 역학자들 사이에서 많은 관심을 보여주고 있음을 알 수 있습니다. 천부경은 환단고기

(桓檀古記)의 원문에 우주 창조의 이치를 가로 아홉 글자, 세로 아홉 글자로서 도합 81개의 한자로 실려 있습니다. 천부경은 수지철학(數之哲學)으로서 동북아 최초의 계시 론으로 알려져 있습니다. 따라서 연구하는 사람들에게서 한민족의 상고사(上古史)와 관련하여 무엇인가를 발견하여 밝히려는 의도가 보입니다. 그러므로 재야 사학자들이나 종교계에서는 중요한 연구 고기(古記)가 되고 있습니다. 저는 강단사학자가 아니라 역학을 공부하는 사람의 입장에서 보고자 함을 밝혀 둡니다.

천부경이 드러난 경위를 「대종교 종리문답」과 천부경 연구자들의 말을 빌리면 다음과 같습니다.

단군께서 태백산(백두산) 신단수 아래에 내려와 신시를 열고 백성들을 가르치고 교화할 때 우주창조의 이치인 조화의 원리를 가르치고자 우주창조의 이치를 81자로 밝혔습니다.

이것을 신지(神誌) 혁덕(赫德)에게 명하여 녹도문자(鹿圖文字-최초의 문자로서 사슴 발자국 문자로 알려짐.)로 기록하였고 이를 신라 고은 최치원 선생이 한자로 옮겨 적었다고 합니다.

원래는 녹도문자로 기록되었으나 신라시대 이후 한자로 전해져 왔다는 것입니다.

그 후 천부경은 조선 왕조시대를 맞이하여 민중들이 유학에만 관심이 높아 잊혀져 왔던 중 선천 계연수 선생이 예전부터 내려오는 천부경이 있다는 것을 알고 찾으러 다녔으나 실패를 거듭하였습니다. 4363년(1916년)에 계연수(桂延壽) 선생이 드디어 묘향산 석벽에서 이를 발견하여 탁본한 것이 4364년(1917년)에 대종교로 전해져서 알려졌다고 합니다.

신앙의 차원에서 천부경을 읽으면 각종 복을 받게 된다는 믿음을 가지고 대종교에서는 의례 체계에 암송 순서를 삽입하고 있습니다. 천부경을 읽으면 재액(災厄)이 변화하여 상서(祥瑞)가 되고 어질지 못한 이가 변화하여 착한이가 된다고 보았으며 천부경을 읽으면 자손의 번창, 장수함, 부자가 될 수 있으며 아무리 어리석은 사람이라도 천부경을 감추어 가지면 재앙을 면할 수 있다고 합니다.

스승으로부터 일찍이 이와 같은 영험을 가진 천부경이 있다는 말씀을 듣고 선천 계연수선생 역시 이와 같은 소망을 실현하기 위하여 천부경을 찾으러 다녔다고 전해집니다.

『환단고기 (桓檀古記)』의 내용을 그대로 전하는 최동환의 천부경에 실린 내용을 참고하면 다음과 같습니다. 환단이란 하늘과 땅의 주체라는 의미라 합니다.

'『환단고기』에는 천부경이 9000년 전 환국(桓國)으로부터 구전되어 오던 경전이라고 기록되어 있다. 그 후 약 6000년 전 배달국시대에 최초의 문자인 사슴발자국문자(鹿圖文字)로 전해졌고 약 4400년 전 단군조선시대에 전서(篆書)로 전해졌으며 신라의 최치원 선생이 돌로 만든 비석에 전서로 된 천부경을 한문으로 옮겼다고 한다.

그 후에도 천부경은 고려와 조선시대에도 전해졌으나 조선시대에 와서는 거의 모습을 감추게 되었다. 1916년 선천 계연수 선생이 묘향산석벽에서 천부경을 발견하여 다시금 세상에 모습을 드러내게 되었다. 그러나 당시는 일제 식민지 시절이라 민족정신의 근본 뿌리인 천부경이 연구 보급될 토양이 마련되지 않아 일부 종교인이나 역사가들을 통해서만 보급되었다' 고 하였습니다.

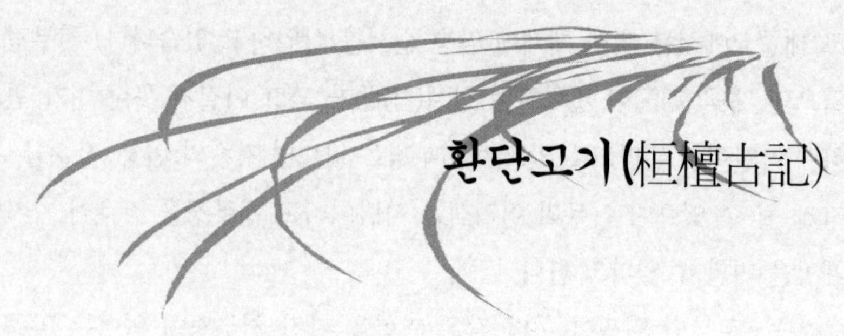

환단고기(桓檀古記)

환단고기의 역사적 가치는 이루 말을 할 수가 없다. 지금까지 우리는 우리의 역사를 연구하기 위하여 중국역사와 일본 역사를 바탕으로 추적해 들어갔지만 환단고기가 발견됨으로 인하여 명실상부 우리를 주체로 한 우리의 역사를 연구할 수 있기 때문이다.

환단고기는 천부경과 함께 실려 있어 천부경을 발견한 선천 계연수를 저자로 보는 경향도 있지만 실제로는 누가 썼는지 모르기 때문에 지금까지 많은 학자들로부터 위서로 치부 되어 외면의 대상이 되어 온 것 또한 사실이다. 그러나 오늘날 매우 침체되어 있는 우리의 위상을 높이고 후손들에게 긍지 높은 정신문화를 이어가게 하는 중요 자료로 부각되고 있는 현실 또한 부정할 수 없다.

한국학의 정체성을 확립해야 할 시점에서 적지 않은 자극과 참고가 될 수 있다는 사실이 앞으로 우리가 적극적으로 연구해야 할 과제가 될 것이다.

1999년 10월 2일에 KBS에서 '역사스페셜'이라는 프로를 통하여 방영된 내용을 간략하게 소개하면 다음과 같습니다.

『환단고기』를 집중적으로 다룬 이 프로에서는 『환단고기』에 비록 "편찬자가 가필한 흔적이 나타나는 점. 다른 문헌과 기록이 일치하지 않는 점, 책의 성격이 불분명하다는 점 등 때문에 사료로서 인정을 받지 못하고 있지만 수많은 역사적 인물과 지명 그리고 사실이 담겨있어 "그냥 무시하거나 버려둘 수는 없는 책" 이라 규정 하고는 그 근거로서 다음과 같은 세 측면을 들고 있다.

첫째 『환단고기』에는 천문현상에 대한 기록이 다양하게 나타나는데 이 중 특히 오성취루 현상은 1년의 오차밖에 나지 않는 것으로 천문학계에서는 거의 정확한 것으로 보고 있다.
 – 박창범, 나대일 (단군조선시대 천문현상기록의 과학적 검증)

둘째 『환단고기』에 나타난 고조선의 영역은 지금의 북경에서부터 만주의 전 지역과 한반도 전체를 포함하는데 이것은 고고학적 유물인 비파형 동검의 출토지역과 일치한다.

셋째 『조선왕조실록』에서는 세조와 예종, 성종 때 팔도 관찰사에게 명령하여 예부터 전해져 온 희귀서적을 거두어들이는 '수서령' 을 발표하는데 이 중 『환단고기』에 실려 있는 책과 제목이 일치하는 것이 발견된다.
 이상 간단하게 말씀드린 내용을 살펴보더라도 『환단고기』는 우리 민족의 뿌리를 직접 말해주는 측면에서 그 연구 가치의 중요성은 말로 다 헤아릴 수 없다.

가로 아홉 글자 세로 아홉 글자의 원문을 풀이하기 좋게 아래 우측과 같이 끊어서 읽는 경우도 있습니다만 저는 그렇게 생각하지 않습니다.

선인들이 짝을 맞추어 썼을 때는 그만한 이유가 있다고 보고 그대로 풀이하는 것이 옳지 않을까 저는 생각합니다.

그러므로 저는 아홉 글자 아홉 줄 그대로 풀이하기로 하였습니다.

정자 원문(正字原文)	단락원문
1. 一始無始一析三極無(일시무시일석삼극무)	一始無始
2. 盡本天一一地一二人(진본천일일지일이인)	一析三極無盡本
3. 一三一積十鉅無櫃化(일삼일적십거무궤화)	天一一地一二人一三
4. 三天二三地二三人二(삼천이삼지이삼인이)	一積十鉅無櫃化三
5. 三大三合六生七八九(삼대삼합육생칠팔구)	天二三地二三人二三
6. 運三四成環五七一妙(운삼사성환오칠일묘)	大三合六生七八九運
7. 衍萬往萬來用變不動(연만왕만래용변부동)	三四成環五七一 妙衍萬旺萬來
8. 本本心本太陽昻明人(본본심본태양앙명인)	用變不動本 本心本太陽昻明
9. 中天地一一終無終一(중천지일일종무종일)	人中天地一 一終無終一

1. 하나에서 비롯되었으나, 비롯된 하나가 없으니 나누어도 삼극(三極)
   은 없다.

2. 본래 다한 하늘에서 하늘하나 땅하나가 생겨났고 땅 하나에서 두 번
   째가 인간이다.

3. 하나에서 셋이 되었고 하나가 쌓여 큰 십이 되니 막을 수 없는 것이
   변화이다.

4. 천지인 하늘은 둘이 되고 천지인 땅은 둘이 되고 천지인 인간은 둘이
   다.

5. 천지인에 천지인을 크게 합하면 육을 낳고 이어서 칠 팔 구를 낳는다.

6. 천지인에 사계절이 두루 흐르고 다섯과 일곱이 묘하게 하나가 된다.

7. 만 번 오고 만 번 가며 펼쳐 나가니 변하는 쓰임은 바뀌지 않는다.

8. 근본의 근본인 마음의 근본이 태양처럼 밝은 것이 사람이라

9. 가득한 천지 하나는 마치는 하나요, 마침이 없는 하나이다.

1문.【一始無始一析三極無 (일시무시일석삼극무)】

　하나에서 비롯되었지만 비롯된 하나는 없으니 나누어도 삼극(三極)은
없다.

一始 無始

　우리는 시작이 있다고 보았을 때 시작점을 하나로 볼 수 있지만 기실 그
하나는 애초에 없었다는 말입니다. 원처럼 시작점이 끝 점이 되듯이 그리
고 다 그리고 난 원은 어디서부터 시작되었는지 모르는 것처럼 말입니다.
어쩌면 시작됨이 없었는지도 모릅니다.

우주는 원래 그대로 있던 것이 존속되는 가운데 변화해 왔을지도 모를 것입니다.

천부경은 그 시작된 하나도 없다는 말로 시작합니다.

주역에서 말하는 태극의 의미와도 같겠습니다마는 오히려 무극의 의미와 더 가깝게 느껴집니다. 계사 전에 역에 태극이 있다는 말이 있는데 이 태극은 만물이 시작되는 근원을 가리키고 있다면 무극은 태극이 되기까지를 말한다고 봅니다. 無에서 有가 나온다면

물건이 될 수 있는 요소가 온 세상에 뒤섞여 퍼져 있을 때는 無로써 물건으로서의 모양을 갖추지 못하지만 그 요소들이 제 물질끼리 하나로 모여 응집되었을 때 그제사 모양으로서의 면모를 갖추게 되는 것이 有를 이룬다는 말이 될 것입니다.

하나의 물건으로 드러나려면 ①氣 ②形 ③質이라는 세 가지 조건을 만나야 하는데 처음 氣부터 살펴봅니다. 왜냐하면 물건을 형성할 때는 맨 먼저 기가 움직이기 때문입니다.

氣는 元氣를 말하고 원기가 형질을 이루어 상을 만들게 되므로 태극에서 氣 形 質이 갖춰졌다는 것은 氣와 象이 나누어지지 않은 상태로 있다는 말이겠습니다.

氣가 전혀 드러나지 않은 상태를 태역(太易)이라 합니다.

氣가 시작되는 단계를 태초(太初)라 합니다.

形이 시작되는 단계를 태시(太始)라 합니다.

質이 시작되는 단계를 태소(太素)라 하고

氣와 形, 質이 갖추어졌으나 뒤엉켜 구분되지 않은 상태를 태극(太極)이

라 한다고 했습니다.

여기서 흩어져 있을 때부터 모여서 뒤엉키기 직전까지의 과정을 무극이라 하며 네 가지 (태역, 태초, 태시, 태소) 과정으로 나누었습니다. 그러면 태극의 의미란 기 형 질이 뒤섞이고 엉켜 구분되지 않는 상태로 천지가 나누어지기 전의 단계가 되는 것입니다.

스티븐 호킹은 『시간의 역사』에서 말하길 우주는 시작도 끝도 없을 것이다. 우주는 그저 존재할 따름이다. 그렇게 된다면 과연 창조자가 설 자리는 어디인가?

우주의 대 격변기인 빅뱅의 시기에서 오늘날 우리의 세계를 생각해 본다면 그 빅뱅의 시기를 시작으로 볼 것인가. 아니면 시작으로 볼 수 없는 건가?

천부경은 그 누구도 말하지 못하는 최초의 의미로 시작합니다. 천부경에는 처음부터 어떤 창조주의 존재는 거론하지 않고 있음을 알 수 있습니다. 그래서 道家的, 측면을 포함하고 있음을 볼 수 있고 우리는 여기서 도가적 차원에서 無라는 개념을 계속 탐구해 나가야 천부경에 내재된 의미에 다소나마 가까이 갈 수 있으리라 여겨집니다.

一析三極無

하나를 쪼개어 보아도 三極이 보이지 않으니 찾을 수도 없습니다.

마치 닭을 잡아 보아도 뱃속에서 알도 새끼도 나오지 않듯이 말입니다. 이처럼 天地人 三極을 말하지만 三極도 그 하나 속에는 처음부터 없었다는 말씀이라 생각합니다.

2문.【盡本天——地—二人 (진본천일일지일이인)】

본래 다한 하늘 하나에서 하늘하나 땅하나가 생겨났고 그 하나에서 두 번째로 생겨난 것이 인간이다.

盡本

본래 다한 근원 (盡本)의 의미는 태극의 단계 즉 물질의 면모를 갖출 수 있는 氣 形 質이 뒤엉킨 상태를 말하고 있다고 생각합니다.

天——地—二人

일반적으로 말하길 처음 하늘이 생겨나고 두 번째로 땅이 생겨났다고 말을 하고 있지만 천부경에서는 하늘과 땅이 동시에 생겨났음을 말하고 있습니다. 먼저 天——을 이해해야 할 필요가 있습니다. 天一은 천지가 생겨나기 전 카오스(무극과 태극)의 세계도 天으로 말했다고 생각합니다. 그 카오스의 세계 즉 天에서 —— 즉 하늘 하나 땅 하나가 분리되었고 땅 하나에서 두 번째로 인간이 생겨났습니다.

우리가 보는 견지에서도 氣 形 質이 뒤섞인 혼돈스런 상태가 서서히 같은 것끼리 모여 나누어지면서 동시에 천지가 생겨난 것이기 때문에 하늘과 땅에 첫 번째, 두 번째라는 순서를 매겨서 생각할 수 없다는 것이 맞다고 생각합니다. 천부경의 위대함은 하늘과 땅이 동시에 생겨났음을 말하는데 있다고 생각합니다. 실재로 천부경에는 음양에 관한 말은 없지만 즉 천지를 음양으로 관련지어 생각한다면 음양이 동시에 생겨났다는 의미와 같습니다. 陰陽이란 氣의 두 모습입니다.

음양의 의미로 天地를 말하면 무겁고 찬 공기는 아래로 내려와 땅(陰)이 되고 가볍고 더운 공기는 위로 하여 하늘(陽)이 되었다고 말하고 있습니다.

천부경에서는 우리에게 보이는 하늘과 땅, 사람의 세 가지 요소중 천지는 동시에 생겨났다고 보고 사람은 두 번째로 생겨 났다고 보고 있습니다.

사람은 陰과 陽 즉 하늘과 땅의 기운을 함께 포함하고 있는 존재로서 사람은 바로 하늘이고 사람은 바로 땅이라는 말로 이해해도 지나치지 않을 것이며 사람은 하늘과 땅의 기운을 모두 갖고 있다는 의미도 되겠습니다.

※ 人乃天 人乃地, 人乃天地也

3문.【一三一積十鉅無櫃化 (일삼일적십거무궤화)】

하나에서 셋이 되었고 하나가 쌓여 큰 십이 되니 막을 수 없는 것이 변화이다.

一三一積十鉅

처음 氣 形 質이 엉켜 있는 태극의 단계에서 천지와 사람 세 부류가 생겨났습니다.

그 하나가 셋이 된 것처럼 하나가 분리되고 쌓여 거대한 십이 됩니다.

태극이 나누어지면서 天地人 三才로 세 개가 되는 것을 시작으로 해서 십까지 커져 간다고 하였습니다. 십이란 숫자는 열 개라는 의미 보다는 만물이 영글고 번성한 꽉 찬 세계의 의미로 보아야 할 것입니다.

무궤화(無櫃化-변화에 어떤 일정한 틀이 없다.)란 말은 일에서 십까지 커져가는 과정에는 일정한 틀이 없이 매우 자유로우면서도 양상에 맞게 변화를 끊임없이 거듭한다는 의미로 보아야 할 것입니다.

이 부분에서 1부터 10까지의 수를 자전(字典)과 안재홍의 고유문화 연구 논문에서 다루었던 우리고유 수사어들의 의미를 참고하여 상수적(象數的) 의미에서 정리해 보겠습니다.

* O은 제외하였습니다. 왜냐하면 O의 개념은 無의 개념과 맞물려 있다고 생각하기 때문입니다. 氣 形 質이 뒤엉킨 태극의 단계와 무극의 단계를 포함한 수가 O이 아닌가? 조심스럽게 짐작해 봅니다. 물론 어떤 이론적 근거로 본다면 O과 無를 관련시킨다고 보는 것이 황당할 수도 없지 않아 있겠습니다. 그러나 천부경에서는 1부터 10까지 수가 거론되고 있는 반면에 O이 아니라 無를 말하고 있기 때문입니다.

佛家에서는 이를 空으로 보고 있다고 생각하고 천부경에서는 無, 道家에서도 無라 말을 하고 있다고 생각합니다.

그래서 미루어 본다면 천부경은 道家의 성격에 속하지 않나 생각해 봅니다.

★ 一 : 한 一은 指事字로서 온전한 하나, 시작되는 시점, 분리되기 전의 모든 것을 포함하고 있는 덩어리 하나를 말한다. 처음의 것, 첫째, 아무리 많은 숫자도 一부터 시작한다.

하늘 天을 쓰려고 긋는 맨 처음의 가로 획(一)은 하늘이 열리는 개천의 형상을 갖고 있다.

그래서 1은 만물이 창시된 최초의 기본수요 1이 창시된 시점부터 무극
(無極)이 아닌 유(有)가 된다.

안재홍은 '한'(一)은 하나, 수의 시작- 한울(天)- 최대(無窮大)- 유일-통
일회통의 이념을 의미한다고 하였다.

★ 二 : 두 二는 指事字로서 두 개의 가로 획(一)으로 '2'라는 뜻을 나타
내었다. 둘, 두 번, 둘로 나누다, 다음, 둘째, 나란하다, 비견(比肩)하다. 땅
(地)의 數, 乾과 坤, 이단, 다른 설, 陰爻, 一氣에서 陰과 陽으로 나누어진
형상. 만물생성의 최대 요인인 陰과 陽을 갖춘 두 번째 수이다. 부부의 모
습도 된다. 하나가 외로워 하나가 더하니 외롭지 않은 평화로운 모습과 동
반자의 모습도 있지만 분리의 모습도 동시에 갖고 있는 숫자가 二이다. 平
과 正에도 두 二의 획이 들어있다.

안재홍은 '둘'은 대지 -들(原野)- 땅을 의미한다고 하였다.

★ 三 : 석 三은 지사자로서 셋, 둘에 하나를 더한 수, 세 번, 끝, 거듭,
자주 여러 번, 글자 자획의 변개(變改)를 막기 위하여 '參'을 갖은자로 쓴
다.
三은 만물 중 세 번째가 되는 정족수(鼎足數)이다. 세 개의 다리가 달린
솥 은 네 개의 다리가 달린 솥보다 더 안정적이라고 말한다.
三은 天 地 人 삼재를 갖추었음을 상징하는 글자로서 건괘 (☰)의 모양
과 같다.

三은 三極에 속하는 하늘, 땅, 사람, 이 세 가지로서 성공할 수 있는 조건을 말하기도 한다.

三은 최종 결정의 재도전 횟수로 성공과 영예의 수로 많이 활용되고 있다.

안재홍은 '셋'을 씨(種子)- 사람(人) 사름(생활, 생존)- 사랑(인류대동)같은 말과 관련이 있다고 하였다.

★ 四 : 넉 四는 지사자로서 '口'는 사방(四方) 사우(四隅)를 본뜨고 '八'은 나눈다는 뜻. 곧 사방 또는 사우를 각각 네 부분으로 나누는 모양으로 '넷'의 뜻을 나타낸다.

넉, 넷, 네 '二'의 배수(倍數)로서 陰의數 네 번. 萬相(만상)이 사방으로 분리, 흩어지는 모습이다. 四時의 순환이 계속됨으로써 만물이 생성을 이루고 시설물의 네 기둥(四柱), 네 개의 발(四足)등은 사물의 안정적인 완성에 절대적으로 필요한 수이다.

안재홍은 '넷'을 국가 고유의 철학을 잘 반영한 말로서 이는 '나엇'(출생)이라는 개념에서 시작하여 나(자아)로 발전하고 나라의 의미로까지 발전하였다고 했다.

★ 五 : 다섯 五는 指事字로서 二+×→五. '二'는 하늘과 땅을 가리키는데 하늘은 陽, 땅은 陰을 의미한다. '×'는 그 음과 양이 서로 합함을 나타낸다. 음양이 합하면 水 火 木 金 土의 오행(五行)이 상생(相生) 한다는 데서 '다섯'의 뜻을 나타낸다. 오행에 따른 오상(五常)은 인륜 철학의 기본이 된다. (仁, 義. 禮, 知, 信)

　1에서 10까지의 숫자 가운데 있는 5로서 과부족이 없이 평형을 이루도록 하는 중개수이다.

　五는 상하, 좌우를 아우르는 수(數)로서 만물능생지상(萬物能生之象)의 數이며 생수(生數)의 끝수이다.

　一年 : 360일 정도

　季節 : 4계절. 90일 정도.

　一節 : 8절의 한 절이다. 동지, 입춘, 춘분, 입하, 하지, 입추, 추분, 입동의 절기를 말하며 각 절일 수는 45일 정도이다.

　氣 : 24절氣 (* 보름 정도의 주기를 의미 - 입춘, 우수, 경칩, 춘분, 청명, 곡우, 입하, 소만, 망종, 하지, 소서, 대서, 입추, 처서, 백로, 추분, 한로, 상강, 입동, 소설, 대설, 동지, 소한, 대한)

　候 : 72후, (* 5일 정도의 주기를 의미.)

　안재홍은 '다섯'은 섭리(攝理) - 치리(治理)의 의미인 '다사리'에서 비롯되었다고 했다. '다사리'는 만민총언(萬民總言) · 대중공생 같은 정치적 의미로 전개되었다.

　★ 六 : 여섯 륙은 會意字로서 亠+八→六. '亠'는 '入'으로 짝수의 기본 數에서 가장 큰 '八'에서 한 걸음 들어간 수인 '여섯'을 나타낸다. 생수를 지난 성수의 첫 번째 수로서 경험의 수가 된다. 1년 12개월에서 6개월마다 변하는 동지의 음극생양(陰極生陽) 양둔(陽遁)과 하지의 양극생음(陽極生陰) 음둔(陰遁)의 기준이 된다. 1-10까지를 나누어 1-5까지는 小數이고

生의 시작이 되는 生數이고 陽에 속하며 6-10까지는 大數이고 成數라 하며 陰에 속한다. 그럴 때 6은 陰의 첫 번째 수가 된다. 한 개의 괘는 여섯 개의 爻로서 天地人을 품고 있는 수이며 생명을 잉태한 수이다.

안재홍은 '여섯'은 지속(持續) 또는 존속(存續)의 의미인 '여어서'에서 비롯되었다고 했다. '여어서'는 처음도 끝도 없고 위·아래나 안·밖도 없이 영원히 창조해가고 무난히 변화해가는 모습을 가리킨다고 했다.

★ 七 : 일곱 七은 指事字로서 본래 숫자 七은 '十'으로 쓰고 10은 '丨'으로 썼는데 '十'자와 혼동되자 가운데 획을 구부려 '七'로 썼다.

七은 독립수로서 럭키세븐 행운의 수이다. 도레미 일곱 계명과 일곱 빛깔 무지개등. 사람의 수명을 관장하는 수이기도 하다. (북두칠성, 칠성각). 50에서 1을 제외한 49는 七이란 숫자를 거듭한 수로서 사람이 죽어서 저승으로 진입하는 경계의 수가 되기도 한다. (절에서 행하는 49제)

중뢰진 괘에는 칠일 만에 돌아와 회복한다는 「七日 來復」의 의미가 있다. 돌아오는 일주일 의미와 같이 1주일씩 매듭지우며 거듭되는 기준이 된다.

안재홍은 '일곱'은 일(事爲)이 되고 흥기(興紀), 성취(成就), 도달(到達)의 의미라 했다. '一大'·'二地'·'三種'이 세 근본이 되어 '四生'·'오섭리(五攝理)'·육지속(六待續)'을 지나 '칠사우(七事爲)'에 이르는 과정을 우주와 인생의 대도가 의식과 도덕의 총지로서 하나의 매듭을 짓는 과정으로 해석하였다.

★ 八 : 여덟팔은 지사자로서 사물이 둘로 나뉘어서 갈라진 모양을 본떠

서 ‘나누다’ 라는 뜻을 나타낸다. 八은 파괴수(破壞數), 이수(離數)이다. 팔방(八方), ‘여덟’ 이라는 뜻으로 가차된 뒤에는 ‘刀(칼 도)’ 자를 더한 ‘分(분)’ 자를 새로 만들어 ‘나누다’ 는 뜻으로 썼다. 꽉 찬 열(10)에서 조금 모자라는 수이다. 만상(萬象)을 여덟 가지로 간략하게 나타내는 팔괘의 수이기도 하다.

안재홍은 '여덟'은 열고 닫음을 의미하는 '야닮(開闔)'을 의미한다고 한다.

★ 九 : 아홉 구는 지사자로서 굴곡의 변화가 많은 모양을 그려서 극수(極數) 곧, ‘아홉’ 의 뜻을 나타낸다. 수효의 끝. 수효가 많다. 주역에서 양의 대표 수. 남쪽. 오래되다. 모으다. 모이다. 합하다. 1-10까지는 수의 기본단위이다.

9는 한 자리 숫자 중 가장 많은 수에 해당한다.

임신개월 수도 9개월 남짓 되면 사람으로서 완전무결한 모습이 된다.

그러나 완성수인 10에서 하나가 모자라므로 미완성의 상태에 있는 수이다. 그래서 아홉수는 아쉬운 수가 되지만 궁극통(窮極通-궁하면 통한다.)의 의미와 전화위복지상(轉禍爲福之象)의 수이다.

안재홍은 '아홉'을 회통 · 종합하는 '아울음'을 뜻한다고 보았다.

★ 十 : 열십은 지사자로서 ‘丨’ 은 남북, ‘一’ 은 동서로, 동서남북과 중앙이 모두 갖추어져 있다는 뜻이다. 숫자에서 모두 갖춘 수가 ‘10’ 이기에 ‘열’ 을 뜻한다. 열, 전부, 일체, 완전 더 채울 수 없는 최대 만족수이며 완

성수이다. 또한 두 자리 숫자가 끝없이 커져갈 수 있는 최초의 두 자리 수
이다.

안재홍은 '열'을 개전(開展)이자 현현(顯現)으로 해석하며 개합·회통된
사물과 일이 무한히 전개되어 발전해 감을 의미한다고 했다.

4문.【三天二三地二三人二 (삼천이삼지이삼인이)】
다음의 두 가지로 생각해 보았습니다.

1) 天地人, 하늘은 둘이고 天地人, 땅은 둘이고 天地人, 인간은 둘이다.
天地人과 天, 天地人과 地, 天地人과 人에 대하여 서로서로의 관련성을
말하고 있습니다.
하늘에도 天地人이 포함되어 있고 땅에도 天地人이 포함되어 있고 사람
에도 天地人이 포함되어 있다는 말이라 생각합니다. 天地人을 하나로 본
다는 말이라 생각합니다.
2) 天地人에서 天과 地人 둘이요, 天地人에서 天人과 地 둘이요, 天地人
에서 天地와 人 둘이다.
즉 ①하늘과 地, 人의 관계.
②땅과 天, 人의 관계, ③사람과 天, 地의 관계를 말합니다.
사람은 땅에 의존해서 살아가므로 사람과 땅을 하나로 보고 하늘과 함
께하고 있습니다.
우리 사람의 내면에는 하늘의 성품이 내재되어 있으므로 하늘과 사람을
하나로 보고 땅과 함께 존재하고 있습니다.

천지는 함께 하므로 하나로 보고 천지와 사람이 함께 존재하고 있음을 말합니다.

이는 하나만 따로, 둘을 따로 보는 것이 아니라 하늘과 천지인 땅과 천지인 사람과 천지인의 상생적 관계를 말하고 있다고 봅니다.

5문.【三大三合六生七八九 (삼대삼합육생칠팔구) 】
천지인에 크게 천지인을 합해서 나온 육이 칠 팔 구를 낳는다.

三大三合은

天 一, 地 二, 人 三에 天 一, 地 二, 人 三을 더하면 6이 됩니다. 저는 천지인 삼에 크게 천지인 삼을 더하는 이 부분이 주역에 여섯 개의 효가 한 개의 괘가 되는 의미와 같다고 생각합니다. 한 개의 괘가 무한한 변화의 기준이 되는 것은 天에 속하는 효가 2개(上爻와 五爻), 人에 속하는 효가 2개(四爻와 三爻), 地에 속하는 효가 2개(二爻와 初爻)씩 모여 이루어져 있기 때문입니다.

六生七八九는

나온 육에서 6에 1, 6에 2, 6에 3을 더하면 7, 8, 9가 나옵니다. 사오를 생략하고 칠 팔 구를 낳는 육을 말한 것은 生數의 끝수인 五를 넘어서 시작하는 成數의 첫 번째 수 六을 만상이 불어나는 상징적 의미로 보고 있기 때문이라 생각합니다. 그래서 六은 七을 낳고 八을 낳고 九를 낳는다는 말을 하였습니다.

안재홍은 '여섯'은 지속(持續) 또는 존속(存續)의 의미인 '여어서'에서 비롯되었다고 했다. '처음도 끝도 없고 위·아래나 안·밖도 없이 영원히 창조해가고 무난히 변화해가는 모습을 가리킨다고 했다.

6문.【運三四成環五七一妙 (운삼사성환오칠일묘)】
天地人 三極에 사계절이 두루 흘러 물러나고 둘러싸며 이루어 五와 七이 하나가 되는 것이 묘하다. 세상을 변화시키는 핵심 요소를 말하고 있습니다.

運三四成環

넓고 넓은 天地人에 사계절이 계속 흐르므로 만물은 이루어지는 것이다. 三은 세로를, 四는 가로를 나타낸다고 합니다. (縱三橫四)
環은 고리, 물러날 환,
이러한 시간적 작용이 물고 물리며 물러나고 둘러싸는 작용이 고리처럼 이어져 계속해서 일어나는 것을 말합니다.

五七一妙

五와 七이 하나가 되어 나타나는 것이 묘하다. 여기서 五와 七은 앞에 나온 三과 四와 이어지는 數로서 만물에 흐르는 시간의 의미라고 볼 수 있을 것입니다.
즉 天地人에 사계절이 흐르고 五日 七日이 주기적으로 흐르면서 계절이 변하는 것이 따로 존재하는 것이 아니라 모든 것이 하나가 되어 돌아가며 만물을 생성시키는 오묘한 작용을 말한다고 생각합니다. 한 달에 두 번의 절기를 생각하면 1년이면 24절기입니다. 1년을 72후로 나누면 5일의 주기로 돌아가며. 그리고 七日은 일주일을 말하고 있습니다.(숫자 5의 설명란 참고)

실재로 주역 중뢰진 괘에는 칠일래복(七日來復-칠일 만에 다시 회복한다.) 이라는 의미도 있습니다.

이를 五는 五行을 의미한다고 말하는 분도 계시며 七은 七星(북두칠성)을 말한다고 보는 사람도 있습니다. 천부경에서는 변화의 시간적 요소를 집중해서 말하고 있는 것 같습니다.

7문.【衍萬往萬來用變不動 (연만왕만래용변부동)】

만 번 오고 만 번 가며 펼쳐 나가니 변하는 쓰임은 움직이지 않는다.

오기는 오는데 어떻게 오느냐 하면 펼치며 오고 가기는 가는데 그냥 훌쩍 떠나는 것이 아니라 무한히 펼치며 가므로써 천하 만물이 번성하고 영글어가니 그 변화의 쓰임은 변하지 않는다는 의미가 되겠습니다. 만상의 변화를 주도적으로 이끌어 가는 시간적 의미가 되겠습니다.

사실 주역을 공부한 사람들은 아주 쉽게 이해할 수 있는 대목이기도 합니다. 주역에 나오는 변역(變易)과 불역(不易)의 의미와 맥을 같이 하고 있지않나 생각합니다.

주역에는 삼역(三易)의 의미가 있는데 그 하나는 변역이요 두 번째는 간역(簡易)이요 세 번째는 불역입니다.

변역이란 역은 변한다. 만물은 변한다.

간역이란 변하는 모든 만물은 간단한 이치에 의해서 변한다.

불역은 변하는 이치에는 변하지 않는 규칙이 있다. 또는 변하는 이치는 변하지 않는다.

천부경에서의 부동(不動)은 용변(用變)의 부동이므로 변하는 이치는 변하지 않는다는 의미라 하겠습니다. 간역의 의미를 천부경에 관련지어 본다면 특별한 부분에 해당되는 것이 아니라 전체적으로 덮혀 있습니다. 하늘〈태극〉에서 하늘하나, 땅하나가 생겨나고 두 번째로 인간이 생겨났으므로 매우 간단한 이치로 세상이 열렸다는 말로 생각할 수 있다고 생각합니다.

처음 공간적 분열을 말했다면 여기에는 분명히 시간의 의미가 들어 있습니다. 물론 천지인이 나타나는 과정에서도 시간의 의미를 생각지 않을 수 없겠습니다마는 이 구절에는 모든 만물을 변화시키며 펼쳐나가는 시간의 힘을 말하고 있음이 확실하지 않나 생각합니다.

8문.【本本心本太陽昻明人 (본본심본태양앙명인)】
근본의 근본은 마음이므로 근본이 태양처럼 밝은 것이 사람이라

이 모두의 근본은 사람의 마음에 그대로 담겨 있으므로 근본의 근본이 되는 사람은 태양처럼 밝아야 한다는 의미와 근본인 마음을 태양처럼 陽明하게 밝게 하라 라는 의미를 동시에 갖고 있다고 생각합니다. 우주 만물의 근원은 사람의 마음에 있으므로 마음을 태양처럼 밝게 갖추어야 한다는 여망과 당부의 말이 될 것입니다.

처음 太昜에서부터 天地가 열리고 그 가운데 天地의 온 氣가 결집되고 응결되어 생성된 것이 사람입니다. 바로 天地의 氣가 응결 된 것이 사람이므로 사람은 天地의 근본이요 결정체입니다. 그러므로 인간은 태양처럼

밝고 양명해야 합니다. 태양처럼 밝고 양명한 인간은 본래의 근본 마음도 밝고 양명하다는 의미와도 같을 것입니다.

9문.【中天地一一終無終一 (중천지일일종무종일)】

바르게 꽉 찬 천지 하나는 마치는 하나요, 마침이 없는 하나이다.

1문과 함께 동양적 사상이 가장 잘 드러나는 말입니다. 불교 유교 도교가 서로 다르지만 한 집안처럼 느껴지게 하는 공통적인 면이 1문과 9문의 一始無始一과 一終無終一입니다.

불교의 空 사상과 도가의 無 사상, 그리고 유가의 易사상은 천부경이 말하는 의미와 그 지향하는 바가 같다고 할 수 없지만 일맥상통한 면이 흐르고 있는데 간단하게 말해보면 '종말(終末)은 없다' 라는 의미입니다.

양명한 氣로 꽉 차 있는 天地의 밝은 정신은 하나로 이루어져 있습니다. 이 하나는 마지막의 하나로 존재하면서 또한 마침이 없는 하나입니다.

영원히 존재하는 하나라는 뜻일 것입니다. 天一 에서 마침이 없이 영원히 존재하는 그 하나가 中天地인 것입니다.

中이란 의미를 어떻게 해석하느냐에 까다로운 측면이 있습니다.

中이란 글자는 가운데, 맞을 중, 중심, 안, 속, 마음, 정신, 차다, 곧다, 바르다, 맞다, 마땅하다, 닿다 등의 여러 가지 의미가 있습니다.

中天地란 의미를 두 가지로 나누어 본다면 하나는 만물이 꽉 들어찬 천지, 또 하나는 천지를 채우고 있는 정신으로 나누어 볼 수 있습니다.

두 가지의 의미를 종합하여 천지를 꽉 채우고 있는 만물의 정신이란 의미로 한다면 그대로 부합이 되지 않을까 여겨집니다.

그 中天地 하나가 마침과 마침도 없는 하나라는 것은 사람의 입장에서 생각해 볼 때 죽는 사람에게는 마치는 하나이겠지만 태어나는 사람에게는 시작하는 하나이기 때문에 끝없이 이어지는 영원한 하나가 되겠습니다.

一始 無始一에서 시작하여 一終無終一로 끝을 맺는 천부경은 사람이 사라지든 태어나든 상관없이 시작도 없고 끝도 없는 하나로 영원히 존재하는 것이라 천부경에서는 말하고 있습니다.

이로써 천부경은

1문은 최초의 의미를 말했으며

2문은 天地人이 분열하는 개벽의 의미를 말했으며

3문은 무한대로 나아가기 시작하는 하나의 의미를 말했으며

4문은 천지인의 二分적 관계에서 서로 뗄레야 뗄 수 없는 천지인의 三位一體 관련성입니다.

5문은 三位가 하나가 되어 만물이 불어나는 상생적 數의 변화인 분열의 의미를

6문은 시간성이 하나가 되어 天地人에 흐르는 묘한 시간의 통합적 의미를

7문은 만물을 변함없이 변화시키며 과거로 아닌 오로지 미래를 향해 나아가는 시간적 존재의 의미를

8문은 우주의 근본임을 밝히는 태양같이 밝은 양명한 인간의 마음을

9문은 이 세 가지(공간과 시간, 사람)가 하나가 되어 끝없이 영원히 순환 하는 거대한 우주의 실체를 밝혔다고 볼 수 있습니다.

이는 복잡한 우주의 비밀을 간단하고 명료한 말씀으로 압축한 순수 우리의 천부경이라 할 수 있을 것입니다.

백우당(白愚堂) 한 중 수(韓 重 洙) 선생님의
편안한 안식을 두 손 모아 기원합니다.

2014년 겨울 최 인 영 拜上